VORWORT UND DANK

W0349343

„Alles hat seine Stunde,
für jedes Geschehen unter dem Himmel gibt es eine bestimmte Zeit!“

Kohelet 3,1

Wir freuen uns, Ihnen nun endlich den vierten und letzten Band in unserer Reihe der Praxishandbücher vorlegen zu können. Inzwischen haben sich unsere Handbücher in der Praxis bewährt, und wir können dankbar auf positives Feedback, auf Hinweise und Anregungen aus dem Religionsunterricht vor Ort zurückblicken. Trotz all der Mühen und Anstrengungen, die uns die Arbeit an den Praxishandbüchern bereitet hat, sind wir nicht von unserer Grundüberlegung abgerückt, alle im doch sehr umfangreichen Grundschullehrplan aufgelisteten Grundlegenden Kompetenzen und Kompetenzerwartungen vollständig in Unterrichtseinheiten mit entsprechenden Materialien, Methoden und Sozialformen umzusetzen. Wir hoffen, dass die Fülle der Anregungen die Nutzer und Nutzerinnen immer wieder dazu motivieren kann, über den eigenen Unterricht neu nachzudenken und sich die eine oder andere Idee aus unseren Praxishandbüchern zu Eigen zu machen.
Wir sind uns bewusst, dass unsere vorliegenden Praxishandbücher nur eine von vielen verschiedenen Umsetzungsmöglichkeiten des LehrplanPlus Grundschule bieten und viele andere (daraus) entwickelt werden können und sollen. Wenn es uns gelungen ist, Berufseinsteigern einen „roten Faden“ an die Hand zu geben, um damit eigene Überlegungen anzuregen und zu unterstützen und erfahrenen Religionslehrern und Religionslehrerinnen den einen oder anderen Impuls zum Nach- oder Umdenken mitzugeben, hat sich unsere Mühe gelohnt.
Danken wollen wir an dieser Stelle für die wunderbare Zusammenarbeit mit dem didactus-Verlag in Kempten.
Wir sind auch froh über all die Menschen, die unsere Arbeit konstruktiv begleitet und uns immer wieder neu motiviert haben.

Das Autorenteam

Inhaltsverzeichnis

VORBEMERKUNGEN

Professioneller Umgang mit dieser Arbeitshilfe

Wir machen auch in diesem Praxishandbuch ausdrücklich darauf aufmerksam, dass unsere Vorschläge zur Unterrichtsplanung und – gestaltung keinen verpflichtenden oder offiziellen Charakter haben. Für uns ist es selbstverständlich, dass jede Lehrkraft mit wohlwollender, aber auch kritischer Distanz unseren Vorschlägen begegnet und in einem professionellen Sinne darin Möglichkeiten zu entdecken versucht, um diese in eigener Verantwortung in den eigenen Religionsgruppen umzusetzen.

Zunächst einige kurze Vorbemerkungen, die es Ihnen ermöglichen, die Praxisteile einzuordnen und für Ihren RU vor Ort einzusetzen:

A. Der Lehrplan*Plus* - Ein Paradigmenwechsel ?!

1. Vorbemerkungen

Ziel der neuen Lehrplangeneration ist es, im Unterricht Kompetenzen zu entwickeln, d.h. Wissen und Können miteinander zu verknüpfen, im Alltag umzusetzen und anzuwenden (= Wollen). Damit rückt die Lebenswirklichkeit im Unterricht neben einer nur kognitiven Aneignung von Wissen in den Blick. Für den Religionsunterricht hat die Lebensrelevanz von Inhalten und eine Orientierung an den Lebensbedingungen von Schülerinnen und Schülern, ihren Fragen und Vorstellungen seit jeher fundamentale Bedeutung. Im kompetenzorientierten Religionsunterricht werden religiöses Grundwissen, Vorstellungen aus Tradition und kirchlichem Selbstverständnis und aktuelle Bezüge im Dialog mit anderen Religionen mit den (Lebens-)Fragen heutiger Schülerinnen und Schüler miteinander verbunden.
Schülerinnen und Schüler sind dann als kompetent zu verstehen, wenn es gelingt, sie im Religionsunterricht dazu zu befähigen, Aufgabenstellungen und Probleme zu lösen, die sie mit ihrem erworbenen Wissen und konkreten Fähigkeiten, vor dem Hintergrund von Werten und Haltungen angehen und immer wieder neu versuchen verantwortlich umzusetzen.

Kompetenzdefinition

Kompetenzen sind „…die bei Individuen verfügbaren oder durch sie erlernbaren kognitiven Fähigkeiten und Fertigkeiten, um bestimmte Probleme zu lösen, sowie die damit verbundenen motivationalen, volitionalen und sozialen Bereitschaften und Fähigkeiten, um die Problemlösungen in variablen Situationen erfolgreich und verantwortungsvoll nutzen zu können.“ (siehe Weinert, Franz E., Leistungsmessungen in Schulen, Weinheim 2001, 3. Auflage, S. 27f.)

Kompetenzen sind also ein komplexes Zusammenspiel von Fähigkeiten, Wissen, Verstehen, Können, Handeln, Erfahrung und Motivation. Sie werden im Alltag angewendet und umgesetzt.

Kompetenzorientiertes Unterrichten in der Grundschule richtet den Blick in den Jahrgangsstufen 1/2 und 3/4 jeweils auf das Ende eines zweijährigen Lernzeitraumes. Vor dem Hintergrund alltagsrelevanter Lebenssituationen werden Inhalte bzw. Gegenstandsbereiche, die der Lehrplan vorgibt, im Blick auf die zu entwickelnden Prozessbezogenen Kompetenzen in den Lernprozessen bearbeitet.

In Band 1 und 2 für den Doppeljahrgang 1/2 sowie in Band 1 für Doppeljahrgang 3/4 wurden bereits erste Methoden und Arbeitsformen entwickelt und eingeübt, die die Schülerinnen und Schüler befähigen, komplexe Aufgabenstellungen zu bewältigen. Sie haben bereits erste Voraussetzungen und Grundlagen erworben und Kompetenzen ausgebildet, die sich in Schritten kumulativ und nachhaltig weiterentwickeln. Weiterhin ist es uns wichtig, dass sich kompetenzorientierter Religionsunterricht nicht nur an einer möglichst umfänglichen Abarbeitung inhaltlicher Vorgaben orientiert. Vielmehr geht es um eine die Schülerinnen und Schüler motivierende und ihre Lebenseinstellung prägende Arbeit mit exemplarischen Gehalten.

Der neue LehrplanPlus verfolgt eine einheitliche Gesamtkonzeption, die die Übergänge zwischen den Schularten berücksichtigt und gute Anschlüsse ermöglicht. Das „Plus" im LehrplanPlus Projekt ist ein einheitliches Lehrplankonzept mit durchgängiger Kompetenzorientierung, die unmittelbare Anbindung von Lernaufgaben, abgestimmte Curricula zwischen Fächern und Schularten und die direkten Verweise auf unterrichtliche Materialien, die digital aufbereitet sind (LIS – **L**ehrplan**I**nformations**S**ystem).

2. Terminologie des Lehrplan*PLUS* für den Katholischen Religionsunterricht

2.1 Das Kompetenzstrukturmodell[1]

Das Kompetenzstrukturmodell bildet die Basis für die Einzellehrpläne des Faches Katholische Religionslehre aller Schularten. Es bringt die sechs Gegenstandsbereiche und die Prozessbezogenen Kompetenzen in Zusammenhang. Anhand der Inhalte, die die Gegenstandsbereiche repräsentieren, sollen alle Prozessbezogenen Kompetenzen entwickelt werden.

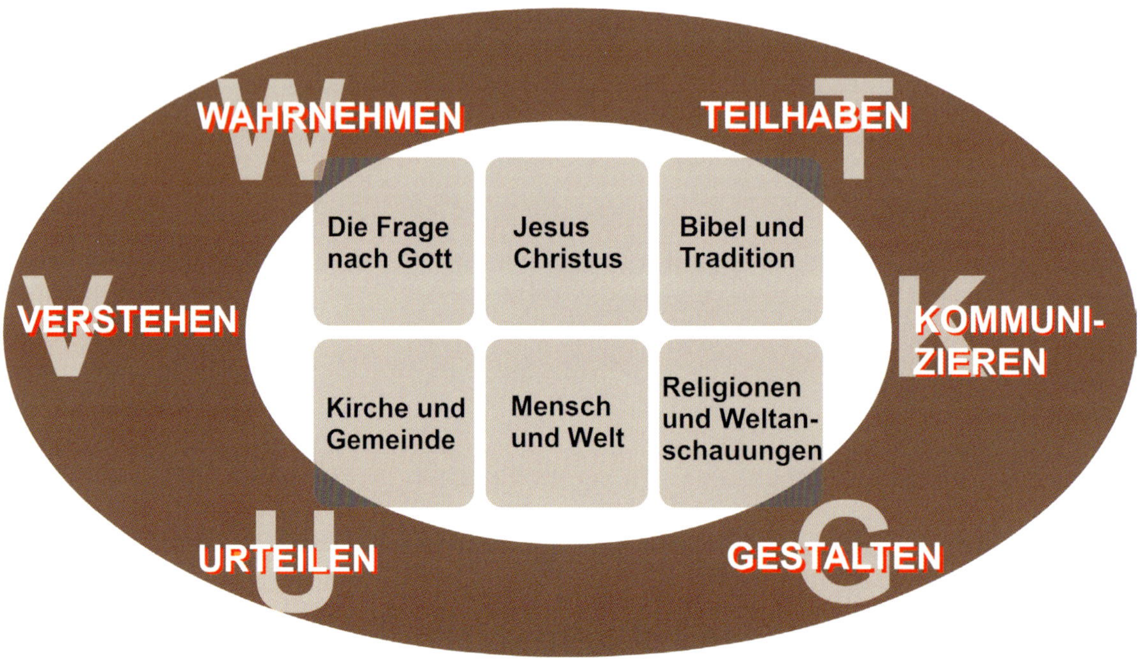

1 vgl. Fachprofil Katholische Religionslehre, ISB München

2.1.1 Prozessbezogene Kompetenzen

Folgende Prozessbezogene Kompetenzen dienen dem Erwerb persönlicher (religiöser) Orientierungsfähigkeit und Sinnfindung:

wahrnehmen – urteilen – verstehen – gestalten – kommunizieren – teilhaben [1]

Im Praxishandbuch werden in den folgenden Kapiteln die Prozessbezogenen Kompetenzen durch die „Kompetenzblume" visualisiert:

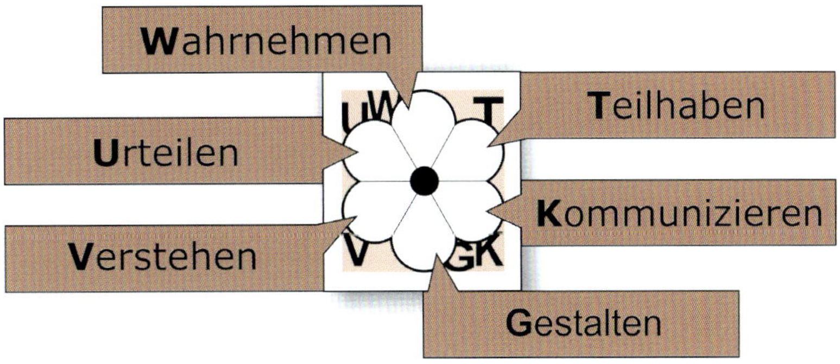

2.1.2 Gegenstandsbereiche

Konstitutiv für den Lehrplan*Plus* Katholische Religionslehre sind die so genannten Gegenstandsbereiche und die sich auf sie beziehenden Prozessbezogenen Kompetenzen. „Die Gegenstandsbereiche benennen die zentralen Inhalte und Ausdrucksformen des katholischen Glaubens", die „...prozessbezogenen Kompetenzen dienen dem Erwerb persönlicher religiöser Orientierungsfähigkeit und Sinnfindung."[2]

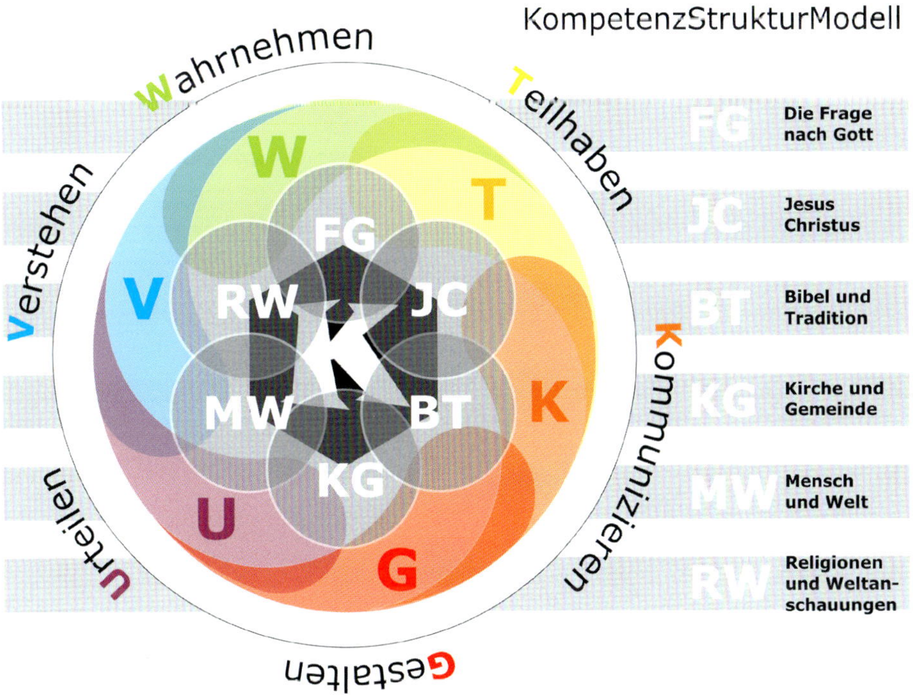

1 vgl. Fachprofil Lehrplan Plus Katholische Religionslehre

2 vgl. Fachprofil Lehrplan Plus Katholische Religionslehre

3 grafisch modifiziert nach Fachprofil Lehrplan Plus Katholische Religionslehre, HaPe Eggerl

2.2 Grundlegende Kompetenzen, Kompetenzerwartungen, Lernbereiche und Inhalte

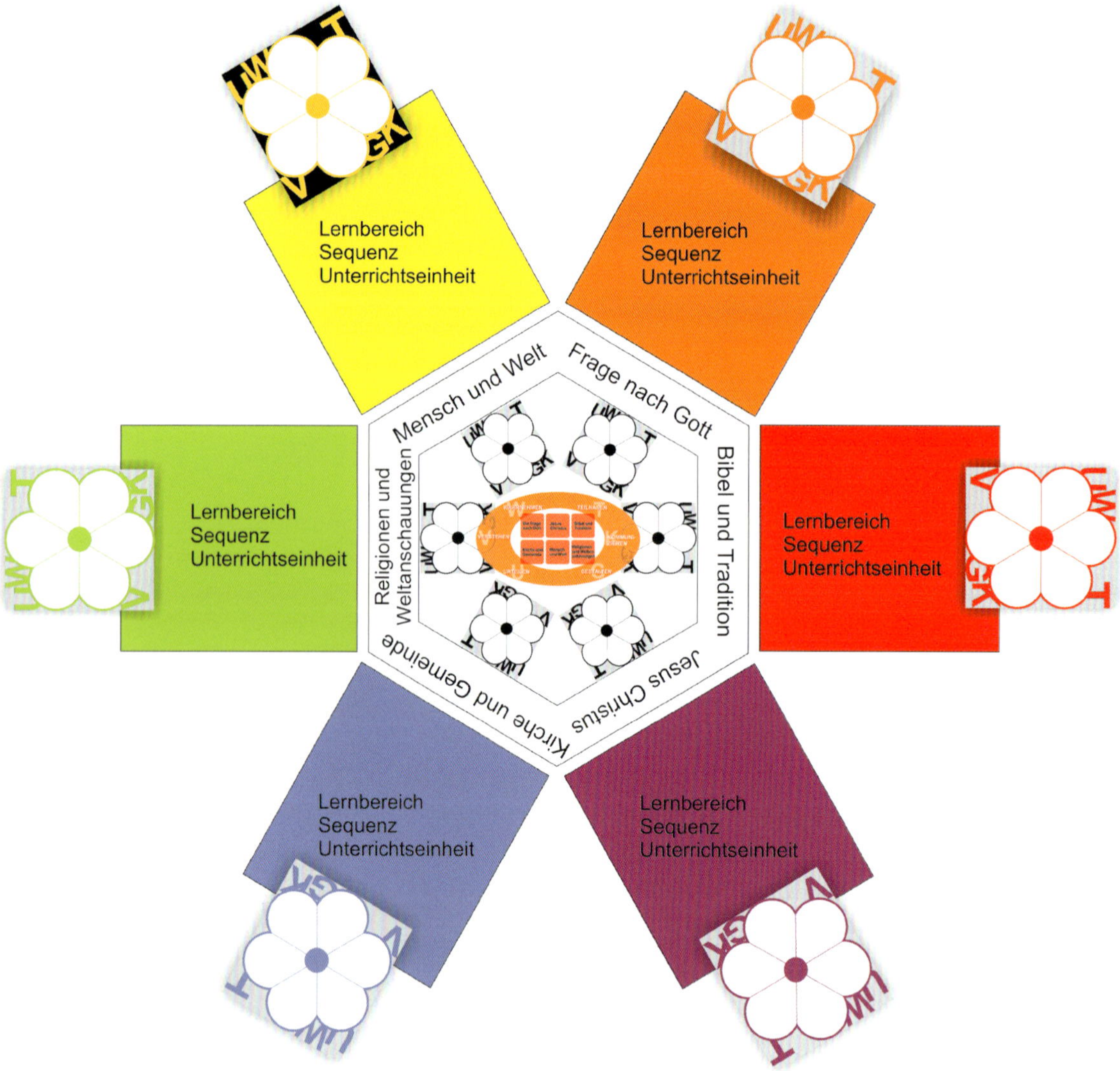

Grundlegende Kompetenzen

Grundlegende Kompetenzen sind ein weiterer Lehrplanterminus von besonderer Bedeutung. Die sechs Grundlegenden Kompetenzen verdeutlichen die Gesamtidee des Faches Katholische Religionslehre in den Doppeljahrgangsstufen 1/2 bzw. 3/4, ebenso wie in allen weiterführenden Schularten. Sie sollen im Zeitraum von zwei Jahren kumulativ und nachhaltig aufgebaut werden und geben einen Überblick über zentrale Lernbereiche der Doppeljahrgangsstufen. Grundlegende Kompetenzen werden mithilfe von „Kompetenzerwartungen" näher beschrieben.

Kompetenzerwartungen

Kompetenzerwartungen bilden zusammen mit den ihnen zugeordneten, im Lehrplan angebotenen Inhalten die Grundlage für eine konkrete Unterrichtsplanung in Sequenzen.
Kompetenzerwartungen geben konkrete Hinweise für die Entwicklung von Lehr- und Lernprozessen und vermitteln mithilfe von aussagekräftigen Operatoren einen Blick auf die im Mittelpunkt stehenden zugehörigen Prozessbezogenen Kompetenzen.

Lernbereiche
Lernbereiche sind als Unterkapitel ein Strukturelement für die Konkretisierung der Gegenstandsbereiche in den Doppeljahrgängen. Sie gliedern die Gegenstandsbereiche in zumeist zwei Unterthemen, die über die jeweiligen Kompetenzerwartungen miteinander verbunden sind.

Inhalte
Inhalte eröffnen Möglichkeiten für die Entwicklung der Prozessbezogenen Kompetenzen im Rahmen der Lernbereiche, die Gegenstandsbereichen zugeordnet werden. Diese inhaltlichen Anregungen dienen der Unterstützung der Lehrkräfte bei der unterrichtlichen Umsetzung von Kompetenzerwartungen.

3. Kompetenzentwicklungsmodell

Prozessbezogene Kompetenzen als zentrale Elemente des Lehrplan*Plus* sind für den Aufbau und Erwerb von Kompetenzen, die über die Kompetenzerwartungen und die mit ihnen zu verbindenden Inhalte unterrichtlich geplant, eingesetzt und schülerbezogen durchgeführt werden, wesentlich. Angesichts der Grundsätzlichkeit und Allgemeinheit der Begriffe für die sechs Prozessbezogenen Kompetenzen erscheint es uns Autoren des Praxishandbuches an dieser Stelle notwendig, Unterscheidungen hinsichtlich der Entwicklung, des Aufbaus und des Grades Prozessbezogener Kompetenzen vorzunehmen. Diese sind nämlich nicht von vornherein im ganzen Umfang als unterrichtswirksame Kompetenzen prägend, sondern entwickeln sich im Zusammenhang mit der allgemeinen Entwicklung der Schülerinnen und Schüler, und dem grundsätzlichen Kompetenzaufbau über die Jahre hinweg kontinuierlich. Dabei stehen für die Jahrgangsstufen und eine altersgemäße Auseinandersetzung jeweils unterschiedliche Prozessbezogene Kompetenzen im Vordergrund.
Darüber hinaus zeigen Schülerinnen und Schüler sowohl von ihren Voraussetzungen, mit denen sie in die Grundschule kommen, als auch hinsichtlich der Geschwindigkeit und des Umfangs ihrer Entwicklungspotentiale individuelle Fortschritte beim Aufbau von Kompetenzen insgesamt, ebenso wie hinsichtlich der Schrittfolge von Prozessbezogenen Kompetenzen.
Grundsätzlich gehen wir davon aus, dass sich von den Eingangsvoraussetzungen her Prozessbezogene Kompetenzen komplexer, umfänglicher, individuell ausgeprägter und letztlich zu Selbststand und Eigenverantwortlichkeit hinführend aufbauen.

B. Vom Lehrplan zur Unterrichtsstunde

1. Überblick[1]

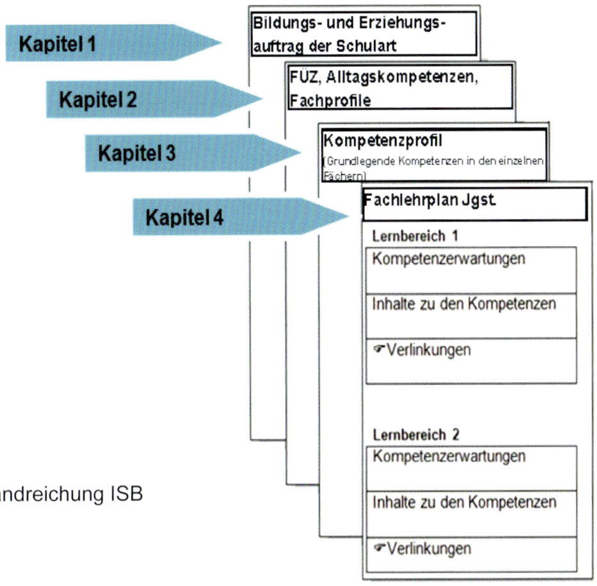

1 Vgl. Handreichung ISB

2. Hinweise zur Jahresplanung in Lernarrangements

Im kompetenzorientierten LehrplanPlus für die Grundschule werden in den Jahrgangsstufen 3/4 insgesamt 12 Lernbereiche entwickelt.

LehrplanPlus Grundschule - Verteilung der Lehrplanthemen auf Jahrgangsstufen

Lehrplan*PLUS* Grundschule

Verteilung der Lehrplanthemen auf Jahrgangsstufen

Jgst	Mensch und Welt	Frage nach Gott	Bibel und Tradition	Jesus Christus	Kirche und Gemeinde	Religionen und Weltanschauungen
1/2	**LB 1** Jeder Mensch - einmalig und gemeinschaftsbezogen	**LB 3** Nach Gott fragen - Gottesvorstellungen und biblische Glaubenszeugnisse	**LB 5** Die Heilige Schrift - biblische Glaubenserfahrungen	**LB 6** Die Zuwendung Jesu zu den Menschen - die Botschaft vom Reich Gottes	**LB 8** In der Gemeinde leben - zur katholischen Kirche gehören	**LB 10** Menschen anderer Religionen und Weltanschauungen begegnen
	LB 2 Die Größe und Vielfalt der Welt - Schöpfung Gottes	**LB 4** Ausdrucksformen des Glaubens an Gott - Beten und Handeln, Bilder und Symbole	-	**LB 7** Jesus, der Christus - Leben, Leiden, Tod und Auferstehung	**LB 9** Den Glauben feiern - Gottesdienst und Kirchenjahr	-
3/4	**LB 1** Jeder Mensch - einmalig und gemeinschaftsbezogen	**LB 3** Nach Gott fragen - Gottesvorstellungen und biblische Glaubenszeugnisse	**LB 5** Die Heilige Schrift - Buch des Lebens und des Glaubens	**LB 7** Die Zuwendung Jesu zu den Menschen - die Botschaft vom Reich Gottes	**LB 9** In der Gemeinde leben - zur katholischen Kirche gehören	**LB 11** Christ sein - im Austausch mit anderen
	LB 2 Die Größe und Vielfalt der Welt - Schöpfung Gottes	**LB 4** Ausdrucksformen des Glaubens an Gott - Beten und Handeln, Bilder und Symbole	**LB 6** Mit Gott auf dem Weg - Glaubenserfahrungen des Volkes Israel	**LB 8** Jesus, der Christus - Leben, Leiden, Tod und Auferstehung	**LB 10** Den Glauben feiern - Jesus Christus begegnen	**LB 12** Menschen anderer Religionen begegnen- Juden und Muslime

Im Blick auf ein kumulatives Lernen, das auf Nachhaltigkeit und Kompetenzentwicklung zielt, ist zu bedenken, wie in jeder Jahrgangsstufe die einzelnen Gegenstandsbereiche in den Kompetenzerwartungen der Lernbereiche aufscheinen und miteinander verknüpft werden. Um diesem Anspruch Genüge zu tun, sollen nicht nur ganze Lernbereiche miteinander verbunden werden. Vielmehr sind auf den Ebenen der Grundlegenden Kompetenzen und Kompetenzerwartungen Verbindungen und aufeinander aufbauende Elemente zu suchen, die in einem größeren Zusammenhang (Lernarrangement) die Lehrplanvorgaben angemessen für die Praxis umsetzen. Erst durch diese Verknüpfung werden die im Lehrplan nebeneinander gestellten Gegenstandsbereiche auf eine Weise in Verbindung gebracht,

die den sukzessiven Aufbau religiöser Kompetenz ermöglicht. Bei diesem Vorgehen müssen auch Aspekte des Kirchenjahres und jahreszeitliche Überlegungen eine Rolle spielen. Im Praxishandbuch werden alle vorgegebenen Grundlegenden Kompetenzen in den Lernarrangements für eine unterrichtliche Umsetzung aufbereitet.
Vor diesem Hintergrund sind für den zweijährigen Planungsturnus sechs Lernarrangements entstanden, die die Phasen Sommer – Weihnachten, Weihnachten – Ostern, Ostern – Sommer umfassen.

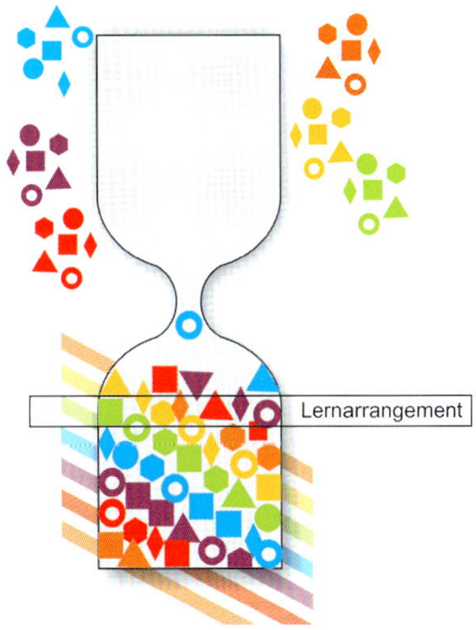

3. Lernarrangements als Themenblöcke innerhalb der drei großen Schuljahresabschnitte

Aus den vorausgegangenen Überlegungen sind folgende Lernarrangements entstanden, die jeweils mit einer Didaktischen Grundlegung erläutert und in ihrer Ausrichtung dargestellt werden. Dabei werden auch Aspekte der Vorwissens, der Entwicklung der Schülerinnen und Schüler, der Situation und der Religionsgruppe berücksichtigt (= Begründung des inhaltlichen Vorgehens).

Jgst	September bis Weihnachten	Weihnachten bis Ostern	Ostern bis Schuljahresende
	Ausgewählte Kompetenzerwartungen aus den Lernbereichen...		
3	**LB 3/4.5** Die Heilige Schrift - Buch des Lebens und des Glaubens	**LB 3/4.7** Die Zuwendung Jesu zu den Menschen - die Botschaft vom Reich Gottes	**LB 3/4.10** Den Glauben feiern - Jesus Christus begegnen
	LB 3/4.3 Nach Gott fragen - Gottesvorstellungen und biblische Glaubenszeugnisse	**LB 3/4.1** Jeder Mensch - einmalig und gemeinschaftsbezogen	**LB 3/4.12** Menschen anderer Religionen begegnen - Juden und Muslime
	+ Aspekte aus Lernbereich 3/4.9 In der Gemeinde leben - zur katholischen Kirche gehören + Aspekte aus Lernbereich 3/4.10 Den Glauben feiern - Jesus Christus begegnen	**LB 3/4.10** Den Glauben feiern - Jesus Christus begegnen + Aspekte aus Lernbereich 3/4.5 Die Heilige Schrift - Buch des Lebens und des Glaubens + Aspekte aus Lernbereich 3/4.9 In der Gemeinde leben - zur katholischen Kirche gehören	+ Aspekte aus Lernbereich 3/4.9 In der Gemeinde leben - zur katholischen Kirche gehören

Jgst	September bis Weihnachten	Weihnachten bis Ostern	Ostern bis Schuljahresende
	Ausgewählte Kompetenzerwartungen aus den Lernbereichen...		
4	**LB 3/4.2** Die Größe und Vielfalt der Welt - Schöpfung Gottes	**LB 3/4.6** Mit Gott auf dem Weg - Glaubenserfahrungen des Volkes Israel	**LB 3/4.9** In der Gemeinde leben - zur katholischen Kirche gehören.
	LB 3/4.4 Ausdrucksformen des Glaubens an Gott - Beten und Handeln, Bilder und Symbole	**LB 3/4.8** Jesus, der Christus - Leben, Leiden, Tod und Auferstehung	**LB 3/4.11** Christ sein - im Austausch mit anderen
	LB 3/4.9 In der Gemeinde leben - zur katholischen Kirche gehören		
	+ Aspekte aus Lernbereich 3/4.10 Den Glauben feiern - Jesus Christus begegnen		+ Aspekte aus Lernbereich 3/4.10 Den Glauben feiern - Jesus Christus begegnen

Planung in Einzelstunden:

Im vorliegenden Praxishandbuch gehen wir bei unserer Planung von Einzelstunden aus. Im Rahmen der Möglichkeiten und Gegebenheiten vor Ort (Religionsgruppe, Doppelstunden usw.) sowie den sich verschiebenden zeitlichen Abläufen (Ostern) sind die Lehrkräfte selbstverständlich aufgerufen, in eigener Verantwortung für eine entsprechende Passung zu sorgen.

4. Sechs Schritte zur Entwicklung eines Lernarrangements mit Sequenzplanung aus einem oder mehreren Lernbereichen:

1. Schritt: Blick in den Lehrplan – Suche nach möglichen Verbindungen zwischen Grundlegenden Kompetenzen und Kompetenzerwartungen einzelner Lernbereiche (= Jahresplanung)
2. Schritt: Herausfiltern der Schwerpunkte aus den Grundlegenden Kompetenzen und deren Konkretisierung in den Kompetenzerwartungen – dabei sollten keine Aspekte wegfallen; allerdings können sich gut Überschneidungen/ Ergänzungen/ Verknüpfungen ergeben (= Lernarrangement)
3. Schritt: Ausgehend von der Anforderungssituation Begründung des inhaltlichen Vorgehens, der Schwerpunktsetzung und der didaktischen Schritte im Lernarrangement (= Didakt. Grundlegung: Begründung mit Aspekten des Vorwissens, der Entwicklungspsychologischen Situation und der Religionsgruppe)
4. Schritt: Festlegung von Stundenthemen und Lernaufgabe innerhalb der Sequenz (= Sequenzplanung)

5. Schritt: Umsetzung der inhaltlichen Vorgaben im Stundenverlaufsplan (= konkrete Unterrichtsplanung)
6. Schritt: Reflexion des Lernfortschrittes/ Kompetenzerwerbs

5. Lernaufgaben

Lernaufgaben werden von Schülerinnen und Schüler über mehrere Stunden mit einem hohen Anteil Eigenaktivität in möglichst offenen Arbeitsformen bearbeitet und können zu unterschiedlichen Ergebnissen führen. Ihre Themenstellung ist deshalb nicht nur im Blick auf die inhaltlichen Vorgaben, sondern auch im Blick auf die Problemlösungsmöglichkeiten und Bearbeitungsstrategien der Schülerinnen und Schüler zu suchen. Sie motivieren, indem sie an der Lebenswirklichkeit der Schülerinnen und Schüler andocken, deren Fragestellungen aufgreifen, eigene Denk- und Arbeitsprozesse aktivieren und individuelle Lösungswege ermöglichen, in denen Kompetenzen grundgelegt, aufgebaut oder weiterentwickelt werden. Dies wird den Schülerinnen und Schülern durch einen individuell fragenden Zugriff und Unterstützung bei unterschiedlichen Lösungsstrategien in komplexen Situationen ermöglicht. Dabei werden die Schülerinnen und Schüler im Bewusstsein eigenen Könnens und erfolgreichen Bearbeitens und Übens gestärkt, indem sie sich durch dialogisches Denken und Kommunikation gegenseitig unterstützen und gemeinsam Lösungen erarbeiten.
Lernaufgaben beziehen sich demnach auf
... die fachliche Kompetenz,
... sozial-personale Kompetenz
... sowie auf Methodenkompetenz.

5.1. Varianten von Lernaufgaben

1. Situative Lernaufgabe
Lernaufgaben zu einer alltagsrelevanten und inhaltlich eingegrenzten Situation:
Wir planen für nächste Woche eine Feier in der Klasse (z.B. Trauerfeier für...)
-> ANWENDUNGSSITUATION

2. Themenerschließende Lernaufgabe
Themenerschließende und -umkreisende Lernaufgaben, innerhalb derer die Schülerin nen und Schüler sich selbst Fragestellungen suchen, die sie beschäftigen und mit denen sie sich auseinandersetzen wollen (z.B. Jemand ist gestorben...)
-> INFORMATIONSBESCHAFFUNG + ANWENDUNGSSITUATION

3. Themenkonstituierende Lernaufgabe
Vorgegeben ist nur der Themenbereich und die Schülerinnen und Schüler konstituieren sich ihr Thema selbst (z.B. Thema Tod und Leid ...)
-> PROBLEMSTELLUNG + INFORMATIONSBESCHAFFUNG + ANWENDUNGS-SITUATION

Diese Einordnung von Lernaufgaben stellt Varianten dar, die über mehrere Schuljahre hinweg gemeinsam mit den Schülerinnen und Schülern zunehmend komplexer geplant und durchgeführt werden können.

5.2 Grundmodell für die Entwicklung und Durchführung von Lernaufgaben:

A. Vorbereitung der Lernaufgabe

Lehrkraft:

- Vorüberlegungen zur Verortung der Lernaufgabe innerhalb der Sequenzplanung
- Blick auf die wesentliche Kompetenzerwartung der Sequenz; Schwerpunktsetzung: Welche Prozessbezogenen Kompetenzen werden besonders gefördert?

B. Konstitution der Lernaufgabe

Lehrkraft:

- Vorüberlegungen: Mit welchem Impuls kann ich Schülerinnen und Schüler zum Fragen anregen? Welche Fragen haben Schülerinnen und Schüler? Welche Unterstützung brauchen sie?

SchülerInnen:

1. Auseinandersetzung mit einem Impuls (Frage, Bild, Text usw.)
2. Vorwissen einbringen, Assoziationen, Ideen und Vorstellungen sammeln und ordnen (z.B. Cluster, Wortkarten usw. ...)
3. Fragestellungen, Problemanzeigen, Themen usw. herausarbeiten
4. Entwicklung verschiedener Themenfelder bzw. Bearbeitungsbereiche unter Berücksichtigung möglichst vieler Prozessbezogener Kompetenzen

C. Durchführung der Lernaufgabe

Lehrkraft:

- Vorüberlegungen: Welche Themen können bearbeitet werden? Welche Lernwege werden beschritten? Welche Sozialformen werden gewählt? Welche Materialien müssen zur Verfügung gestellt werden? Welche Unterstützung/ Anleitung brauchen die Schülerinnen und Schüler?

SchülerInnen:

5. Einzel-, Partner- oder Gruppenarbeit an einer ausgewählten Fragestellung/ einem Thema
6. Dokumentation der Arbeitsergebnisse
7. Entwicklung einer Präsentation

D. Präsentation und Lernzuwachs

Lehrkraft:

- Vorüberlegungen: Was wird als Ergebnis präsentiert? Wie werden die Ergebnisse präsentiert? Welche Ergebnissicherung wird den anderen Schülerinnen und Schülern ermöglicht (z.B. Portfolio aller Arbeitsergebnisse, Wandplakat...)?

SchülerInnen:

8. Präsentation der Arbeitsergebnisse, Diskussion und Auswertung in der Religionsgruppe
9. Bewusstmachen des neu Erlernten bzw. des Lernzuwachses – welches Ergebnis meiner EA oder PA oder anderer Gruppen hat mich am meisten beeindruckt bzw. ist eine wertvolle Ergänzung für meine Ergebnisse? (Prinzip: Eindruck – Ausdruck – Austausch)
10. Verknüpfung der neuen Lernergebnisse mit Anwendungsmöglichkeiten und alltagstauglichen realistischen Umsetzungsideen

E. Reflexion des Lernprozesses

Lehrkraft:

- Vorüberlegungen zur Reflexion des Lernprozesses: Welcher Lernzuwachs in der Religionsgruppe/ bei einzelnen Schülerinnen und Schülern ist mir aufgefallen? Wie war die Zusammenarbeit in den Gruppen? Wie haben die einzelnen Schülerinnen und Schüler gearbeitet? Welche inhaltlichen/ methodischen Schwierigkeiten gab es? Wie kann die Sequenz andocken?

SchülerInnen:

11. Bewusst machen des neu Erlernten bzw. des Lernzuwachses – welches Ergebnis meiner Arbeit hat mich am meisten beeindruckt?
12. Reflexion des Lernprozesses (Lerndesign, Gruppenprozesse, Lernwege, Methoden, Qualität der Arbeitsergebnisse...)
13. Wertschätzung des eigenen Lernweges („Lernen lernen“)
14. ggf. Anwendung auf weitere Beispiele
15. ggf. Sammeln und Beachten offengebliebener Fragestellungen für eigenständiges Weiterarbeiten

5.3 Planung von Lernaufgaben (Planungsmodell)

In jedem Lernarrangement sollte eine Lernaufgabe eingeplant werden. Sie ist zentraler Bestandteil der Sequenzplanung. Sinnvoll erscheint dabei jeweils ein Einstiegsszenario gebundenen Unterrichts, das der Phase der Auseinandersetzung und Bearbeitung der Lernaufgabe voraus geht. Die Ergebnissicherung schließt die Lernaufgabe ab. Hier könnten dann auch inhalts- und kompetenzbezogene Leistungsnachweise erhoben werden. Lernaufgaben umfassen mehrere Unterrichtseinheiten. Dabei ist es notwendig, nicht allein am Ende der Lernaufgabe alle Ergebnisse zu präsentieren; es erscheint didaktisch sinnvoller, bei umfänglichen Aufgabenstellungen immer wieder zwischendurch die Abgleichung der Unterrichtsergebnisse vorzunehmen und darauf reagierend evtl. die Aufgaben neu zu justieren bzw. weiterzuentwickeln.

Sowohl im Rahmen der unterschiedlichen Aufgabenstellungen im Lernaufgabenbereich als auch in der Gruppenfindungsphase und der Sicherung der Zwischenergebnisse spielen die Prozessbezogenen Kompetenzen eine zentrale Rolle. Bei unterschiedlichen Aufgaben werden jeweils einzelne Kompetenzen gefördert und gefordert – idealerweise werden in einer Lernaufgabe alle sechs Prozessbezogenen Kompetenzen in den Blick genommen. Dies kann den Schülerinnen und Schülern bewusst gemacht werden, indem in den einzelnen Reflexions- und Auswertungsphasen auch konkret die Kompetenzen angesprochen werden. Für die Planung und Auswertung von Lernaufgaben, die in diesem Sinne entwickelt werden, kann das Planungsmodell Orientierung bieten:

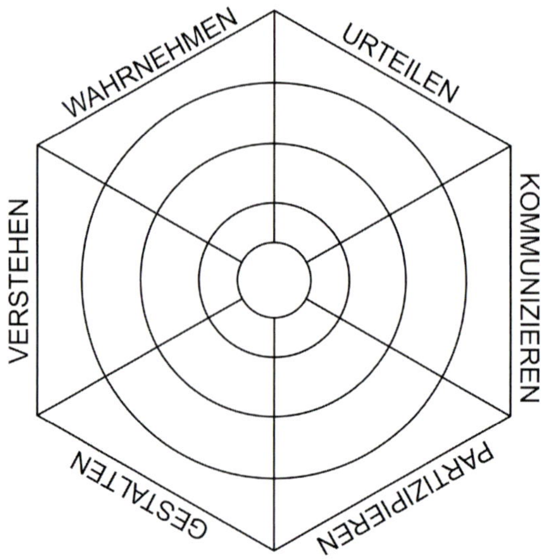

Planungsschema für Lernaufgaben (innerhalb einer Sequenz – ca. 3- 5 Unterrichtseinheiten)

Lernphase/ Sequenz ⇨ Fragestellungen/ Themen ⇨ Lernaufgabe ⇨Präsentation/ Feedback/ Reflexion				
1. Schritt: Verortung der Lernaufgabe innerhalb einer Sequenz: Wo lässt sich die Lernaufgabe in die Sequenz einbinden? **2. Schritt:** Blick auf die wesentliche Kompetenzerwartung der Sequenz ⇨ Schwerpunktsetzung: Mit welchen Prozessbezogenen Kompetenzen werden diese besonders gefördert?	**3. Schritt:** Konstitution der Lernaufgabe: Mit welchem Impuls kann ich SuS zum Fragen anregen? Welche Fragen stellen sich die SuS? Welche Themen ergeben sich daraus? Welche Unterstützung kann die Lehrkraft geben?	**4. Schritt:** Durchführung der Lernaufgabe: Welche Lernwege werden beschritten? Welche Themen werden bearbeitet? Welche Sozialformen werden gewählt? Welche Materialien müssen zur Verfügung gestellt werden? Welche Unterstützung/ Anleitung brauchen die SuS?	**5. Schritt:** Präsentation und Feedback: Was wird als Ergebnis präsentiert? Wie werden die Ergebnisse präsentiert? Welche Ergebnissicherung wird den anderen SuS ermöglicht?	**6. Schritt:** Reflexion des Lernprozesses: Welcher Lernzuwachs in der Religionsgruppe/ bei einzelnen SuS ist mir aufgefallen? Wie war die Zusammenarbeit in den Gruppen? Wie haben die einzelnen SuS gearbeitet? Welche inhaltlichen/ methodischen Schwierigkeiten gab es? Wie kann die Sequenz andocken?
Inhalte Kompetenzerwartungen Prozessbezogene Kompetenzen: ☐ wahrnehmen ☐ verstehen ☐ urteilen ☐ gestalten ☐ kommunizieren ☐ teilhaben	Diskussionsforum Brainstorming Themenfindung	Lernbegleitung der SuS • Material • Hilfestellung	Lernbegleitung der SuS • Material • Hilfestellung Feedback: • der Lehrkraft • der SuS	Hilfestellungen/ Methoden • zur Evaluation für die einzelnen SuS • zu Rückmeldungen im Plenum • für individuelle Rückmeldung durch die Lehrkraft Möglichkeiten der Leistungsmessung

6. Hinweise zur Kompetenzerhebung

6.1 Grundsätzliche Hinweise

Der Religionsunterricht insbesondere in der Grundschule gilt für viele Schülerinnen und Schüler als ein interessantes und motivierendes Fach, weil hier nicht zuletzt auch Fragen angesprochen werden, die ihrer Lebenswelt und ihrem Alter entstammen. Dabei sind im katholischen Religionsunterricht durchaus auch persönliche Fragestellungen, kreative Ansätze und individuelle Überlegungen zur Lebensorientierung von Bedeutung. Im Zusammenhang mit den stets notwendigen kumulativen Prozessen, die zugleich auch kognitive Ansprüche im Sinne von Wissen, Können, Lernen beinhalten, soll jedoch auch auf Folgendes ganz besonders hingewiesen werden: Damit Religionsunterricht seine Attraktivität nicht verliert, bedarf es stets auch der Beachtung einer angemessenen „kognitiven Aktivierung“[1]. Nicht nur Rudolf Englert weist darauf hin, dass ein „geringes Maß an kognitiver Aktivierung“ allzu oft im Religionsunterricht anzutreffen sei[2]. Für einen guten, kompetenzorientierten Religionsunterricht wird es jedoch stets darauf ankommen, auch den kognitiven Aspekten der Inhalte bzw. den daraus abzuleitenden Sachansprüchen Rechnung zu tragen und dadurch sinnvolle und motivierende Herausforderungen des eigenen Denkens und der eigenen Urteilskraft bei den Schülerinnen und Schülern anzuregen[3]. Wichtig erscheint uns, dass in unseren Praxishandbüchern im Kontext der Lernphasen Unterrichtseinheiten in einen aktivierungsstarken Zusammenhang gestellt werden, bei dem nicht nur in einzelnen Unterrichtsstunden, sondern insbesondere auch im Rahmen von Lernaufgaben im Sinne der „kognitiven Aktivierung“ gearbeitet werden kann und soll. Dabei geht es sowohl um die Motivation von Schülerinnen und Schülern als auch um eine – dem kompetenzorientierten Religionsunterricht allzu oft abgesprochene – notwendige inhaltliche Komponente, bei der sich die Schülerinnen und Schüler mit Vorgaben theologischer und anderer Provenienz auseinandersetzen.

Im Frühjahr 2015 sind vom ISB Standards zur Leistungsfeststellung oder-erhebung festgelegt worden. Das Feststellen von Können, Wissen, Fertigkeiten usw. sowie die Erhebung von Kompetenzen ist in der Grundschule weiterhin für alle Fächer und insofern auch für den Religionsunterricht vorgesehen und zentraler Bestandteil schulischen Selbstverständnisses.[4]

Für unser Praxishandbuch wollen wir an dieser Stelle festhalten, dass die Erhebung von Kompetenzen insbesondere dann sinnvoll erscheint, wenn diese grundsätzlich im alltäglichen Unterricht regelmäßig und durchgängig mitbedacht wird und Platz findet. Für die Schülerinnen und Schüler kann es eine wichtige Unterstützung, hilfreiche Rückmeldung und Motivation darstellen, wenn die „Erhebungen“ transparent vorgenommen werden. Diese Möglichkeit scheint dann auf, wenn sie in einen pädagogischen Kontext eingeordnet und für die Schülerinnen und Schüler nachvollziehbar ist, d.h. – gerade auch im Falle schlechter Noten – revidierbar und korrigierbar bleibt. Im Blick auf die Prozessbezogenen Kompetenzen des Religionslehrplans ist es für die Perspektive der Praxishandbücher hilfreich und zielorientiert, dafür Sorge zu tragen, dass die Entwicklung bzw. Weiterentwicklung (d.h. Kompetenzerwerb) aller sechs Prozessbezogenen Kompetenzen beobachtet und letztlich eingeschätzt wird. Dazu muss im kompetenzorientierten Religionsunterricht eine durchgängige Feedbackkultur entwickelt werden, die zu einer Pädagogisierung der Messung von „Leistung“ führt. Dies bedeutet eine Verstetigung der Schülerbeobachtung (Lehrerperspektive), der Selbstwahrnehmung (Schülerperspektive) und insgesamt von Achtsamkeit hinsichtlich des Umgangs und des Erkenntnisgewinns bei jedem Einzelnen und bei Anderen (Unterrichtsperspektive).

---

1 vgl. Manfred L. Pirner, Theoweb-Zeitschrift für Religionspädagogik 12(2013) Heft 2, S. 228-245.

2 Rudolf Englert, Wie kommen Schüler/innen ins Gespräch mit religiösen Traditionen? In: Riegl, Ulrich und Macha, Klaas (Hg), Videobasierte Kompetenzforschung in den Fachdidaktiken, Münster 2013, S. 262

3 ebd.

4 vgl. Englert, Kompetenzorientierter Unterricht: Leistungen beobachten - erheben - bewerten", München April 2015.

Kompetenzerhebung...

Jede Lehrkraft ist aufgerufen, selbst zu überlegen, wie es zu einer alltäglich ritualisierten Form der Kompetenzerhebung und der Reflexion des eigenen Lernweges und der Verfahren in der Gruppe kommen kann. Wichtig ist dabei, die Frageperspektive für die Kompetenzerhebung im Religionsunterricht nicht aus dem Blick zu verlieren:
Wie müssen Grundlegende Kompetenzen, Kompetenzerwartungen und Inhalte, didaktische Strukturen, Methoden, Medien und Sozialformen in Unterrichtseinheiten so umgesetzt werden, dass die Schülerinnen und Schüler überhaupt Kompetenzen aufbauen und entwickeln können. Erst danach stellt sich die Frage, in welcher Weise Kompetenzen auch angemessen erhoben werden können.

Im Sinne einer angemessenen Feedbackkultur, bei der Achtsamkeit im Umgang mit sich selbst und im Blick auf andere immer wieder eingeübt wird, können sehr unterschiedliche und auch fächerübergreifende Kompetenzen aufgebaut werden. Ziel unserer Hinweise zur Kompetenzerhebung ist es, dass die Schülerinnen und Schüler Möglichkeiten entwickeln, sich selbst und andere wertschätzend und kritisch in den Blick zu nehmen. Selbst- und Fremdevaluation durch die Schülerinnen und Schüler soll gefördert werden, indem in allen Unterrichtseinheiten und in den alltäglichen Übungs- und Reflexionsphasen Feedbackmöglichkeiten geplant werden. Dazu sollen - wenn möglich - in jeder Unterrichtsstunde immer wieder Phasen des Rekapitulierens, des Überlegens und kurzen Besprechens angeboten werden, in denen Feedback geübt wird und auch der eigene Lernprozess in den Blick genommen werden kann.
Neben diesen regelmäßigen, alltäglichen Übungs- und Reflexionsphasen stehen weiterhin Kompetenzerhebungen in mündlicher, schriftlicher oder praktischer Form.

Innerhalb des Lernprozesses kennzeichnen wir in den Praxishandbüchern 3/4 vor diesem Hintergrund uns günstig erscheinende Phasen, in denen ein Innehalten und Reflektieren möglich erscheint, mithilfe dieser Piktogramme:

6.2 Praktische Umsetzungen

a. Alltägliche Übungs- und Reflexionsphasen

Praxisanregung:

- Möglichkeiten der Selbstreflexion des Schülers/ der Schülerin (Piktogramme, Feedbackkärtchen)
- Möglichkeiten des Feedbacks der Religionsgruppe an einzelne Schüler/ Schülerinnen (Reflexionsgespräche, Feedbackkärtchen)
- Möglichkeiten des Feedbacks der Lehrkraft an den Schüler/ die Schülerin (Piktogramme, Feedbackkärtchen).

Piktogramme

… zum Innehalten und Reflektieren…

… zur Reflexion des Lernprozesses…

… zur Reflexion der Prozessbezogenen Kompetenzen …

Einige einfache Beispiele für Feedbackkärtchen:

Du hast heute gut verstanden/ erkannt …

Du hast heute gut Stellung genommen/ Lösungen erarbeitet …

Du hast heute gut beobachtet/ gespürt …

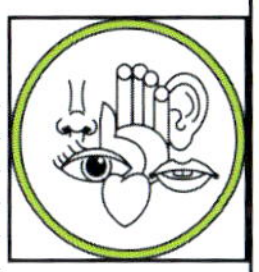

Du hast heute gut Anteil genommen/ dich eingebracht

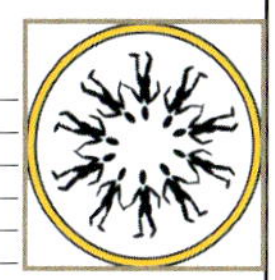

Du hast heute gut zugehört/ deine Meinung vertreten/ erzählt…

Schön, dass du heute…

Du hast heute gut einfallsreich/ mit guten Ideen zum Ausdruck gebracht/ dargestellt

Ich würde mich freuen, wenn …

Ich finde es schade, dass du …

Für die Kompetenzerhebung sind grundsätzlich die Prozessbezogenen Kompetenzen von Bedeutung, die wir in unserer Visualisierung als Kompetenzblume vorschlagen. Es ist wichtig, dass Schülerinnen und Schüler alle sechs Prozessbezogenen Kompetenzen weiter entwickeln und der Kompetenzerwerb von der Lehrkraft nicht nur initiiert, sondern auch eingeschätzt und den Schülerinnen und Schülern rückgemeldet wird. Vorstellbar wäre, nach jeder Unterrichtsstunde für einzelne Schülerinnen und Schüler mithilfe der Kompetenzblume eine Einschätzung der individuellen Entwicklung zu den unterschiedlichen Prozessbezogenen Kompetenzen vorzunehmen und im Profil der Kompetenzblume zu kennzeichnen.
Diese kompetenzorientierte Einschätzung soll wesentlicher Bestandteil der Benotung neben der schriftlichen Kompetenzerhebung sein.

Vorschlag für einen Beobachtungsbogen zu den Prozessbezogenen Kompetenzen, den die Lehrkraft ausfüllen könnte:

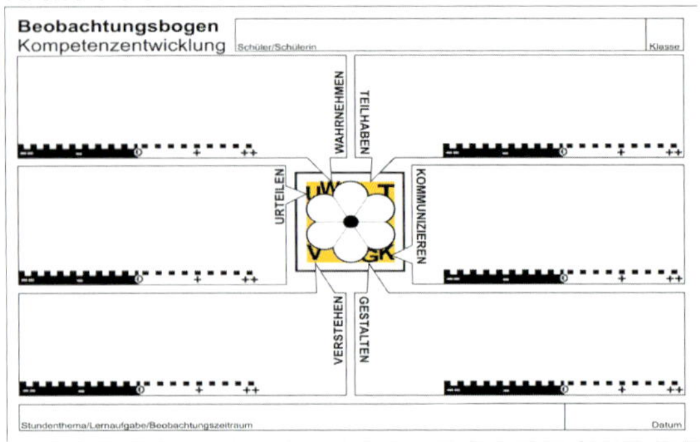

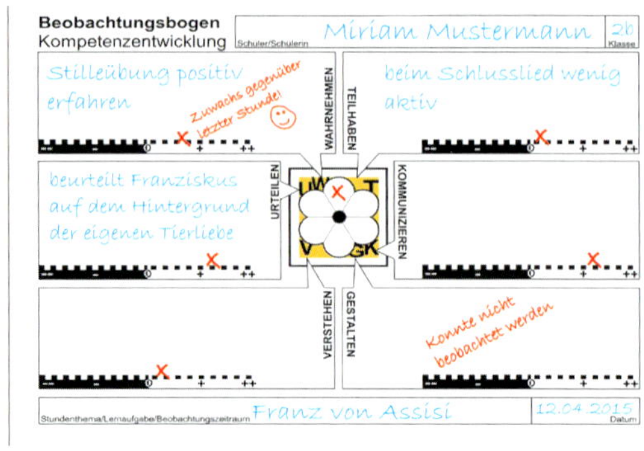

Immer wieder im Verlauf des Schuljahres können die Schülerinnen und Schüler dazu aufgefordert werden, sich selbst einzuschätzen. Dazu bedarf es einer Einschulung und Übersetzung der Prozessbezogenen Kompetenzen in schülernaher Form. Vorschlag für einen Beobachtungsbogen zu den Prozessbezogenen Kompetenzen, den die Schülerinnen und Schüler selbst ausfüllen können:

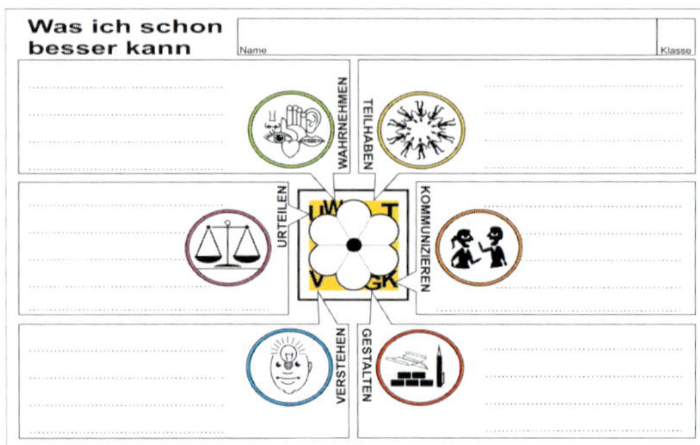

b. Mündliche und/ oder schriftliche Kompetenzerhebung

Als Ausdruck zuvor geleisteter Erarbeitungen und Entwicklungen im Dienste des Kompetenzaufbaus können Erhebungen von Kompetenzen mündlich, schriftlich oder praktisch geplant und durchgeführt werden, die sich an den unterrichtlichen Umsetzungen der Lehrplanvorgaben orientieren. Dazu gehören geplante und spontan gemachte Beobachtungen, die der alltäglichen Feedbackkultur erwachsen. Wichtig erscheint es dabei, dass die Lehrkraft den individuellen Charakter dieser Kompetenzerhebung, z.B. im Rahmen einer Lernaufgabe oder im Blick auf ein Portfolio beachtet und andererseits auf bekannten Kriterien basierend auch gemeinsame Kompetenzerhebungen vornimmt.

Neben mündlichen Erhebungen können mithilfe von schriftlichen Aufzeichnungen Kompetenzen dokumentiert werden oder die Kompetenzentwicklung findet Ausdruck in Lerntagebüchern, Lern- und Übungsaufgaben etc.

Dabei sind die Transparenz und die Angemessenheit der Kriterien für die Kompetenzerhebung und deren Bewertung von Bedeutung. Die Maßstäbe dafür müssen kompatibel zu den Grundlegenden Kompetenzen und Kompetenzerwartungen sein, sowie die Gruppensituation und die individuellen Voraussetzungen der Schülerinnen und Schüler berücksichtigen.

Im Praxishandbuch 3/4 Teil 1 werden wir Sie an verschiedenen Stellen immer wieder auf die Möglichkeit hinweisen, die Feedbackkultur mit den Schülerinnen und Schülern einzuüben. Außerdem finden Sie die oben genannten Symbole, wenn es uns angemessen und praktikabel erscheint, an verschiedenen Stellen innezuhalten und den Lernprozess zu reflektieren.

Wie in den Vorjahren auch schlagen wir vor, die Arbeitsergebnisse der Lernaufgaben in einem selbstgestalteten Portfolio festzuhalten, das ebenfalls unter verschiedenen Kriterien bewertet werden kann.

Für eine intensivere Auseinandersetzung mit verschiedenen Kompetenzerhebungen verweisen wir auf die Handreichung des ISB „Flexible Grundschule. Lerndokumentation und Leistungserhebung, München 2014".

Dieser Dokumentation können kurze Hinweise zur Einordnung der Begrifflichkeiten Lerntagebuch – Lernlandkarten – Portfolio entnommen werden. Für unseren Zusammenhang sei auf die Methode „Portfolio" und auf „Probearbeiten" verwiesen.

7 Praxisteil Jahrgangsstufe 3/4

7.1 Verlaufsplanung – Modell

Eine Unterrichtseinheit wird in einzelne Lernschritte gegliedert.
Diese werden auch als Artikulationsstufen oder Unterrichtsphasen bezeichnet:

Vorphase:	z.B. Einstimmung, Ankommen, sich Sammeln ...
Anfangsphase:	z.B. Hinführung, Anknüpfung, Einstieg, Motivation, Problemstellung, Problemfindung, Sensibilisierung für das Thema ...
Erarbeitungsphase(n):	z.B. Eindruck und Austausch, Konkretisierung, Darbietung, Textbegegnung, Provokation, Konfrontation, Interpretation, Erarbeitung, Problemdurchdringung ...
Vertiefungsphase:	z.B. (individueller) Ausdruck, Teilzusammenfassung, Identifikation, Wertung, Reflexion, Erweiterung, Transfer, Konstruktion, Sicherung, Aktualisierung, Anwendung ...
Schlussphase:	z.B. Ausblick, Ausklang, Abschluss, ...

Bei dieser Aufzählung handelt es sich um allgemeine Hinweise zur Unterrichtsartikulation, die jede Lehrkraft im Blick auf die Schülerinnen und Schüler und eine gelungene Dynamik der Unterrichtsstunde auswählen und planen muss. Das Praxishandbuch stellt in diesem Kontext Hinweise und Anregungen zur Verfügung, die in Lernschritte umgesetzt werden können.
Diese Planungsideen dürfen keinesfalls als Struktur für Artikulationsschritte missverstanden werden, denn sie sind schlagwortartig auf die inhaltlichen Aspekte einer Religionsstunde bzw. Unterrichtseinheit reduziert und insofern als Impuls und nicht als ausgearbeitete Unterrichtsverlaufsplanungselemente zu verstehen.

7.2 Propädeutische Module für den Schuljahresbeginn (Ich – Du – Gemeinschaft – Rituale – Gebet)

Rituale sind notwendig. Sie können - auch in Fortführung von 1/2 - dazu beitragen, das Gemeinschaftsgefühl zu fördern und die Gruppenfindung zu erleichtern. Zunächst sollten vor allem zentrale Rituale bedacht werden, z.B.:

Versammeln im Morgenkreis

Zu Beginn der Unterrichtseinheit empfiehlt sich z.B. ein Morgenkreis. Die Kinder werden dazu an einen Ort im Klassenzimmer gerufen, wo sie sich im Kreis versammeln können (z.B. auf Sitzkissen, Stühlen oder im Stehen). Es gibt verschiedene Möglichkeiten, die Kinder in den Kreis zu rufen:

- die Lehrkraft ruft jedes Kind einzeln beim Namen
- die Kinder werden nacheinander angeblinzelt
- die Kinder sitzen mit verschränkten Armen am Tisch und warten auf eine Berührung (z.B.) an der Schulter, die sie einlädt, in den Kreis zu kommen
- die Kinder sitzen mit geschlossenen Augen an ihrem Platz und warten darauf, dass ihnen ihr Name leise ins Ohr geflüstert wird
- die Kinder hören auf den Ton einer Klangschale oder einer Zimbel und warten, bis die Lehrkraft sie ansieht und ihnen zunickt.

Wichtig ist, dass schon das Gehen in den Kreis leise und sammelnd geschieht und sich die Schülerinnen und Schüler in Ruhe zusammen finden. Die Mitte des Kreises soll ästhetisch schön gestaltet sein, z.B. mit einem Tuch und einer Kerze. Die Kerze kann als Zeichen dafür, dass Jesus/ Gott mit uns ist, mit den Kindern in den ersten Stunden gestaltet werden. In jeder Stunde kann ein anderes Kind die Kerze entzünden.

Ankommen

Der Sinn eines Morgenkreises ist das je eigene Ankommen in der Runde bei einander und „vor Gott“. So werden die Schülerinnen und Schüler im nächsten Schritt eingeladen, mit Tierbildern ihre momentane Situation zu benennen und damit auch zu reflektieren. Beispielsweise könnten folgende Motive Verwendung finden:

Sie wählen ein Motiv aus, das zu ihrer aktuellen Situation passt. Reihum sind sie eingeladen zu erzählen, warum sie dieses Bild gewählt haben, z.B.: Ich fühle mich heute wie ein Wolf – aggressiv und wild…

Wichtig ist die Achtsamkeit im Kreis (Ruhe, Zuhören, nicht auslachen). Hilfreich ist es, wenn die Lehrkraft selbst den Anfang macht und den Kindern so ein Stück weit Beispiel ist.

Möglich wäre auch ein Interview, das die Schülerinnen und Schüler jeweils mit einem Partner führen. Danach könnten sie sich gegenseitig unter Verwendung der Tierbilder in der Runde vorstellen.

Am Ende des Morgenkreises ist es gut, die Situationen nochmals in einem abschließenden Gebet zusammenzufassen, z.B. „Liebevoller Gott, so geht es uns heute…“ Der Morgenkreis kann abgeschlossen werden, indem sich die Kinder an den Händen halten und sich in einer Welle der Reihe nach die Hände reihum drücken oder einander die Gesichter zuwenden und sich freundlich anblinzeln.

Segen
Das gemeinsame Kreuzzeichen kann die Runde dann abschließen. Entweder macht jeder selbst ein einfaches Kreuzzeichen auf Stirn, Mund und Herzen oder die Kinder zeichnen sich gegenseitig als Segensgeste ein Kreuzzeichen auf die Stirn. Dies kann auch mit Weihwasser geschehen, um die Kinder empfänglich zu machen für die segnende Geste und das Vertrauen auf Gott, der mitgeht.

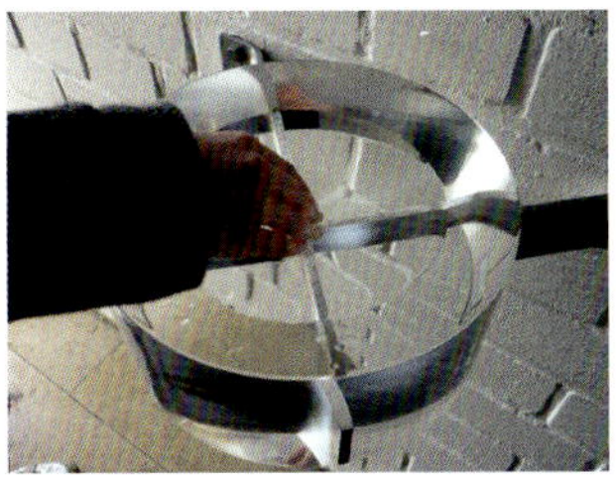

Abschluss
Zum Abschluss können die Kinder

- sich die Hand geben und einen guten Morgen wünschen
- einander „Shalom" – den Frieden wünschen: „Der Friede sei mit dir!"
- sich an den Händen fassen und sich einen schönen guten Morgen wünschen
- in der Handfassung einen Händedruck weitergeben (Welle)
- sich nacheinander ins Gesicht sehen und anlächeln
- ...

Alternativen zur ausführlichen Form des Morgenrituals:

- gemeinsam ein Lied singen
- gemeinsam ein Gebet sprechen
- Schülerinnen und Schüler beten ein selbst ausgewähltes Gebet
- einem Ton (z.B. Klangschale) nachhören, bis er verklungen ist
- auf die Geräusche hören, von denen wir umgeben sind
- sich in einen gemeinsamen Ton oder harmonischen Mehrklang einsummen, der womöglich in eine gemeinsame Melodie mündet
- ...

7.3 „Roter Faden" Bibel: Wir erstellen eine Klassenbibel

Zu Beginn des Schuljahres kann die Lehrkraft den Schülerinnen und Schülern vorschlagen, eine gemeinsame Klassenbibel zu gestalten. Vorstellbar wäre es, ein Blankobuch einzuführen, in das jeweils neue Bibeltexte hineingeschrieben, verziert oder eingeklebt werden. In jeder Stunde, in der ein neuer Bibeltext bearbeitet oder angesprochen wird, darf ein Schüler oder eine Schülerin das Buch mit nach Hause nehmen und ein Bild dazu malen/ den Rand verzieren/ ein Foto dazu einkleben etc.
Zu Beginn der nächsten Stunde wäre es schön, diese Seite entsprechend in das Anfangsritual einzubeziehen und damit die Gestaltung zu würdigen, sowie den Text nochmals anzusprechen.
Immer wenn dieses Icon im Buch erscheint, könnten wir uns vorstellen, die Klassenbibel um einen weiteren Text zu ergänzen.

Lernarrangement 1: Schuljahresanfang bis Weihnachten

Grundlegende Kompetenz Gegenstandsbereich „Mensch und Welt"	Grundlegende Kompetenz Gegenstandsbereich „Die Frage nach Gott"	Grundlegende Kompetenz Gegenstandsbereich „Kirche und Gemeinde"
Bei all ihren Möglichkeiten und Grenzen sind sich die Schülerinnen und Schüler der vorbehaltlosen Zuwendung Gottes zum Menschen bewusst. Sie nehmen schuldhaftes Verhalten wahr und benennen Wege der Versöhnung mit Gott und den Mitmenschen. Sie sind bereit, immer wieder neu zu einem gelingenden Leben beizutragen, indem sie Verantwortung übernehmen, achtsam und wertschätzend mit der Schöpfung umgehen und sich für eine gerechtere Welt einsetzen.	Die Schülerinnen und Schüler formulieren vor dem Hintergrund freudiger und leidvoller Erfahrungen ihre Fragen nach Gott. In biblischen Zeugnissen entdecken sie, wie Menschen Gottes Nähe, aber auch Verborgenheit erleben und setzen eigene Erfahrungen dazu in Beziehung. Sie nehmen wahr, wie in Bildern von Gott gesprochen wird, und bringen in eigenen Worten, Bildern und Symbolen ihre Vorstellungen von ihm zum Ausdruck.	Die Schülerinnen und Schüler beschreiben, wie Christen von Anfang an im Geist Jesu Christi ihr Leben und Zusammenleben gestalten, und benennen Grunddienste christlichen Gemeindelebens. Feste im Kirchenjahr verbinden sie mit dem Heilswirken Jesu Christi und deuten die Eucharistie als Höhepunkt der Begegnung mit ihm und als Mittelpunkt christlichen Lebens. Sie erklären konfessionelle Ausprägungen sowie Gemeinsamkeiten im Leben evangelischer und katholischer Gemeinden.
Lernbereich 2. Die Größe und Vielfalt der Welt - Schöpfung Gottes	**Lernbereich 4. Ausdrucksformen des Glaubens an Gott - Beten und Handeln, Bilder und Symbole**	**Lernbereich 9. In der Gemeinde leben - zur katholischen Kirche gehören**
Ausgewählte Kompetenzerwartungen: Die Schülerinnen und Schüler • sind sich ihrer Beziehung zu Welt und Natur bewusst, nehmen sich als Teil der Schöpfung wahr und achten sie. (W,V) • vergleichen eigene Vorstellungen von der Entstehung der Welt mit biblischen Aussagen ber Gott als Schöpfer des Himmels und der Erde (V,U,K) • zeigen an Beispielen, dass jedes Handeln Auswirkungen für Mensch und Natur hat, und bringen zum Ausdruck, wo sie Unrecht und Not wahrnehmen und wie sie sich eine gerechte Welt vorstellen (W,V,U,K,G,T)	**Ausgewählte Kompetenzerwartungen:** Die Schülerinnen und Schüler • erkennen und deuten Bilder und Symbole als Hinweise auf eine nicht sichtbare Wirklichkeit und erfassen symbolhaftes Reden als Sprachform des Glaubens • verstehen, dass von Gott nur bildhaft gesprochen werden kann, weil das Erfassen Gottes alle menschlichen Vorstellungen übersteigt (W,V,K) • drücken eigene Gottesvorstellungen in Worten, Gesten, Bildern und Symbolen aus und erläutern elementare biblische Gottesbilder (V,G,K) • nehmen das christliche Gottesverständnis in Ausdrucks-	**Ausgewählte Kompetenzerwartungen:** Die Schülerinnen und Schüler • erklären die Bedeutung wichtiger Feste im christlichen Jahreskreis, beziehen sie auf Ereignisse im Leben Jesu und der jungen Kirche und gestalten sie im schulischen Rahmen (W,V,U,K,G)

• beschreiben, wie Menschen aus ihrer christlichen Überzeugung heraus für die Bewahrung der Schöpfung und den Erhalt von Frieden und Gerechtigkeit eintreten, und übernehmen im Rahmen ihrer Möglichkeiten Verantwortung (V, U,K, T)	formen des dreieinigen Gottesbildes wahr (W, V, K)	

Sonderstunden:

- Symboldidaktik u.ä. (MuW), Regenbogen (Noah) - Symbol (FG),
- 2-4 Stunden: **Weihnachten in der Kunst** (KG) allgemein
- **Orthodoxe Christen feiern Epiphania** - Vgl. Kompetenzerwartung Lernbereich 10 (KG): „Die Schülerinnen und Schüler tauschen sich darüber aus, wie sie Feste feiern und erklären, welche Bedeutung Feste und Bräuche für Menschen haben (K,U,V)"

Lernarrangement 2: Weihnachten bis Ostern

Jahrgangsstufe 4

Grundlegende Kompetenz Gegenstandsbereich „Bibel und Tradition"	**Grundlegende Kompetenz Gegenstandsbereich „Jesus Christus“**
Die Schülerinnen und Schüler beschreiben die besondere Bedeutung der Bibel für die Weitergabe und Ausübung des Glaubens und bringen ihre Wertschätzung der Heiligen Schrift zum Ausdruck. Sie setzen die grundlegende Erzählung von der Befreiung des Volkes Israel aus Ägypten sowie die Weisungen der Zehn Gebote in Beziehung zu eigenen Erfahrungen, um Vertrauen für ihr Leben zu gewinnen.	Die Schülerinnen und Schüler verstehen Jesu Handeln im Zusammenhang mit seiner Botschaft vom Reich Gottes. Sie stellen dar, wie Menschen aller Zeiten dem Beispiel Jesu folgen und entdecken darin Leitimpulse für ihr eigenes Handeln. Sie setzen sich mit Erfahrungen und Fragen nach Leid und Tod auseinander und entdecken im Glauben an die Auferweckung Jesu Christi Hoffnungsperspektiven für ihr Leben.
Lernbereich 6. Mit Gott auf dem Weg - Glaubenserfahrungen des Volkes Israel	**Lernbereich 8. Jesus Christus - Leben, Leiden, Tod und Auferstehung**
Ausgewählte Kompetenzerwartungen: Die Schülerinnen und Schüler • stellen die Erzählung vom Exodus des Volkes Israel in ihren Grundzügen dar, verstehen sie als Glaubenszeugnis von Gottes rettendem und befreienden Handeln und setzen sie in Bezug zu eigenen Erfahrungen (V, U, K) • erschließen den Dekalog als Weisung für das Volk Israel und deuten ausgewählte Gebote als Hilfen für ein gelingendes Leben (V, U, K, T)	**Ausgewählte Kompetenzerwartungen:** Die Schülerinnen und Schüler • stellen Fragen nach Leid und Tod und diskutieren unterschiedliche Antwortversuche (V, K) • legen Leiden und Tod Jesu aus als Konsequenz seiner Liebe zu den Menschen und seines Vertrauens auf das Handeln Gottes; sie deuten die Auferweckung als rettendes Handeln Gottes an Jesus (W, V, U, K)

- verstehen die Erzählung vom Exodus in ihrer herausragenden Bedeutung für Juden als Schlüsselerfahrung ihres Glaubens an Gott (V,U,K)

- verstehen, dass das Glaubenszeugnis von Leben, Tod und Auferweckung Jesu für Christen der Grund ihrer Hoffnung und Zuversicht ist (W, V, K)
- nehmen christliche Bilder und Symbole der Zuversicht wahr und gestalten ihre Hoffnungsvorstellungen in eigenen Ausdrucksformen (W, U, G, K, T)

Sonderstunden:
- 2-4 Stunden: **Exkurs Ästhetisches Lernen** mit Bildern (Kunst - Teil 4) z.B. Seesturm
- **Lernaufgabe: Sterben - Tod**

Lernarrangement 3: Ostern bis Schuljahresende

Jahrgangsstufe 4

Grundlegende Kompetenz
Gegenstandsbereich
„Kirche und Gemeinde"

Die Schülerinnen und Schüler beschreiben, wie Christen von Anfang an im Geist Jesu Christi ihr Leben und Zusammenleben gestalten, und benennen Grunddienste christlichen Gemeindelebens. Feste im Kirchenjahr verbinden sie mit dem Heilswirken Jesu Christi und deuten die Eucharistie als Höhepunkt der Begegnung mit ihm und als Mittelpunkt christlichen Lebens. Sie erklären konfessionelle Ausprägungen sowie Gemeinsamkeiten im Leben evangelischer und katholischer Gemeinden.

Lernbereich 6.
Mit Gott auf dem Weg - Glaubenserfahrungen des Volkes Israel

Ausgewählte Kompetenzerwartungen:

Die Schülerinnen und Schüler
- erklären die Verbreitung der Frohen Botschaft sowie die Entstehung der frühen Gemeinden aus dem Glauben an die Auferweckung Jesu und der pfingstlichen Geisterfahrung der Jünger (W, V)
- vergleichen das Glaubensleben und die Aktivitäten der frühen Christengemeinden mit den Grunddiensten und Aufgaben der Kirche heute (V, U, K)

Grundlegende Kompetenz
Gegenstandsbereich
„Religionen und Weltanschauungen“

Die Schülerinnen und Schüler nehmen ihren eigenen Glauben im Kontext anderer Konfessionen und Religionen wahr und geben darüber Auskunft, was Christsein ausmacht. Sie begegnen vor dem Hintergrund eigenen Suchens und Fragens Menschen mit anderen Überzeugungen mit Achtung und Respekt. Sie beschreiben in Grundzügen, wie Juden und Muslime ihren Glauben leben, sind sich dabei der christlichen Sicht bewusst und zeigen Offenheit im Sinne eines friedlichen Miteinanders der Religionen.

Lernbereich 8.
Jesus Christus - Leben, Leiden, Tod und Auferstehung

Ausgewählte Kompetenzerwartungen:

Die Schülerinnen und Schüler
- nehmen die Vielfalt und Verschiedenheit menschlicher Überzeugungen und Haltungen als mögliche Verunsicherung, aber auch als Bereicherung wahr (W, U)
- stellen wesentliche Merkmale ihres eigenen Glaubens zusammen und geben darüber Auskunft
- beschreiben unterschiedliche Ausdrucks-

- vergleichen das Gemeindeleben in verschiedenen Konfessionen und stellen Gemeinsamkeiten und Unterschiede dar (V, U, G, K)

formen evangelischen und katholischen Glaubens und diskutieren darüber, was allen Christen wichtig ist (K, V)
- begegnen den Christen anderer Konfessionen aufgeschlossen und benennen Beispiele gelebter Ökumene (K, U, T)

Sonderstunden:
- **Osterbräuche -** vgl. Kompetenzerwartung Lernbereich 10 (KG): „Die Schülerinnen und Schüler tauschen sich darüber aus,wie sie Feste feiern und erklären, welche Bedeutung Feste und Bräuche für Menschen haben (K,U,V)"
- **Lernaufgabe:** „Wie leben, feiern Christen heute?"
- 2 Stunden: **Kirchenerkundung**
- 2 Stunden **konfessionell-kooperative Kirchenführungen:** „Komm, ich zeig` dir meine Kirche!"
- **Ökumenische Feier:** „Glaube, Hoffnung, Liebe"

Lernarrangement 1 (MW, FG, KG)

Grundlegende Kompetenz Gegenstandsbereich „Mensch und Welt"

Bei all ihren Möglichkeiten und Grenzen sind sich die Schülerinnen und Schüler der vorbehaltlosen Zuwendung Gottes zum Menschen bewusst. Sie nehmen schuldhaftes Verhalten wahr und benennen Wege der Versöhnung mit Gott und den Mitmenschen. Sie sind bereit, immer wieder neu zu einem gelingenden Leben beizutragen, indem sie Verantwortung übernehmen, achtsam und wertschätzend mit der Schöpfung umgehen und sich für eine gerechtere Welt einsetzen

Lernbereich 2. Die Größe und Vielfalt der Welt – Schöpfung Gottes
Ausgewählte Kompetenzerwartungen:

Die Schülerinnen und Schüler
- sind sich ihrer Beziehung zu Welt und Natur bewusst, nehmen sich als Teil der Schöpfung wahr und achten sie (W, V)
- vergleichen eigene Vorstellungen von der Entstehung der Welt mit biblischen Aussagen über Gott als Schöpfer des Himmels und der Erde (V, U, K)
- zeigen an Beispielen, dass jedes Handeln Auswirkungen für Mensch und Natur hat, und bringen zum Ausdruck, wo sie Unrecht und Not wahrnehmen und wie sie sich eine gerechte Welt vorstellen (W, V, U, K,G, T)
- beschreiben, wie Menschen aus ihrer christlichen Überzeugung heraus für die Bewahrung der Schöpfung und den Erhalt von Frieden und Gerechtigkeit eintreten, und übernehmen im Rahmen ihrer Möglichkeiten Verantwortung (V, U, K, T)

Grundlegende Kompetenz Gegenstandsbereich „Die Frage nach Gott"

Die Schülerinnen und Schüler formulieren vor dem Hintergrund freudiger und leidvoller Erfahrungen ihre Fragen nach Gott. In biblischen Zeugnissen entdecken sie, wie Menschen Gottes Nähe, aber auch Verborgenheit erleben und setzen eigene Erfahrungen dazu in Beziehung. Sie nehmen wahr, wie in Bildern von Gott gesprochen wird, und bringen in eigenen Worten, Bildern und Symbolen ihre Vorstellungen von ihm zum Ausdruck.

Lernbereich 4. Ausdrucksformen des Glaubens an Gott – Beten und Handeln, Bilder und Symbole
Ausgewählte Kompetenzerwartungen:

Die Schülerinnen und Schüler

- erkennen und deuten Bilder und Symbole als Hinweise auf eine nicht sichtbare Wirklichkeit und erfassen symbolhaftes Reden als Sprachform des Glaubens
- verstehen, dass von Gott nur bildhaft gesprochen werden kann, weil das Erfassen Gottes alle menschlichen Vorstellungen übersteigt (W, V, K)
- drücken eigene Gottesvorstellungen in Worten, Gesten, Bildern und Symbolen aus und erläutern elementare biblische Gottesbilder (V, G, K)
- nehmen das christliche Gottesverständnis in Ausdrucksformen des dreieinigen Gottesbildes wahr (W, V, K)

Grundlegende Kompetenz Gegenstandsbereich „Kirche und Gemeinde"

Die Schülerinnen und Schüler beschreiben, wie Christen von Anfang an im Geist Jesu Christi ihr Leben und Zusammenleben gestalten, und benennen Grunddienste christlichen Gemeindelebens. Feste im Kirchenjahr verbinden sie mit dem Heilswirken Jesu Christi und deuten die Eucharistie als Höhepunkt der Begegnung mit ihm und als Mittelpunkt christlichen Lebens. Sie erklären konfessionelle Ausprägungen sowie Gemeinsamkeiten im Leben evangelischer und katholischer Gemeinden.

Lernbereich 9. Ausdrucksformen des Glaubens an Gott – Beten und Handeln, Bilder und Symbole
Ausgewählte Kompetenzerwartungen:

Die Schülerinnen und Schüler

- erklären die Bedeutung wichtiger Feste im christlichen Jahreskreis, beziehen sie auf Ereignisse im Leben Jesu und der jungen Kirche und gestalten sie im schulischen Rahmen (W, V, U, K, G)

Didaktische Grundlegung

Begründung des inhaltlichen Vorgehens im Lernarrangement 1:
In der 4. Jgst. sind viele Schülerinnen und Schüler mit der Frage beschäftigt, inwieweit sie einen Übergang in Realschule oder Gymnasium schaffen. Sie sind zum Teil sehr an Leistung und entsprechenden Noten interessiert und setzen sich andererseits bereits mit der Problematik auseinander, dass sie eventuell nicht zu den Schülerinnen und Schülern gehören, die für eine weiterführende Schule geeignet erscheinen.
In diesem sehr an Leistungsstandards orientierten Klima beschäftigen sich die Schülerinnen und Schüler der Religionsgruppe zunächst mit der vorbehaltlosen Zuwendung Gottes, die sich nicht nur in der biblischen Botschaft vom Vergebung schenkenden Gott (3. Jgst) zeigt, sondern auch Ausdruck im biblischen Schöpfungsglauben findet. Größe und Vielfalt der Welt als Schöpfung Gottes zu verstehen bedeutet auch, sich nicht nur mit naturwissenschaftlichen Fragen der Entstehung von Welt und Kosmos zu beschäftigen, sondern mit der Glaubensüberzeugung, dass diese Welt von Beginn an mit Gott zu tun hat und dass Ausdruck dieses Glaubens die Überzeugung ist, dass die Welt und die Menschen von Beginn und Ursprung her als gute geschaffen und von Gott gewollt sind. Diese Überzeugung übersteigt alle Leistungserwartungen und Vorstellungen von Erfolg. Wer die Welt und die Mitmenschen mit den Augen der Schöpfung betrachten kann, wird auch Verantwortung für deren Erhalt, für die Veränderung von Not und Ungerechtigkeiten übernehmen, so wie es z.B. die Propheten getan haben und heute noch Menschen tun, die sich als Christen für die Bewahrung der Schöpfung und den Erhalt von Frieden und Gerechtigkeit einsetzen. Wenn Schülerinnen und Schüler dieser Perspektive von Leben auf die Spur kommen, können sie im Sinne einer weiteren Arbeit an metaphorischer Sprache der Bibel ihre Vorstellungen vom Gott der Schöpfung, der Gerechtigkeit und Frieden für alle Menschen wünscht, in Bildworten, Bildern, Gesten und Symbolen zum Ausdruck bringen, die sie aus biblischen Texten für sich selbst erschließen. In besonderer Weise soll dies in Verbindung mit der alttestamentlichen Noachgeschichte und dem dort geschlossenen Bund mit Hilfe des Regenbogensymbols geschehen. Die Schülerinnen und Schüler entdecken, dass Bilder und Symbole oder solche Dinge, die zu Symbolen werden können, wie z.B. ein Regenbogen, Hinweise für eine zwar nicht sichtbare, jedoch sehr bedeutsame Wirklichkeit sind. Sie können symbolhafte Rede einüben, erfassen und als Sprachform des Glaubens wahrnehmen und ihre Symbolfähigkeit insgesamt weiter entwickeln. Indem dies gelingt, werden sie fähig, Ausdrucksformen für den dreieinen Gott anfangshaft zu verstehen und im Blick auf Feste im christlichen Jahreskreis, deren Bedeutung und damit einher gehende Symbole nachzuvollziehen. Sie verstehen, wie diese sich vom Leben Jesu her in der jungen Kirche und im Verlauf der Kirchengeschichte entwickelt und entfaltet haben. Vor diesem Hintergrund wird in der Grundschule ein letztes Mal das Fest Weihnachten in den Blick genommen und im Zugriff auf künstlerische Ausgestaltungen, Brauchtum und biblischer Hintergrund dieses zentralen christlichen Festes ausgedeutet.

Einführungsstunde 1: „Gemeinsam unterWEGs“ W, K

Die Schülerinnen und Schüler der Religionsgruppe kennen sich bereits aus dem letzten, vielleicht sogar schon aus drei Jahren gemeinsamen Religionsunterrichtes. Anknüpfend an Rituale aus den Vorjahren versammeln sie sich im Stuhlkreis um eine Auswahl verschiedener Wegbilder, die sie zunächst meditativ betrachten bevor sie sich eines oder mehrere auswählen. Angeregt durch das Bild/ die Bilder verfassen sie einen Wegtext ihres bisherigen Lebens unter besonderer Berücksichtigung der Menschen, die sie auf ihrem Weg begleiten. Das gemeinsame Vorlesen und Hinhören auf die unterschiedlichen Texte im abschließenden Stuhlkreis macht verschiedene, aber auch gemeinsame Wegstrecken deutlich, die die Schülerinnen und Schüler als Religionsgruppe bereits hinter sich und in diesem Schuljahr noch vor sich haben.

Einführungsstunde 2: „Mein Lebensweg - wo kommt er her? Wo geht er hin?" W, K
Die Schülerinnen und Schüler haben sich in der letzten Stunde bereits auf gemeinsame Wege des Schuljahres eingestimmt und sich Gedanken gemacht, wer sie unterwegs begleitet. Angeregt durch verschiedene Erinnerungsgegenstände und Wortkarten, die auf den gestalteten Weg in der Stuhlkreismitte gelegt werden, machen sie sich zunächst in Gedanken, dann auch gestalterisch auf den Weg zurück in ihr bisheriges Leben, wagen aber auch den Ausblick, wie es weiter gehen könnte. Ein ausgewähltes Psalmwort ermutigt und bestärkt sie abschließend, dass sie diesen Weg nicht alleine gehen müssen, sondern immer einer mit ihnen geht.

Einführungsstunde 3: „Was MICH ausmacht – das Wappen meines Lebensweges" K, G
In den ersten beiden Stunden haben sich die Schülerinnen und Schüler vor allem Gedanken über den Weg ihres bisherigen Lebens gemacht und die Menschen in den Blick genommen, die mit ihnen unterwegs waren oder es noch sind. In einem weiteren Schritt richtet sich der Blick nun auf sie selbst, indem sie sich überlegen, was sie als Person ausmacht, wie ihre eigenen Fähigkeiten und Träume ihren bisherigen, aber auch den künftigen Lebensweg prägen und formen. Diese individuellen Gedanken halten sie auf einem persönlichen Wappen fest, das auf einem Plakat der Religionsgruppe angebracht werden kann und so die große Vielfalt der Religionsgruppe präsentiert.

Einführungsstunde 4: „Meine Großen Fragen – Fragen, über die ich immer wieder neu nachdenke…" K, G
Nachdem sich die Schülerinnen und Schüler ihre eigenen Fähigkeiten, aber auch Wünsche und Träume bewusst gemacht haben, wird in dieser Stunde nach dem Anfangsritual und dem Lied zunächst nochmals an die gesammelten Fragen (Plakat der letzten Stunde) angeknüpft. Gemeinsam werden diese gelesen, bedacht und überlegt, ob es Möglichkeiten gibt, für bestimmte Fragen ein gemeinsames Themenfeld bzw. eine Überschrift oder eine für mehrere Fragen zutreffende Fragestellung zu finden. In der Weiterführung setzen sich die Schülerinnen und Schüler mit einem dieser Themenfelder auseinander und versuchen in Wort oder Bild eigene Gedanken dazu zum Ausdruck zu bringen. In der Abschlussrunde stellen sie ihre Gedanken kurz den anderen vor.

Einführungsstunde 5: „Begleitet auf dem WEG…" W,V,G
Nachdem sich die Schülerinnen und Schüler mit ihren Großen Fragen beschäftigt und eigene philosophische und theologische Überlegungen angestellt haben, sollen sie in einer letzten Stunde nochmals zugesagt bekommen, dass sie so, wie sie sind - mit allen Stärken, aber auch Schwächen - geliebt und angenommen sind. Die Begegnung mit einzelnen Versen aus Psalm 139 kann ihnen diese Zusage der liebevollen Begleitung Gottes auf ihrem Lebensweg bewusst machen und sich als Mutmachwort einprägen, auf das sie in schwierigen Situationen immer wieder zurückgreifen können.

1. Stunde: „Nicht nur mein Leben hat einen Anfang – der Blick auf den Anfang allen Lebens" V,G

In den Schuljahren zuvor haben sich die Schülerinnen und Schüler bereits mit den biblischen Schöpfungstexten auseinandergesetzt und erfahren, dass diese Glaubenserfahrungen von Menschen zum Ausdruck bringen. Inzwischen sind die Schülerinnen und Schüler „wissender" was die naturwissenschaftliche Erklärung der Entstehung von Mensch und Welt angeht und haben die Möglichkeit, ihr Wissen und ihre Fragen im kreativen Schreiben zum Ausdruck zu bringen. Anstoß gibt dazu eine Erzählung von Marie und Vanessa, die anregt, immer weiter in Richtung „Anfang" zu denken. Sie lädt die Schülerinnen und Schüler ein, eigene Anfänge zu bedenken und zu kreieren und so über den Anfang allen Lebens zu philosophieren. Dabei können sie auf Fragestellungen und Überlegungen der vorangegangenen Stunden zurückgreifen bzw. an diesen andocken.

2. Stunde: „Die Welt bringt mich zum Staunen!" W,K

Als Einstieg in die Schöpfungsthematik haben die Schülerinnen und Schüler eigene Texte zu Fragen nach dem Anfang von allem formuliert, die sie sich gegenseitig vorlesen. Die Frage „Woher kommt alles?" ist als Schlüsselfrage für die Schülerinnen und Schüler zu verstehen, in der zum Ausdruck kommt, dass wir mit unseren Fragen an kein Ende gelangen und dass dennoch das Fragen-Stellen und das Antworten-Suchen ein wichtiges Prinzip menschlicher Existenz darstellt. Vor diesem Hintergrund begeben sie sich auf die Suche nach Staunenswertem in der Welt – im Blick auf Mikro- und Makrostrukturen - und entdecken in einer sinnenhaften Begegnung mit diesen Strukturen, wie faszinierend und staunenswert die Wirklichkeit, die uns Menschen umgibt, aufscheinen kann. Am Ende der Stunde wird durch das Lied „Was ist Gott" ein Rückgriff auf das Fragen genommen und gleichzeitig ein Ausblick in die Beschäftigung mit Gott und Schöpfung in den nächsten Unterrichtseinheiten angesprochen.

3. Stunde: „Ich glaube, dass Gott von Anfang an in der Welt war!"- Marie erzählt von der Schöpfung" (Doppelstunde) V,G

Die Schülerinnen und Schüler haben sich in den letzten Stunden mit den Fragen nach Anfang, Bedeutung und Ende der Welt, des Menschen und aller Dinge, die uns umgeben, beschäftigt und verschiedene staunenswerte Aspekte entdeckt. Anhand der Geschichte von Marie vollziehen sie nach, dass Menschen sich schon immer Gedanken gemacht haben und auch heute noch machen, wie und wo Gott mit seiner Schöpfung verbunden sein kann. Die Auseinandersetzung mit der Erzählung von Marie mündet in einem eigenen Glaubensbekenntnis zum Schöpfergott, das psalmartig in der Stuhlkreisrunde die Möglichkeit zu einem Gebetsabschluss bildet.

4. Stunde: „Gottes Auftrag an uns: Bebaue und behüte!" V,K

In den vorausgehenden Stunden haben sich die Schülerinnen und Schüler mit der Frage nach der Entstehung der Welt beschäftigt, Ansätze einer naturwissenschaftlichen Antwort entdeckt und sich mit dem Schöpfungstext aus Gen 1 mithilfe der Mariegeschichte auseinandergesetzt. In der Begegnung mit dem Schöpfungsmythos in Gen 2 kann ihnen bewusst werden, dass dieser nicht nur ein Bild des Schöpfungsgottes spiegelt, sondern auch deutlich macht, welche Aufgabe dem Menschen in Gottes Schöpfung zukommt: „Bebaue und behüte". In Kleingruppen überlegen sie sich, was dies konkret aus verschiedenen Perspektiven für sie heute bedeuten kann und formulieren Thesen/ 10 Gebote für den Umgang mit Gottes guter Schöpfung.

5. Stunde: „Der Traum vom Paradies zerplatzt …" K,V

Durch die Formulierung von Thesen/ Geboten zum Umgang mit der Schöpfung ist den Schülerinnen und Schülern in der letzten Stunde deutlich geworden, dass sie etwas tun müssen, um die Schöpfung für sich und andere zu bewahren. Assoziativ sammeln sie rückgreifend auf den Begriff „Paradies" ihre paradiesischen Vorstellungen und recherchieren danach, wie unsere Welt wirklich aussieht. Am Beispiel der Abholzung des Regenwaldes, Aussterbens geschützter Tierarten, der Menschen, die von anderen in Not gebracht werden durch Krieg, Armut, Hunger oder Umweltzerstörung nehmen sie wahr und verstehen, wie weit die Gefährdung des Paradieses bereits fortgeschritten ist. Der Blick auf Organisationen, die sich der Zerstörung des Paradieses von Natur, Tierwelt und Menschen entgegenzustellen versuchen, kann ihr Interesse wecken, sich für den Erhalt der Schöpfung einzusetzen.

6. -10. Stunde: „Lernaufgabe Schöpfung bewahren – ich bin dabei" W, V, U, K, G, T

Die Schülerinnen und Schüler haben sich in den vorausgehenden Stunden mit der Schönheit und der Zerstörung der Schöpfung beschäftigt und einen Aspekt ausgewählt, der sie besonders interessiert. In den kommenden Stunden beschäftigen sie sich mit ihrer eigenen Fragestellung im Rahmen einer Lernaufgabe. Die Ergebnisse der Lernaufgabe können in einer Ausstellung oder Präsentation auch für die Eltern (zum Beispiel im Rahmen eines Elternabends/ Sprechtages) transparent gemacht werden.

11. Stunde: „Wir sind Kinder EINER Welt" V,K,U

Die Schülerinnen und Schüler haben in den letzten Stunden ihren Blick geweitet auf die Welt mit all ihrer Schönheit und Not. Bereits in den Vorjahren haben sie Kinder (Religion*Plus* 1/ 2, Teil 2; Religion*Plus* 3/ 4, Teil 1) kennen gelernt, die ihnen von ihrem Leben erzählt haben, z.B. im Blick auf Rituale und Feste, die diese feiern. Im nächsten Schritt begegnen sie diesen Kindern nochmals, indem sie von den Schattenseiten des Lebens hören, mit denen diese z.B. in ärmeren Ländern zu kämpfen haben. Das kann sie neben dem allgemeinen Einsatz für die Schöpfung nochmals ganz konkret auf Menschen aufmerksam machen, die Hilfe brauchen. Das Beispiel einer Hilfsorganisation kann globales Denken mit dem konkret christlichen Handeln nach Jesu Wort: „Was ihr dem geringsten meiner Brüder getan habt, habt ihr mir getan!" verbinden und verdeutlichen.

12. Stunde: „Kinder haben Rechte" (evtl. zwei Unterrichtseinheiten) V , K , U

Angeregt durch Bilder aus der letzten Stunde und die Beschäftigung mit einem konkreten Projekt einer der Hilfsorganisationen wiederholen die Schülerinnen und Schüler ihr Vorwissen aus der letzten Stunde und formulieren weiterführend Fragen und Gedanken zu den noch anstehenden Aufgaben im Sinne einer Bewahrung der Schöpfung in Gegenwart und Zukunft. Die Provokation weiterer Bilder aus Wohlstandskinderzimmern macht die Fragestellung deutlich, welche Rechte Kinder auf der Welt haben und was sie zum (Über)Leben brauchen. Die Schülerinnen und Schüler sammeln zunächst eigene Ideen und Vorstellungen, was eine Charta der Kinderrechte für Kinder auf der ganzen Welt sichern sollte und vergleichen diese mit dem offiziellen Dokument. Die kritische Auseinandersetzung mit den ungerechten Lebensverhältnissen und Startvoraussetzungen von Kindern kann sie offen machen für ein eigenes Engagement bei verschiedenen Hilfswerken, die sie abschließend vorstellen.

13. Stunde: „Kinder für Kinder – die Sternsinger im Einsatz für mehr Gerechtigkeit“ K,V,T
Motiviert durch ein Buchstabenpuzzle setzen die Schülerinnen und Schüler das Wort Gerechtigkeit zusammen und diskutieren anhand der Bilder und Situationen aus der letzten Stunde über fehlende Gerechtigkeit für die Kinder dieser Welt. Im Film zur Sternsingeraktion 2016 erfahren sie von der Situation der Kinder in Bolivien und halten in arbeitsteiligen Gruppen fest, in welchen Hilfsprojekten – finanziert durch die Sternsingeraktion der Kinder – auf die Not dieser Kinder und Familien eingegangen wird. Das kann sie ermutigen, sich im eigenen Lebensumfeld für die Unterstützung dieser oder ähnlicher Aktionen einzusetzen.

14. Stunde: „Amos kämpft für Gerechtigkeit!“ V,U,G
Im Laufe der letzten Stunden konnten die Schülerinnen und Schüler der Ungerechtigkeit in der Welt nachspüren und verstehen, wie wichtig es ist, dass immer wieder Menschen aufstehen für Gerechtigkeit und Barmherzigkeit. Rückgreifend auf die 3. Jahrgangsstufe rekapitulieren sie nochmals ihr Wissen zum Begriff des Propheten und erklären dessen Auftrag und Bedeutung. In der Auseinandersetzung mit einer Rede des Propheten Amos vollziehen sie die damalige soziale Ungerechtigkeit nach, unter der er leiden musste und verstehen, wie notwendig es war, dass er die Botschaft Gottes weitergetragen hat. In einem Brief an den Propheten bringen sie ihre Gedanken zu seinem Wahrnehmen der Welt um ihn herum und verantwortungsvollem Handeln zum Ausdruck.

15. Stunde: „Wäre das schön! Jesajas Traum vom Frieden…“ V,G
Angeregt durch das Vorlesen der eigenen Briefe an den Propheten Amos machen sich die Schülerinnen und Schüler nochmals bewusst, welche Notsituation und Ungerechtigkeit Amos anprangert. Der Impuls einer Sprechblase lässt die Schülerinnen und Schüler vermuten und zum Ausdruck bringen, welchen Traum von einer besseren und gerechteren Welt Amos wohl hätte. In der Weiterführung begegnen sie dem Traum eines anderen Propheten – dem Traum vom Friedensreich des Propheten Jesaja. Diesen Traum denken sie in ihrer Sprache und mit ihren Vorstellungen von einer Welt in Frieden und Gerechtigkeit weiter und gestalten ihre Gedanken.

16. Stunde: „Was ist aus Jesajas Traum vom Friedensreich geworden?“ W,V,U
Im Nachklang der letzten Stunde präsentieren die Schülerinnen und Schüler ihre Vorstellungen von einem Friedensreich als Gallerywalk, der meditativ gegangen wird. Im Stuhlkreis versammelt ent-decken sie verschiedene Wortkarten mit Gegensatzpaaren und verbalisieren ihre Assoziationen zur Frage nach Gerechtigkeit und Barmherzigkeit in der Welt und fragen sich, warum das, was Gott in der guten Schöpfung angelegt hat, immer wieder zu scheitern droht. Dazu setzen sie sich mit einer Rahmenerzählung zur Noachgeschichte auseinander. Sie positionieren sich abschließend zur Fragestellung, ob es ein Zeichen von Gerechtigkeit oder Ungerechtigkeit – Barmherzigkeit oder Unbarmherzigkeit ist, wenn die Menschen eine Geschichte erzählen, in der Gott alle Menschen vertilgt.

17. Stunde: „Gott schließt einen Bund mit den Menschen – er möchte das Leben auf der Erde bewahren“ W,V
Anknüpfend an die vorangegangene Stunde rekapitulieren die Schülerinnen und Schüler nochmals die Frage nach Gerechtigkeit und Barmherzigkeit Gottes. Auf den visuellen Impuls eines Bildes hin, äußern die Schülerinnen und Schüler ihre Vermutungen. In der Weiterführung setzen sie sich mit der biblischen Erzählung in Genesis 9 auseinander und deuten diese – entge-

gen der üblichen Einschätzung – nicht als Erzählung des Untergangs, sondern als Erzählung, die deutlich macht, dass Gott die gute Schöpfung erhalten und bewahren möchte. Die bereits im Vorjahr eingeübten Zugänge zu biblischen Geschichten helfen den Schülerinnen und Schülern, ihr Vorwissen einzubringen und die Erzählung als Glaubensaussage zu deuten.

18. Stunde: „Menschen suchen Gott..." nach Gen 28,15 W,G

Durch verschiedene Zugänge zu biblischen Texten und Kunstbildern wissen die Schülerinnen und Schüler, dass diese immer Ausdruck der Suche, des Fragens und des Glaubens von Menschen auf der Suche nach Gott sind. In der Bildbetrachtung und Auseinandersetzung mit dem Bild „Der Gottrufer" befassen sie sich intensiver mit ihrer eigenen Vorstellung von Gott und versuchen, diese in Worte zu fassen. Alle Fragen und Antwortversuche werden im Lied „Was ist Gott" zum Abschluss der Stunde gebündelt in der Aussage, dass Gott uns alle liebt.

19. Stunde: „Was wir wissen ist ein Tropfen... – Gott ist immer größer als alle unsere Vorstellungen" W,V

Zu Beginn der Stunde erzählen die Schülerinnen und Schüler nochmals von ihren eigenen Überlegungen zum Gottesbild aus der letzten Stunde. Die Bilder/ Texte werden dabei auf einem grauen Tuch in der Mitte gesammelt. Angeregt durch einen Impuls assoziieren die Schülerinnen und Schüler zum entstandenen Bodenbild: Gott ist immer mehr – unsere Vorstellungen können ihn nicht fassen! Die Bildbetrachtung zum Bild von Rupprecht Geiger vertieft diese Feststellung nochmals, indem die Schülerinnen und Schüler darin das Bodenbild entdecken und abschließend ihre Gedanken in das Kunstbild auf ihrem Arbeitsblatt schreiben. Ein Gedicht rundet die Stunde ab und macht deutlich, dass wir Gott immer nur erahnen und nie ganz erfassen können, er uns aber immer nahe ist.

20. Stunde: „EIN Gott in drei Personen?" W,V,G

Die Schülerinnen und Schüler versammeln sich nochmals um das Bodenbild in der Stuhlkreismitte und assoziieren zum Symbol des Kreises: Gott ist vollkommen, ohne Anfang und Ende, nicht fassbar – immer größer als unsere Vorstellung. Die Lehrkraft legt in den Kreis am Bodenbild das Bild der drei Fische, die miteinander symbiotisch verbunden sind und regt die Schülerinnen und Schüler an, dazu ihre Gedanken aufzuschreiben. Im anschließenden Austausch kommen die Schülerinnen und Schüler in eine Diskussion über die Deutung des Motives bevor sie sich auf die Betrachtung des Schlusssteines von den drei Fischen einlassen. Ihre Gedanken zum dreieinigen Gott halten sie im kreativen Schreiben fest ehe das gemeinsame Lied und Kreuzzeichen – bewusst im Blick auf den dreieinigen Gott – die Stunde meditativ abschließt.

21. Stunde „Trinität – Gott ist in sich Gemeinschaft und bietet sie uns an " W,V

Aus der letzten Stunde kennen die Schülerinnen und Schüler bereits das Bild von den drei Fischen als Symbol für den dreieinigen Gott. Das gemeinsame Kreuzzeichen erinnert sie nochmals an diese Verbundenheit, die wir im Gebet bekennen. Als Weiterführung des Bildes werden sie mit einem modernen Kunstbild konfrontiert und versuchen, nach den bereits erarbeiteten Schritten der Bildbetrachtung eine eigene Deutung vorzunehmen. Diese stellen sie sich anschließend gegenseitig vor und werden sich bewusst, dass die Vorstellung eines dreieinigen Gottes deutlich macht, wie Gott in drei Personen Gemeinschaft lebt und sie uns Menschen anbietet.

22. Stunde: „Augustinus auf der Suche nach Gott .... " V,G

Mit verschiedenen Bildern haben sich die Schülerinnen und Schüler der Vorstellung des dreieinigen Gottes genähert und erspürt, dass alle Versuche, Gott zu begreifen, immer nur Versuche bleiben. Am Beispiel des heiligen Augustinus erfahren sie, dass die Frage nach Gott und die Unbegreiflichkeit Gottes etwas ist, das ihn grundsätzlich ausmacht und dass viele Menschen – auch Gelehrte der Kirche – an diese Grenzen gestoßen sind. Das kann sie ermutigen, die Frage nach Gott wach zu halten und immer neue Antworten darauf zu suchen und zu finden.

23. Stunde „Der heilige Patrick und seine Erklärung zur Dreifaltigkeit " V,K,G

Am Beispiel des Kirchenlehrers Augustinus haben die Schülerinnen und Schüler verstanden, dass es eine lebenslange Aufgabe ist, Gott zu suchen und ein wenig zu begreifen, wie Gott ist. Unzählige Mönche haben versucht, den Glauben an diesen dreieinigen Gott zu predigen, auch der heilige Patrick. Am Beispiel der Legende vom Kleeblatt machen sich die Schülerinnen und Schüler nochmals diese Dreieinigkeit Gottes – Gemeinschaft in sich selbst – bewusst und erzählen die Legende mit eigenen Worten neu.

24. Stunde „Die Bibel spricht in Metaphern – Gott mit allen Sinnen erspüren" W,G

Die Schülerinnen und Schüler haben sich in den letzten Stunden ausgiebig mit der Frage nach Gott beschäftigt und in biblischen Texten sowie Bildern und Metaphern Antworten auf die Frage nach Gott gesucht. Abschließend soll Zeit und Raum sein, um die Gottesfrage in sich selbst nachklingen zu lassen. Dazu wählen die Schülerinnen und Schüler ein Psalm-oder Bibelwort zur Gottesvorstellung aus und versuchen, dies kreativ umzusetzen. Abschließend präsentieren sie ihre Ergebnisse in einer kleinen Vernissage.

25. Stunde „Wie die Bibel erzählt, dass Gott sich klein macht, um den Menschen nah zu sein " W,V,G

Im Blick auf das Alte Testament haben die Schülerinnen und Schüler verschiedene Bilder und Vorstellungen von Gott kennengelernt. Auch im Neuen Testament versuchen Menschen, ihre Vorstellungen von und Erfahrungen mit Gott in Worte zu fassen. Aus der 3. Jahrgangsstufe kennen sie bereits die Kindheitsgeschichte nach Lukas, mit der sie sich jetzt nochmals neu anhand der Symbolik von Krippe und Stall beschäftigen. Sie spüren nach, wie außergewöhnlich diese Erzählung von einem Gott ist, der sich ganz klein macht, um den Menschen nahe zu sein und stimmen singend in den Lobpreis auf diesen Gott, der Mensch wird, ein.

26. Stunde „Geschenke mit Symbolcharakter: die Gaben der Weisen" V,G

In der letzten Stunde haben sich die Schülerinnen und Schüler mit der Bedeutung von Krippe und Stall in Bezug auf einen Gott, der sich klein macht, um bei den Menschen zu sein, beschäftigt. Bereits aus der 3. Jgst kennen sie auch die zweite Kindheitserzählung nach Matthäus, mit der sie sich jetzt nochmals intensiver auseinandersetzen im Blick auf die Gaben der Weisen: Gold, Weihrauch und Myrrhe. Sie erspüren dabei, dass in all dieser Einfachheit und Armut bereits die Größe dessen angedeutet ist, was Gott durch die Menschwerdung seines Sohnes bewirken möchte: Rettung und Heil der Menschen

27. Stunde „Weihnachten feiern – ein bunter Festkreis voller Brauchtum und Leben " W,V

Bereits im letzten Schuljahr haben sich die Schülerinnen und Schüler in einer Lernaufgabe mit für sie interessanten Festen beschäftigt. Im Blick auf das bevorstehende Weihnachtsfest machen sie sich die Bedeutung des Festkreises (ausgedrückt in den liturgischen Farben) und wichtige Feste innerhalb des Festkreises bewusst. Dabei werden auch die Heiligen des Advent in den Blick genommen und so die verschiedenen Aspekte der vorausgegangenen Jahrgangsstufen nochmals bewusst aufgegriffen. Das kann die Schülerinnen und Schüler durch das bessere Verständnis verschiedener Bräuche und Rituale aufmerksam und bereit machen, diese Festzeit aktiv mitzufeiern.

28. Stunde „Orthodoxe Christen feiern Epiphania" W,V,T

Im Überblick über den Weihnachtsfestkreis haben die Schülerinnen und Schüler in der vorausgegangenen Stunde auch das Fest Dreikönig/ Erscheinung des Herrn wahrgenommen, dessen Bezug zur biblischen Erzählung sie bereits kennen und mit dem Brauchtum der Sternsinger verbinden. Im Blick auf andere christliche Konfessionen setzen sie sich nun mit der Bedeutung von Epiphania in der orthodoxen Kirche auseinander und stellen Gemeinsamkeiten und Unterschiede fest. Das kann ihr Interesse an anderen christlichen Konfessionen und deren Brauchtum wecken und Verständnis schaffen für andere Glaubensformen.

Bei jeder Stundenskizze erscheint die „Kompetenzblume" als wiederkehrendes Symbol rechts oben – hier werden nur die wichtigsten Prozessbezogenen Kompetenzen (W,K,T,V,U,G) aufgeführt und der Schwerpunkt mit einem braunen Punkt im Blütenblatt gekennzeichnet.

EINFÜHRUNGSSTUNDEN

Einführungsstunde 1: „Gemeinsam unterWEGs"

Die Schülerinnen und Schüler der Religionsgruppe kennen sich bereits aus dem letzten, vielleicht sogar schon aus drei Jahren gemeinsamen Religionunterrichtes. Anknüpfend an Rituale aus den Vorjahren versammeln sie sich im Stuhlkreis um eine Auswahl verschiedener Wegbilder, die sie zunächst meditativ betrachten bevor sie sich eines oder mehrere auswählen. Angeregt durch das Bild/ die Bilder verfassen sie einen Wegtext ihres bisherigen Lebens unter besonderer Berücksichtigung der Menschen, die sie auf ihrem Weg begleiten. Das gemeinsame Vorlesen und Hinhören auf die unterschiedlichen Texte im abschließenden Stuhlkreis macht verschiedene, aber auch gemeinsame Wegstrecken deutlich, die die Schülerinnen und Schüler als Religionsgruppe bereits hinter sich und in diesem Schuljahr noch vor sich haben.

Die Schülerinnen und Schüler	Didaktik - Methoden	Medien
nehmen sich selbst und die anderen bewusst **wahr**	Ankommritual	Zimbel, Kerze und Tuch, Schatzkästchen mit Steinen und Federn
bringen ihre Stimmung und ihre Gefühle **zum Ausdruck**	Einfühl- und Wahrnehmungsübung Symboldidaktik	
betrachten WEG-Bilder als Symbolbilder für ihren eigenen Lebensweg		WEG-Text WEG-Bilder

tauschen sich über ihre WEG-Geschichten **aus**	Austausch im Plenum	Psalm 23
erfahren den Zuspruch Gottes auf seine Weg-Begleitung im eigenen Leben	Gebetserziehung	Kopiervorlage Heftumschlag

Sich und andere bewusst wahrnehmen

Nachdem die Schülerinnen und Schüler sich im Klassenzimmer einen Platz an einem Tisch gesucht haben, werden sie eingeladen, still zu werden und darauf zu warten, dass sie mit dem leisen Ton der Zimbel und Blinzeln der Lehrkraft in den Stuhl- oder Sitzkreis gerufen werden. Dort finden die Schülerinnen und Schüler sich zusammen und haben zunächst ein paar Minuten in Stille Zeit, um sich selbst und die anderen im Kreis wahrzunehmen, z.B. *Wir sind heute zum ersten Mal in diesem Schuljahr als Religionsgruppe zusammen gekommen. Manche Mitschülerinnen und Mitschüler kennst du schon, andere noch nicht. Geh langsam mit deinen Augen den Kreis ab. Wenn du jemanden entdeckst, den du schon kennst, dann nicke ihm oder ihr freundlich zu. Schau dir ruhig auch die Mitschülerinnen und Mitschüler an, die du noch nicht kennst, aber bald schon kennen lernen wirst. Wenn du so weit bist, schau wieder zu mir hier! … Wir haben uns in der Gruppe zum Religionsunterricht versammelt. Weil wir dabei immer wieder über GOTT sprechen, stelle ich eine Kerze in die Mitte und zünde sie an als Zeichen dafür, dass wir nicht alleine sind und Gott mitten unter uns ist. …*

Die eigene Stimmung und Gefühle zum Ausdruck bringen

Die Lehrkraft lädt die Schülerinnen und Schüler so oder ähnlich ein, ihre Stimmung und ihre Gefühle zum Ausdruck zu bringen: *Lange Sommerferien habt ihr hinter euch. Sicherlich hast du Vieles erlebt, an das du dich noch gut erinnern kannst und das du vielleicht auch gerne erzählen möchtest. Suche dir aus der Schatzkiste einen Stein oder eine Feder aus und erzähle, was dir besonders gut gefallen hat (Feder). Du kannst aber auch etwas erzählen, das für dich nicht so leicht war und dich traurig gemacht hat (Stein).*

Wenn die Schülerinnen und Schüler reihum erzählt haben, kann die Lehrkraft zum nächsten Schritt weiterleiten: *Wenn wir zurück auf unser Leben schauen – so wie du es jetzt gerade für eine kurze Wegstrecke der Sommerferien getan hast – dann sprechen wir nicht nur von unserem Leben, sondern oft auch vom Lebensweg. Ich habe dir verschiedene Bilder dazu mitgebracht…*

Diese Weg-Bilder (und viele weitere) finden Sie auf der CD-Rom

WEG- Bilder als Symbolbilder für den eigenen Lebensweg betrachten
Wenn die Lehrkraft die Wegbilder in der Stuhlkreismitte ausgelegt hat, kann sie die Schülerinnen und Schüler zunächst einladen, die verschiedenen Bilder zu beschreiben, die Wege zu deuten, z.B. als steile Wege, als schwere Wege, als breite oder schmale Wege, als verschlungene oder geradlinige Wege…
Zur Vorbereitung auf den nächsten Schritt, in dem die Schülerinnen und Schüler eigene Weg-Geschichten ihres Lebens anhand der von ihnen ausgewählten Bilder schreiben sollen, wählt die Lehrkraft verschiedene Bilder aus und legt sie passend zu der folgenden Erzählung vor sich in die Mitte:
Wenn ich zurückschaue auf mein Leben, dann ist mein Leben sehr unterschiedlich verlaufen. Es gab Zeiten, in denen ich glücklich und zufrieden war (sonniges Wegbild), aber auch Zeiten, wo ich traurig war und nicht wusste, wie es weitergehen soll (dunkler, schattiger Weg). Heute bin ich ganz zufrieden damit, wie mein Leben jetzt ist. Ich bin froh und dankbar, dass ich die schwierigen Dinge gut geschafft habe (Weg mit weitem Blick). Zum Glück gab es immer Menschen an meiner Seite, die bei mir waren, die mir geholfen und mich gestützt haben (Weg mit Menschen).
Und dann war da noch etwas anderes: Ich weiß gar nicht, wie ich das sagen soll, aber nach all den Jahren denke ich, ich hatte auch immer Gott an meiner Seite, zu dem ich oft gesprochen habe und den ich oft gefragt habe, wie es weitergehen soll. So wie ein Freund mich begleitet, so war auch er bei mir. Manchmal frage ich mich: Wie wird mein Lebensweg weiter gehen? Werde ich immer gesund bleiben? Werde ich lange leben? Werde ich immer Freunde und Wegbegleiter haben, die mit mir unterwegs sind? … Aber eines glaube ich ganz sicher: Gott geht mit auf den Wegen unseres Lebens – wenn sie schön und wenn sie schwer sind…
Im Anschluss an die kurze Lehrererzählung zu ausgewählten Wegbildern sind die Schülerinnen und Schüler eingeladen, sich Bilder auszusuchen, die zu ihrem Lebensweg passen und ein paar Sätze als kleine Weggeschichte dazu zu verfassen.

Sich über eigene WEG-Geschichten austauschen
Wieder im Stuhlkreis versammelt lädt die Lehrkraft ein, die verschiedenen persönlichen Weggeschichten vorzulesen und die Bilder dazu als Weg in die Mitte des Stuhlkreises (zur Kerze) zu legen. Im Anschluss daran können die Erzählungen nochmals mit einigen Impulsen reflektiert werden, z.B. *Bei den verschiedenen Erzählungen ist dir vielleicht etwas aufgefallen! … Nicht alle Wege, die wir gehen, sind schöne und angenehme Wege; aber manchmal tun sie doch gut! … Manche Teile der Weggeschichten haben sich wiederholt, andere wurden nur einmal erzählt! …*

Den Zuspruch Gottes auf seine Weg-Begleitung erfahren
Abschließend kann die Lehrkraft einladen, gemeinsam den Weg-Psalm 23 zu beten, der bereits aus der 1. und 2. Jgst bekannt ist: *Es tut gut zu wissen, dass wir unsere Lebenswege nicht alleine gehen müssen – nicht die schweren und auch nicht die schönen Wege unseres Lebens! Einer geht immer mit! Wir danken ihm für sein Mitgehen und Beiunssein im Psalm 23, den ihr schon auswendig kennt:*

Du, Herr, bist mein Hirte,
mir wird nichts fehlen.
Du lässt mich lagern auf grünen Auen
und führst mich zum Ruheplatz am Wasser…
Muss ich auch wandern in finsterer Schlucht,
ich fürchte kein Unheil;
denn du bist bei mir…

Den Text des Psalm 23 finden Sie auf der CD-Rom

Zum Ausklang der Stunde malen die Schülerinnen und Schüler das WEG-Mandala am Heftumschlag aus.

Die Kopiervorlage für den Heftumschlag mit Mandala finden Sie auf der CD-Rom

Aus entwicklungspsychologischen Erwägungen heraus ist es anzunehmen, dass nicht alle Kinder mit den Weg-Bildern und /oder dem Psalm 23 in metaphorischer Weise umgehen können. Im Sinne einer Entwicklung von Symbolfähigkeit im Laufe des Kindesalters ist jedoch eine Auseinandersetzung mit Metaphern in der Weise, wie es vorgeschlagen wird, durchaus angeraten. Hilfreich ist dabei, dass den Schülerinnen und Schülern das Auf und Ab des Lebensweges bereits durch die Josefsgeschichte aus der 1. Jahrgangsstufe und dem dabei herbeigeführten Zusammenhang mit Ps 23 bekannt ist (vgl. auch Abraham – 3. Jahrgangsstufe).

Material auf der CD-Rom:

- WEG-Bilder und Text aus Psalm 23

- AB: Heftumschlag
  zum Vergrößern auf DIN A 3

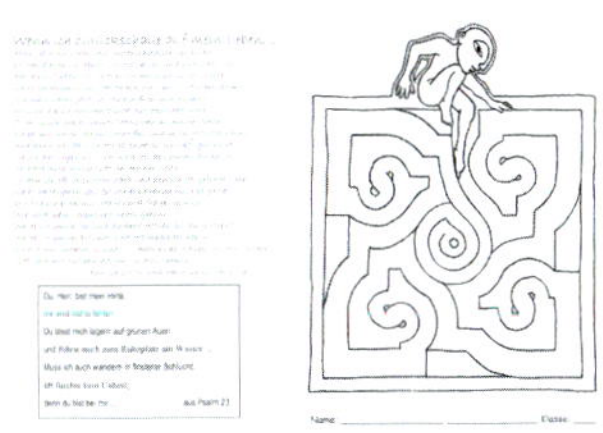

Einführungsstunde 2: „Mein Lebensweg - wo kommt er her? Wo geht er hin?"

Die Schülerinnen und Schüler haben sich in der letzten Stunde bereits auf gemeinsame Wege des Schuljahres eingestimmt und sich Gedanken gemacht, wer sie unterwegs begleitet. Angeregt durch verschiedene Erinnerungsgegenstände und Wortkarten, die auf den gestalteten Weg in der Stuhlkreismitte gelegt werden, machen sie sich zunächst in Gedanken, dann auch gestalterisch auf den Weg zurück in ihr bisheriges Leben, wagen aber auch den Ausblick, wie es weiter gehen könnte. Ein ausgewähltes Psalmwort ermutigt und bestärkt sie abschließend, dass sie diesen Weg nicht alleine gehen müssen, sondern immer einer mit ihnen geht.

Die Schülerinnen und Schüler	Didaktik - Methoden	Medien
empfinden anhand von WEG-Bildern ihren aktuellen Lebensweg und die damit verbundenen Gefühle **nach**	Ankommritual	Zimbel, Kerze und Tuch, Schatzkästchen mit Steinen und Federn
imaginieren anhand einer Phantasiereise ihren bisherigen, aber auch ihren künftigen Lebensweg	Phantasiereise	Text Phantasiereise
	Gestaltetes Bodenbild: Weg	Wortkarten und Erinnerungsgegenstände/ Fotos
tauschen sich über Etappen ihres Lebensweges **aus**	Austausch in Kleingruppen und im Plenum	Wolken
erfahren in einem ausgewählten Psalmwort den Zuspruch Gottes auf seine Weg-Begleitung im eigenen Leben	EA	Psalmworte
verinnerlichen Gottes Wegbegleitung im gemeinsamen Singen	Gebetserziehung	Liedvers: „Du gehst mit“

Den aktuellen Lebensweg und damit verbundene Gefühle nachempfinden

Zunächst versammeln sich die Schülerinnen und Schüler zum gemeinsamen Anfangsritual im Stuhlkreis um die Kerze und zwei Wegbilder. Sie werden eingeladen, ein Symbol (Stein oder Feder) zu dem jeweiligen Bild zu legen, das gerade für sie passt und – wenn sie wollen – kurz zu erzählen. Die Lehrkraft kann so oder ähnlich dazu einladen: *In der letzten Stunde haben wir mit verschiedenen Wegbildern über unser Leben nachgedacht und davon erzählt, welche Wegstrecken für uns schwierig und welche schön waren. Überlege, welches Wegbild gerade jetzt zu dir und deinen Gefühlen passt, nimm dir einen Stein oder eine Feder und erzähle davon!*
Wenn alle Schülerinnen und Schüler erzählt haben, kann die Runde mit dem gemeinsamen Gebet von Psalm 23 abgeschlossen werden.

In einer Phantasiereise den eigenen Lebensweg imaginieren
So oder ähnlich kann die Lehrkraft weiterführen: *Ich lade dich heute zu einer Phantasiereise ein. Gemeinsam machen wir uns auf den Weg. Zunächst lasse ich ein wenig Musik laufen, dann lese ich dir einige Gedanken vor, die dir helfen sollen, dich zu erinnern oder dir etwas vorzustellen. Lass dir Zeit, versuche still zu werden und einfach zuzuhören ….*

Den Text der Phantasiereise finden Sie auf der CD-Rom

Sich über Etappen des Lebensweges austauschen
Nach der Phantasiereise sollen die Schülerinnen und Schüler erst einmal Zeit haben, in kleinen Gruppen zu zweit oder zu dritt ihre Gedanken und Erinnerungsbilder auszutauschen und den anderen ihren Lebensweg und ihre Zukunftsphantasien vorzustellen. Zurück im Stuhlkreis sind alle Schülerinnen und Schüler eingeladen, einen gemeinsamen Lebensweg mit Erinnerungsgegenständen/ Bildern und Wortkarten, die sie auf dem Weg bis zur Mitte (= Gegenwart) und nach der Mitte (= Zukunft) ablegen, zu gestalten. Solche Erinnerungsgegenstände könnten sein: Familienfoto, kleine Babyschuhe, Kindergartentasche, Turnschuhe, Fußball, Schulranzen, Lesebuch, Bibel, Fragezeichen … Wort- und Bildkarten können das Erzählen unterstützen.

Diese und weitere Wort- und Bildkarten finden Sie auf der CD-Rom

Es schließt sich eine Einzelarbeit an, in der die Schülerinnen und Schüler – im Blick auf den in der Mitte gestalteten Lebensweg – ihre schönste, lebendigste und hoffnungsvollste Erinnerung oder die Zukunftsphantasie, die sie im Augenblick besonders beschäftigt, auf einer kleinen Wolke aufschreiben. Im anschließenden Plenum legen sie diese an die passende Stelle im Bodenbild auf dem Lebensweg.

Die Kopiervorlage einer Wolke finden Sie auf der CD-Rom

Den Zuspruch Gottes erfahren
Nachdem die Schülerinnen und Schüler zu den Stichworten auf ihren Wolken erzählt haben, dürfen sie sich ein Psalmwort aussuchen, das die Begleitung Gottes in ihrem Leben verdeutlicht.

Die Psalmworte finden Sie auf der CD-Rom

Gottes Wegbegleitung verinnerlichen
Abschließend singen die Schülerinnen und Schüler gemeinsam den Liedvers - zwischen den einzelnen Wiederholungen lesen die Schülerinnen und Schüler ihren ausgewählten Psalmvers vor.

Zum Ende der Stunde halten die Schülerinnen und Schüler für sie wichtige Stationen ihres Lebens auf dem AB fest.

Material AUF CD-ROM

Material auf der CD-Rom:

- Diese und weitere Wort- und Bildkarten, Kopiervorlage Wolkenbild

- Psalmverse, Textvorlage Phantasiereise und Lied "Du gehst mit..."

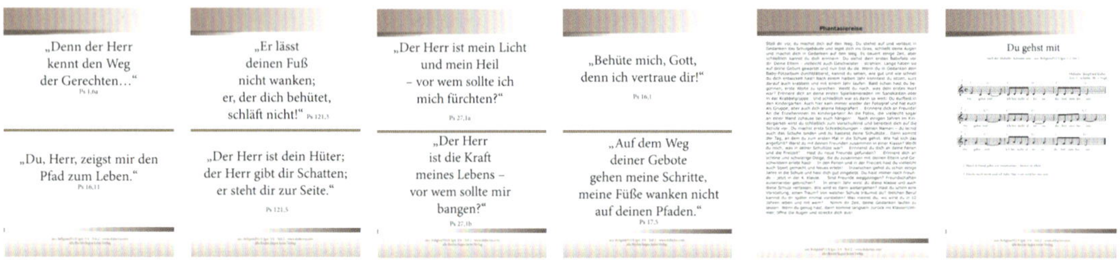

- AB „Mein Lebensweg" und Psalmwort-Fußspuren

Einführungsstunde 3: „Was MICH ausmacht – das Wappen meines Lebensweges?"

In den ersten beiden Stunden haben sich die Schülerinnen und Schüler vor allem Gedanken über den Weg ihres bisherigen Lebens gemacht und die Menschen in den Blick genommen, die mit ihnen unterwegs waren oder es noch sind. In einem weiteren Schritt richtet sich der Blick nun auf sie selbst, indem sie sich überlegen, was sie als Person ausmacht, wie ihre eigenen Fähigkeiten und Träume ihren bisherigen, aber auch den künftigen Lebensweg prägen und formen. Diese individuellen Gedanken halten sie auf einem persönlichen Wappen fest, das auf einem Plakat der Religionsgruppe angebracht werden kann und so die große Vielfalt der Religionsgruppe präsentiert.

Die Schülerinnen und Schüler	Didaktik - Methoden	Medien
machen sich im gemeinsamen Singen eigene Weg-Erfahrungen **bewusst**	Gemeinsames Singen	Liedvers: „Du gehst mit“
tauschen sich zu verschiedenen Fragestellungen des Lebens **aus**	Worldcafé: Tische mit Fragen/ Impulsen auf Papier	Themen- und Impulskarten, Tischdecken
gestalten individuelle Wappen zu ihrer eigenen Person	Kreatives Gestalten	AB 1 - 4: „Was mich ausmacht – das Wappen meines Lebens“
stellen sich gegenseitig in verschiedenen Schritten ihre Wappen **vor**	Austausch mit dem Partner, in Kleingruppen und im Plenum	
nehmen eigene „Große Fragen“ **wahr** und **äußern sich** spontan dazu	Plenumsdiskussion	Plakat/ Tischdecke mit den „Großen Fragen“ Meditative Musik

Sich eigene Weg- Erfahrungen bewusst machen
Die Schülerinnen und Schüler versammeln sich in gewohnter Weise zu Beginn des Unterrichtes im Stuhlkreis und beginnen mit dem gemeinsamen Ritual. Das Singen des Liedes aus der letzten Stunde „Du gehst mit“ macht nochmals die Wegbegleitung Gottes im eigenen Leben deutlich und ermutigt, vertrauensvoll Schritte zu wagen.

Zusammenfassend kann die Lehrkraft die Runde so oder ähnlich abschließen: *Ihr habt (auch heute wieder) verschiedene Stationen und Situationen eures Lebens oder Lebensweges vertrauensvoll vor Gott gebracht. Bei ihm sind unsere Erfahrungen, unsere Freude, aber auch das Schwere gut aufgehoben.*

Sich zu verschiedenen Fragestellungen des Lebens austauschen
So oder ähnlich kann die Lehrkraft überleiten: *In den letzten Stunden habt ihr viel erzählt von eurem bisherigen Leben und gemerkt, dass jeder und jede ganz eigene Erfahrungen hat, weil jeder und jede sein ganz eigenes Leben lebt. Heute sollt ihr dieser Einmaligkeit auch Ausdruck verleihen, indem ihr ein eigenes Wappen gestaltet. Um Ideen zu bekommen, dürft ihr euch zunächst an den verschiedenen Tischen austauschen und eure Gedanken besprechen, aber auch aufschreiben. Erst wenn ihr alle vier Tische durchlaufen habt, wählt ihr euch eine Vorlage für euer Wappen aus und geht an euren Platz zum Arbeiten.*
Die Schülerinnen und Schüler verteilen sich möglichst gleichmäßig an den vier Tischen, die mit Wortkarten ausgestattet und mit Papiertischdecken (Alternative: alte Plakate oder Packpapier) bedeckt sind. Die Lehrkraft erklärt nochmals den Arbeitsauftrag: *Die Wortkarten auf den Tischen geben das Thema an und die Impulse zum Thema laden euch zum Nachdenken ein. Schreibt zuerst leise – jede/r für sich – eigene Gedanken auf die Tischdecke. Tauscht euch dann darüber aus. Ihr habt 3 Minuten Zeit, danach geht ihr an einen anderen Tisch und findet euch als neue Gruppe zusammen.*

Die Themen- und Impulskarten für die Tische des Word-Cafés finden Sie auf der CD-Rom

Anmerkung für die Lehrkraft zur Begleitung/ Unterstützung der Gruppe zu den „Großen Fragen“: Große Fragen nennen wir deshalb „groß“, weil Menschen sie immer wieder neu als Fragen stellen und immer wieder neu versuchen, sie zu beantworten und weil es keine **immer** richtige und stimmige Antwort geben kann.

Ein individuelles Wappen zur eigenen Person gestalten

Die Schülerinnen und Schüler gehen nach der Phase des Worldcafés wieder an ihre Plätze zurück, wählen sich vorher aber ein AB aus mit der Vorlage eines Wappens und gestalten dies mit Symbolen, Worten und Farben zu ihrer eigenen Person – nach den Themen und Impulsen der vier Tische. Dabei kann es hilfreich sein, leise Musik zu spielen, damit die Schülerinnen und Schüler sich konzentrieren können und bei sich bleiben.

Falls die Schülerinnen und Schüler Hilfestellung brauchen, kann diese ganz praktisch gegeben werden, z.B. *Beim ersten Feld habe ich mich gemalt mit meinem Hobby, dem Inlineskating. Natürlich trage ich auf dem Bild auch meine Lieblingsklamotten! Im zweiten Feld habe ich alle Menschen gemalt, die wichtig für mich sind: Meine Eltern und Geschwister, meine Großeltern und meine Freunde – ganz unten seht ihr auch meinen Hund! Im dritten Feld habe ich verschiedene Träume gemalt, die ich für mein Leben habe, z.B. selbst einmal eine Familie haben, ein schönes Haus besitzen, einen Beruf ausüben, der mir Freude macht, z.B. Arzt/ Ärztin … Und im letzten Feld habe ich zwischen den verschiedenen Fragezeichen meine wichtigsten Fragen geschrieben, z.B. Warum gibt es Krieg auf der Welt? Warum müssen Kinder sterben? Werde ich glücklich sein in meinem Leben? ...*

Verschiedene Wappenvorlagen finden Sie auf der CD-Rom

- Wappen Teil 1: Das bin ICH
- Wappen Teil 2: Daran erinnere ich mich …. (Wege/ Wegbegleiter)
- Wappen Teil 3: Da stehe ich jetzt – was wird aus mir?
- Wappen Teil 4: Das frage ich mich… Das beschäftigt mich … Das macht mir Angst ….
  Darauf kann ich vertrauen … Daran kann ich mich festhalten …
  - Die Großen Fragen der Kinder

Die eigenen Wappen vorstellen

In der folgenden Einheit sollen sich die Schülerinnen und Schüler in verschiedenen Runden die eigenen Wappen vorstellen, und zwar zunächst in Partnerarbeit, danach in der Kleingruppe zu dritt oder zu viert.

Die Kleingruppe bespricht dann auch eine Gemeinsamkeit aller Wappen in dieser Gruppe und jede/r überlegt zusätzlich für sich, was nur er/ sie auf dem Wappen gemalt hat.
Für das abschließende Plenum überlegen die Gruppen, ob es Gemeinsamkeiten gibt, bevor jede/r das vorstellt, was ihn/ sie ganz individuell ausmacht.

Eigene „Große Fragen“ wahrnehmen und sich dazu äußern
Anknüpfend an die Vorstellung der Schülerinnen und Schüler in der Plenumsrunde bringt die Lehrkraft das Plakat/ die Tischdecke mit den „großen Fragen“ der Schülerinnen und Schüler in die Mitte. Einzelne – noch nicht benannte Fragen – können laut vorgelesen und gegebenenfalls kurz angesprochen werden. Abschließend lädt die Lehrkraft dazu ein, diese Fragen in der kommenden Stunde und im ganzen Schuljahr immer wieder in den Blick zu nehmen, z.B. ... *Ihr habt viele Fragen aufgeschrieben, die ihr euch stellt und mit denen ihr euch beschäftigt. Immer wieder wollen und werden wir uns auch hier im Religionsunterricht Zeit dafür nehmen, um gemeinsam den Fragen nachzugehen und nach Antworten zu suchen. Ich habe von meiner Seite auch noch einige Fragen dazu gelegt, die mich beschäftigen und die ich gerne mit euch besprechen möchte...*

Material auf der CD-Rom:

- Liedvers: „Du gehst mit" und ABs mit verschiedenen Wappenmotiven

Du gehst mit

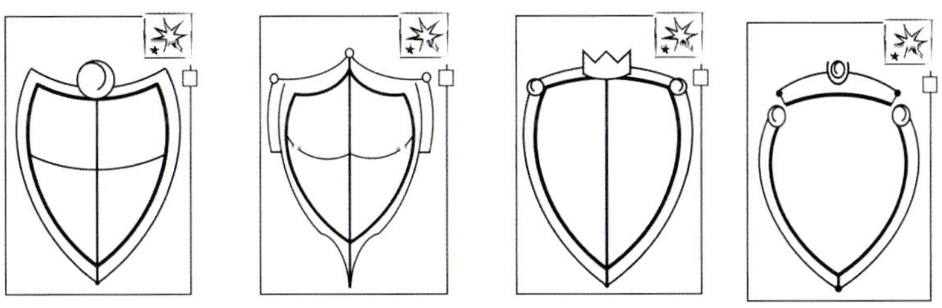

Ein Informationstext zum Philosophieren und Theologisieren mit Kindern finden Sie auf der CD-Rom

Einführungsstunde 4: „Meine Großen Fragen – Fragen, über die ich immer wieder neu nachdenke..."

Nachdem sich die Schülerinnen und Schüler ihre eigenen Fähigkeiten, aber auch Wünsche und Träume bewusst gemacht haben, wird in dieser Stunde nach dem Anfangsritual und dem Lied zunächst nochmals an die gesammelten Fragen (Plakat der letzten Stunde) angeknüpft. Gemeinsam werden diese gelesen, bedacht und überlegt, ob es Möglichkeiten gibt, für bestimmte Fragen ein gemeinsames Themenfeld bzw. eine Überschrift oder eine für mehrere Fragen zutreffende Fragestellung zu finden. In der Weiterführung setzen sich die Schülerinnen und Schüler mit einem dieser Themenfelder auseinander und versuchen in Wort oder Bild eigene Gedanken dazu zum Ausdruck zu bringen. In der Abschlussrunde stellen sie ihre Gedanken kurz den anderen vor.

Die Schülerinnen und Schüler	Didaktik - Methoden	Medien
benennen im gemeinsamen Gebetsritual am Anfang Situationen ihres Lebens, die sie vor Gott tragen möchten	Gebetsritual	z.B. Feder und Stein
vertiefen im Singen des Liedverses, dass sie in diesen Situationen nicht allein sind, sondern auf Gottes Nähe und Begleitung vertrauen dürfen	gemeinsames Singen	Liedvers: „Du gehst mit"
nehmen unterschiedliche Fragestellungen im Bereich eigener Großer Fragen **wahr** und **unterscheiden** diese nach Themen	Plenumsdiskussion	Plakat mit den Großen Fragen aus der letzten Stunde,
setzen sich mit einzelnen Fragestellungen auseinander und **diskutieren** erste eigene Antwortversuche	Gruppenarbeit und Diskussion	Wortkarten zum Beschriften der Themenfelder
präsentieren die Ergebnisse ihrer Gesprächsgruppen im abschließenden Plenum	Präsentation Kreatives Gestalten	z.B. gestaltete Plakate, Folie, Interviews (Frage – Antwort) ...

Situationen des eigenen Lebens benennen

Die Schülerinnen und Schüler versammeln sich im Stuhlkreis und bringen im gemeinsamen Gebetsritual Situationen ihres Lebens vor Gott. Die Lehrkraft kann so oder ähnlich dazu einladen: *In den letzten Stunden haben wir immer wieder zu Beginn überlegt, was wir Gott sagen, ihm erzählen möchten. Dazu möchte ich auch heute einladen. Nimm dir einen Stein und erzähl ihm vertrauensvoll, was dich heute beschäftigt oder bedrückt – oder nimm dir eine Feder und erzähle ihm, worüber du dich heute besonders gefreut hast.*

Im Singen die Zusage der Nähe und Begleitung Gottes vertiefen
Die Lehrkraft kann am Ende der Gebetsrunde so oder ähnlich weiterführen: *Manchmal ist es ganz schön schwer, den Mut nicht zu verlieren bei all dem Schlimmen, was in unserer Welt geschieht und uns täglich begegnet. Wir dürfen aber hoffen und glauben, dass wir nie allein sind. Von diesem Vertrauen und dieser Zuversicht singen wir im Lied: „Du gehst mit!"*

Das Lied „Du gehst mit" finden Sie auf der CD-Rom

Unterschiedliche Fragestellungen wahrnehmen und nach Themen unterscheiden
Als visuellen Impuls legt die Lehrkraft nochmals das Plakat mit den Großen Fragen aus der letzten Stunde in die Mitte des Kreises und lädt die Schülerinnen und Schüler ein, diese nacheinander vorzulesen: *Wenn wir uns jetzt nochmals gegenseitig unsere Fragen vorlesen, fallen euch vielleicht noch neue „große Fragen" ein. Alle zusammen dürft ihr gleich darüber nachdenken, welche Fragen vielleicht ganz gut zusammen passen und welche großen Themen oder Überschriften wir für mehrere Fragen finden können.*

Mögliche Themenfelder/ Kategorien können sein:

- Warum gibt es Leid, Tod, Not, Ungerechtigkeit in der Welt?
- Warum müssen Menschen/ muss ich sterben und was kommt nach dem Tod?
- Woher kommt das Leben, die Welt und alles, was es gibt?
- Wer bin ich und wer darf ich sein?
- Soll man anderen Menschen helfen? Wie kann ich wissen, was richtig und falsch ist?
- Gibt es Gott und wie kann ich ihn mir vorstellen?

Die Lehrkraft hält die Themen, die die Schülerinnen und Schüler selbst herausfiltern, auf Wortkarten fest, schreibt die passenden Fragen dazu und verteilt sie im Klassenzimmer.

Sich mit einzelnen Fragestellungen auseinandersetzen und diese diskutieren
So oder ähnlich kann sie zum nächsten Schritt überleiten: *Ihr habt verschiedene Themengebiete gefunden, die ich im Raum verteilt habe. Geh leise an den verschiedenen Tischen mit den Karten vorbei, lies still die Themen für dich und stell dich dann zu einem Tisch/ zu einem Thema, mit dem du dich zusammen mit anderen beschäftigen möchtest.*
Wenn sich die Schülerinnen und Schüler aufgeteilt haben, kann die Lehrkraft den nächsten Schritt erklären: *In der Gruppe beginnt ihr mit einer dieser Fragen. Diskutiert eure Meinungen dazu und haltet die Ergebnisse fest. Ihr müsst nicht alle Fragen diskutieren und könnt sicherlich nicht auf alles Antworten finden. Das ist gut so! Überlegt gemeinsam, wie ihr eure Ergebnisse den anderen präsentiert, z.B. indem einer die Frage vorliest und die anderen alle ihre Antwortversuche ergänzen oder indem ihr Frage und Antwort als Interview gestaltet, ein Plakat mit Antworten malt …*

Die eigenen Ergebnisse präsentieren
Nach der Gruppenarbeitsphase präsentieren die Schülerinnen und Schüler ihre Ergebnisse im Plenum. Dabei sollte die Fülle der Fragen und die Fülle der Antwortmöglichkeiten deutlich werden, aber auch die Hilflosigkeit und Sprachlosigkeit, mit der wir manchen Fragestellungen begegnen. Zum Abschluss der Stunde führt die Lehrkraft die Fragebox ein, die das ganze Schuljahr

über im Klassenzimmer bleibt und in die Schülerinnen und Schüler immer wieder neue Frage werfen dürfen, die sie ansprechen wollen: *Für alle eure Fragen – heute und morgen und das ganze Schuljahr über – habe ich euch eine Fragebox mitgebracht. Schreibt eure Fragen auf und werft sie in die Box! Wir werden uns immer wieder Zeit nehmen, eure Fragen nachzugehen! Und auch wenn wir keine Antworten finden, wissen wir: Gott ist bei uns! Deshalb singen wir zum Abschluss nochmals unser Lied: „Du gehst mit“*

Material AUF CD-ROM

Material auf der CD-Rom:

- Liedvers: „Du gehst mit"

Du gehst mit

Einführungsstunde 5: „Begleitet auf dem WEG..."

Nachdem sich die Schülerinnen und Schüler mit ihren Großen Fragen beschäftigt und eigene philosophische und theologische Überlegungen angestellt haben, sollen sie in einer letzten Stunde nochmals zugesagt bekommen, dass sie so, wie sie sind - mit allen Stärken, aber auch Schwächen - geliebt und angenommen sind. Die Begegnung mit einzelnen Versen aus Psalm 139 kann ihnen diese Zusage der liebevollen Begleitung Gottes auf ihrem Lebensweg bewusst machen und sich als Mutmachwort einprägen, auf das sie in schwierigen Situationen immer wieder zurückgreifen können.

Die Schülerinnen und Schüler	Didaktik - Methoden	Medien
benennen Fragen der letzten Stunde, die sie nicht beantworten oder klären konnten	Morgenkreis, Gebetsritual	Plakat Große Fragen, Wortkarten ! + ?
vertiefen im Singen des Liedverses, dass sie in diesen Situationen nicht allein sind, sondern auf Gottes Nähe und Begleitung vertrauen dürfen	Gemeinsames Singen	Liedvers „Du gehst mit“
bedenken für sich selbst ausgewählte Verse des Psalm 139	Meditatives Lesen	Psalm 139, 1-4.13-14

spüren im kreativen Gestalten der eigenen Einzigartigkeit vor Gott **nach**	Kreatives Gestalten	Modelliermasse, evtl. Plätzchenform „Hand“
begegnen einem Kunstbild und **halten** die für sie selbst schönste Aussage **fest**	Bildbetrachtung Einzelarbeit	Satzanfänge (Wortkarten)
vertiefen die Zusage Gottes, bei ihnen zu sein, im gemeinsamen Singen	Gemeinsames Singen	Mutmachlied

Unbeantwortbare Fragen der letzten Stunde benennen

Im Blick auf das Plakat der letzten Stunde bzw. die verschiedenen Präsentationen benennen die Schülerinnen und Schüler nochmals die Fragen, die sie selbst nicht beantworten konnten, die offen geblieben sind. Eine Impulskarte mit Fragezeichen und Ausrufezeichen lädt die Schülerinnen und Schüler ein, intensiver darüber nachzudenken, was wir (nicht) wissen, was wir hoffen dürfen, worauf wir vertrauen können.

Die Impulskarten Fragezeichen und Ausrufezeichen finden Sie auf der CD- Rom

Die Runde kann die Lehrkraft so oder ähnlich zusammenfassen: *Wir Menschen stellen uns viele Fragen nach dem Woher und dem Wohin. Manche können wir beantworten, andere nicht. Vielleicht fragst du dich manchmal: Was kann ich glauben? Worauf kann ich vertrauen? – Die Bibel gibt uns in den Psalmen auf manche dieser Fragen eine Antwort, die zuversichtlich stimmt und Hoffnung macht.*

Das gemeinsame Singen des Liedes „Du gehst mit“ kann die Anfangsphase im Stuhlkreis abschließen.

Ausgewählte Verse des Psalm 139 für sich bedenken

Für heute habe ich euch einen Ausschnitt aus dem Psalm 139 mitgebracht.

Den Psalm 139, 1-4.14-15 finden Sie auf der CD- Rom

Die Schülerinnen und Schüler sind eingeladen, den Psalm zunächst einmal vorzulesen, dann eine Minute zu verweilen und ihn still noch einmal zu lesen. Nach dieser Stille darf jeder einen Satz/ Vers vorlesen, der ihn besonders angesprochen hat. Zum Abschluss wird der Psalm gemeinsam gebetet.
Um den Psalm intensiver zu bedenken, lädt die Lehrkraft die Schülerinnen und Schüler ein, einzelne Satzanfänge weiter zu formulieren, z.B.

Schön finde ich	Mut macht mir ...	Hoffen lässt mich ...	Das kann ich kaum glauben, dass ...	Ich freue mich, weil ...

Die Wortkarten mit den Satzanfängen finden Sie auf der CD- Rom

Im kreativen Gestalten der Einzigartigkeit vor Gott nachspüren
Nachdem sich die Schülerinnen und Schüler lange mit den Psalmversen beschäftigt haben, sind sie eingeladen, auf den Platz zurück zu gehen und sich einen Vers zu unterstreichen. So oder ähnlich lädt die Lehrkraft zum kreativen Gestalten ein: *Gott liebt dich und ist dir nahe in dem, wie du bist! Das hat der Psalm deutlich gemacht, aus dem du dir einen Satz ausgewählt hast, der dir besonders gefällt. Wenn ich dir nun ein Stück selbsttrocknende Knetmasse (alternativ Ton) gebe, darfst du daraus eine Hand formen und diesen Satz in die Hand hineinritzen. Wir lassen eure Kunstwerke im Klassenzimmer trocknen und morgen kannst du sie mit nach Hause nehmen.*

Anmerkung: Als Alternative zum plastischen Gestalten wäre es auch möglich, die Masse auszurollen und mit Plätzchenausstechern eine Hand auszustechen. Diese kann dann auch – mit einem Loch versehen – umgehängt werden.

Hinweis: Ausstechformen in Handform gibt es bei didactus.
Telefonisch bestellbar: 0831/69716130, per mail: info@didactus-plus.de oder www.didactus.com

Einem Kunstbild begegnen
Die Lehrkraft lädt ein, das Kunstbild genau zu betrachten. Möglich wäre dazu auch eine verzögerte Bildbetrachtung, bei der immer nur ein Ausschnitt gezeigt wird bevor das Bild als Ganzes präsentiert wird.

Die 6 Schritte der Bildbetrachtung finden Sie auf der CD- Rom

Das Kunstbild „Kontexte“ von HaPe Eggerl finden Sie auf der CD- Rom

Die Zusage Gottes seiner Begleitung vertiefen
Das gemeinsame Singen des „Mutmachliedes“ kann die Stunde nochmals bündeln und ausklingen lassen.

Material auf der CD-Rom:

- Liedvers: „Du gehst mit", Mutmachlied, Impulskarten Frage-/ Ausrufezeichen und AB

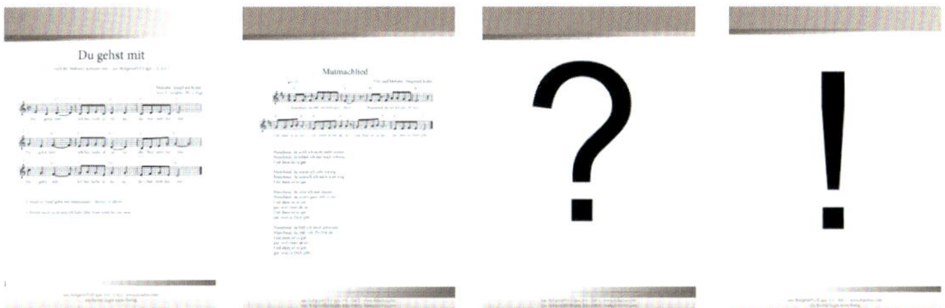

- Psalm 139, Satzanfänge und Kunstbild „Kontexte“ von HaPe Eggerl

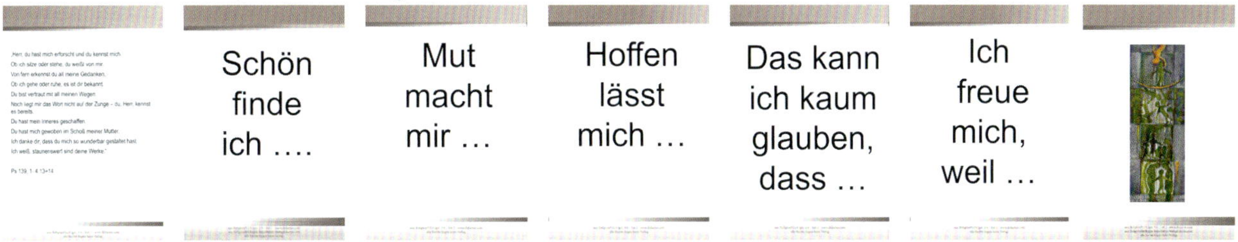

1. Stunde: „Nicht nur mein Leben hat einen Anfang - der Blick auf den Anfang allen Lebens"

In den Schuljahren zuvor haben sich die Schülerinnen und Schüler bereits mit den biblischen Schöpfungstexten auseinandergesetzt und erfahren, dass diese Glaubenserfahrungen von Menschen zum Ausdruck bringen. Inzwischen sind die Schülerinnen und Schüler „wissender“ was die naturwissenschaftliche Erklärung der Entstehung von Mensch und Welt angeht und haben die Möglichkeit, ihr Wissen und ihre Fragen im kreativen Schreiben zum Ausdruck zu bringen. Anstoß gibt dazu eine Erzählung von Marie und Vanessa, die anregt, immer weiter in Richtung „Anfang“ zu denken. Sie lädt die Schülerinnen und Schüler ein, eigene Anfänge zu bedenken und zu kreieren und so über den Anfang allen Lebens zu philosophieren. Dabei können sie auf Fragestellungen und Überlegungen der vorangegangenen Stunden zurückgreifen bzw. an diesen andocken.

Die Schülerinnen und Schüler	Didaktik - Methoden	Medien
bedenken für sich selbst ausgewählte Verse des Psalm 139 und **vergewissern sich** der Zusage Gottes, bei ihnen zu sein	Morgenkreis, Gebetsritual	Psalm 139, 1-4.13-14, Liedvers „Du bist da!“
assoziieren eigene Gedanken zu einem Babyfoto und **formulieren Fragen** zu diesem	visueller Impuls, Plenum, Brainstorming	Babyfoto
hören in einem philosphischen Gespräch vom Anfang von allem	Lehrererzählung	Karten für Fragen Text Lehrererzählung: Marie und Vanessa
stellen im kreativen Schreiben eigene philosophische **Überlegungen an** und **bringen** diese **zum Ausdruck**	Einzelarbeit	philosophieren über den Anfang von allem, AB
präsentieren die eigenen Gedanken zum Anfang von allem	Plenum	

Ausgewählte Psalmverse des Psalm 139 bedenken und sich der Zusage Gottes versichern
Wie in den Vorstunden soll auch in dieser Stunde Zeit für das Anfangsritual und Ankommen sein. Mit ausgewählten Psalmversen der Schülerinnen und Schüler und dem bereits bekannten Liedvers „Du bist da“, stimmen sich die Schülerinnen und Schüler in den Religionsunterricht ein. Das gemeinsame Beten des gesamten Psalms 139 kann das Ritual im Stuhlkreis beenden.

Gedanken zu einem Babyfoto assoziieren und Fragen zu diesem formulieren
In der Weiterführung legt die Lehrkraft als visuellen Impuls ein Babyfoto in die Mitte.

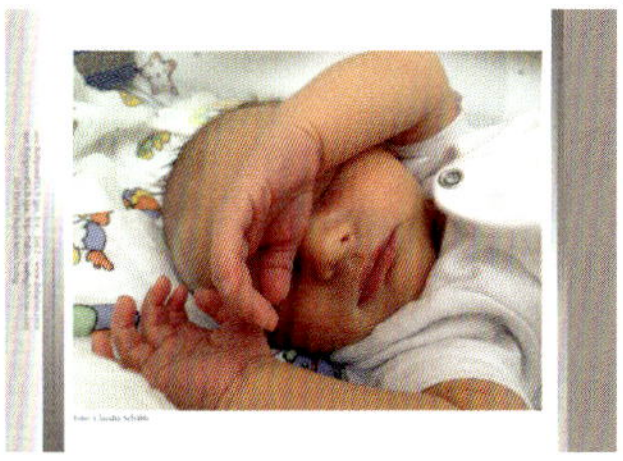

Die Schülerinnen und Schüler äußern dazu spontan ihre Gedanken, eigene Erfahrungen und auch Fragen, die sie damit verbinden z.B. Wie klein und niedlich diese Babys sind … Menschen können alleine nicht leben … Sie sind von Anfang an auf andere angewiesen … Babys werden in eine Gemeinschaft hineingeboren … ob dieses Baby immer gesund bleibt? …

In einem philosophischen Gespräch vom Anfang von allem hören
So oder ähnlich kann die Lehrkraft zum Thema hinführen, z.B. *Ihr habt euch viele Gedanken gemacht und Fragen gestellt. In der Fachsprache nennen wir das auch Philosophieren, das heißt Nachdenken über das eigene Leben und die Welt, in der wir leben. Philosophiert über den Anfang von allem haben auch Marie und Vanessa. Hört mal zu, was sie sich für Gedanken machen!*

Die Lehrererzählung „Marie und Vanessa philosophieren über den Anfang von allem"
finden Sie auf der CD- Rom

Eigene philosophische Überlegungen anstellen und diese zum Ausdruck bringen
Nachdem die Schülerinnen und Schüler die Lehrererzählung von Marie und Vanessa gehört haben, sollen sie kurz Zeit bekommen, diese für sich zu rekapitulieren, Stellung dazu zu nehmen bzw. auch An/Fragen zu stellen. Dabei kann deutlich werden, dass die beiden Freundinnen unterschiedliche Fragen und Antwortversuche zeigen: naturwissenschaftlich ausgerichtete und philosophisch-religiöse Antwortversuche. Danach schließt sich die Einzelarbeit mit folgendem Arbeitsauftrag an: *Du hast von den Gedanken gehört, die sich Marie und Vanessa zum Anfang von allem machen. Auch du hast dir dazu schon Gedanken gemacht. Schreibe diese auf! Wie du das tust, ist dir überlassen! Du kannst z.B. auch ein Gespräch zwischen dir und deiner Freundin/ deinem Freund aufschreiben oder alles als Geschichte oder Gedicht verfassen. Es ist auch egal, ob du dich eher an Vanessa oder Marie orientierst oder dir einen ganz eigenen Antwortversuch überlegst. Wenn du möchtest, kannst du deine Antworten und Gedanken auch als Bild gestalten.*

Die eigenen Gedanken zum Anfang von allem präsentieren
Nach der Zeit der Einzelarbeit sind die Schülerinnen und Schüler eingeladen, die eigenen Gedanken zum Anfang von allem im Plenum vorzutragen. Eine Atmosphäre der Wertschätzung und Achtsamkeit wäre dabei wünschenswert! Bei der kurzen Auswertungsrunde können die Schülerinnen und Schüler nochmals eingeladen werden, innezuhalten und die interessantesten Ideen oder auch Fragen, die sie von den anderen gehört haben, nochmals zu wiederholen. Für die Schülerinnen und Schüler sollte in der Schlussphase deutlich werden, dass die philosophisch-religiösen Impulse dazu anregen, immer weiter zu fragen und sich eigene Gedanken über „alles" zu machen bzw. an religiös-philosophischen Gedanken anzudocken und sie für das eigene

Empfinden auf „Stimmigkeit“ zu überdenken. Trotzdem bleibt wichtig festzuhalten: Es gibt ein Geheimnis des Lebens, das Geheimnis, das in allem steckt. Wir nennen dieses Geheimnis Gott, andere den ewigen Sinngrund…

… zum Innehalten und Reflektieren…

Material auf der CD-Rom:

- Psalm 139, Lied: „Du bist da!“, Babyfoto, Geschichte und AB: „Meine Gedanken..."

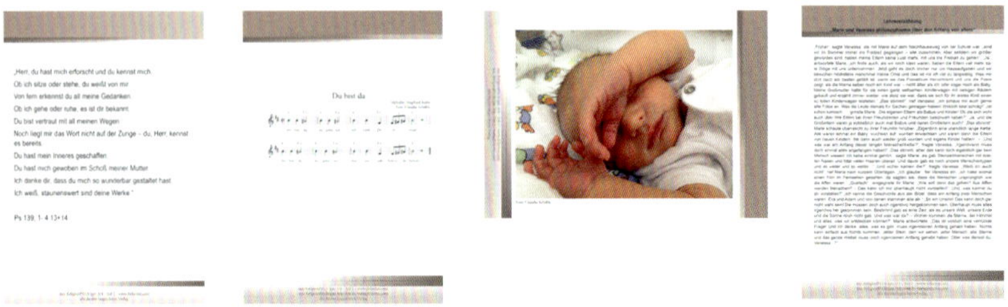

2. Stunde: „Die Welt bringt mich zum Staunen!“

Als Einstieg in die Schöpfungsthematik haben die Schülerinnen und Schüler eigene Texte zu Fragen nach dem Anfang von allem formuliert, die sie sich gegenseitig vorlesen. Die Frage „Woher kommt alles?“ ist als Schlüsselfrage für die Schülerinnen und Schüler zu verstehen, in der zum Ausdruck kommt, dass wir mit unseren Fragen an kein Ende gelangen und dass dennoch das Fragen-Stellen und das Antworten-Suchen ein wichtiges Prinzip menschlicher Existenz darstellt. Vor diesem Hintergrund begeben sie sich auf die Suche nach Staunenswertem in der Welt – im Blick auf Mikro- und Makrostrukturen - und entdecken in einer sinnenhaften Begegnung mit diesen Strukturen, wie faszinierend und staunenswert die Wirklichkeit, die uns Menschen umgibt, aufscheinen kann. Am Ende der Stunde wird durch das Lied „Was ist Gott“ ein Rückgriff auf das Fragen genommen und gleichzeitig ein Ausblick in die Beschäftigung mit Gott und Schöpfung in den nächsten Unterrichtseinheiten angesprochen.

Die Schülerinnen und Schüler	Didaktik - Methoden	Medien
benennen nochmals die für sie interessantesten Fragen der letzten Stunde, die sie nicht beantworten oder klären konnten	Stuhlkreis	AB der letzten Stunde

nehmen Bilder aus dem Makro- und Mikrokosmos **wahr** und **assoziieren** zu diesen	Bilder- oder Filmpräsentation	Youtube oder PPP, Film, Bilder
machen sich mit allen Sinnen **auf die Suche nach Staunenswertem** um sie herum	Eigene Recherche/ Entdecken mit allen Sinnen	Evtl. Lupen, Kameras…
stellen sich gegenseitig **ihre Ent-Deckungen vor** und nehmen diese **als Anlass für das Formulieren eigener Fragen**	Plenum: Präsentation und Fragen sammeln	
stimmen musikalisch **ein** in die Frage nach Gott in der Welt	Gemeinsames Singen	Liedtext „Was ist Gott?“

Die nteressantesten Fragen der letzten Stunde benennen
In Anknüpfung an die letzte Stunde lädt die Lehrkraft ein, nochmals die Fragen zu benennen, die sie – aus fremden oder der eigenen Erzählung – am interessantesten fanden und diese im Plenum vorzutragen.

Bilder aus dem Makro- und Mikrokosmos wahrnehmen und dazu assoziieren
In der Weiterführung kann die Lehrkraft so oder ähnlich zum nächsten Schritt führen, z.B. *Ihr habt beim Nachdenken und Philosophieren über unsere Welt Vieles entdeckt und Fragen formuliert. Wissenschaftler, die sich intensiv mit unserer Welt beschäftigen, haben noch viel mehr Staunenswertes und Fragenswertes herausgefunden. Ich habe euch dazu verschiedene Bilder/ einen kurzen Film mitgebracht. Versucht jeweils zu erraten, was ihr sehen könnt!* – Die Schülerinnen und Schüler assoziieren zu Fotos aus dem Mikro- und Makrokosmos: Was könnten diese Fotos darstellen?

Mögliche Medien:
- Mikro- und Makrofotos, Hubble-Teleskop…

– SuS überlegen/besprechen, was die Bilder zeigen könnten

Material AUF CD-ROM M

Entsprechendes Bildmaterial finden Sie auf der CD- Rom

- Youtube: Microcosmos: Das Volk der Gräser (1996) - Trailer zum Film (1,5 Stunden)

Ergebnis des gemeinsamen Staunens und Betrachtens könnte sein: Es gibt eine ganz kleine Welt, die wir mit den Augen gar nicht sehen können! Und: Es gibt eine ganz große Welt, die wir ebenfalls nicht mit unseren Augen erfassen können – beides ist staunenswert!

Sich auf die Suche nach Staunenswertem machen

Nachdem die Schülerinnen und Schüler viele faszinierende Bilder gesehen haben, sind sie eingeladen, selbst Faszinierendes und Staunenswertes um sie herum zu entdecken. Dazu dürfen sie Fotos oder kleine Filme machen, mit Lupen experimentieren usw. Die Lehrkraft kann so dazu anleiten, z.B. *Staunenswertes können nicht nur Wissenschaftler und Forscher entdecken, sondern auch du! Mach dich auf die Suche danach in unserer Umgebung hier auf dem Schulgelände. Fotografiere und male etwas Geheimnisvolles, das du im Alltag und in der Natur um dich herum entdecken kannst: Überraschendes, Schönes, Wunderbares - EIN interessantes Naturelement – vielleicht so, dass es nicht jeder gleich errät. Komm dann wieder ins Klassenzimmer zurück!*

Alternative: Die Lehrkraft präsentiert Detailfotos aus der umgebenden Natur und lässt die Schülerinnen und Schüler vermuten, was das Foto zeigt.

Vorstellen der Ent-Deckungen und Formulieren eigener Fragen

Wenn die Schülerinnen und Schüler wieder ins Klassenzimmer zurückkommen, stellen sie sich gegenseitig ihre Entdeckungen vor und formulieren dazu Fragen, die entweder gleich beantwortet werden können oder auf kleine Zettel aufgeschrieben in die Fragekiste geworfen werden.

Einstimmen in die Frage nach Gott in der Welt

Zum Abschluss der Stunde kann das bereits aus den Vorjahren bekannte Lied „Was ist Gott“ gemeinsam gesungen oder von der CD angehört werden.

Material AUF CD-ROM

Das Lied „Was ist Gott?“ finden Sie als Liedblatt auf der CD- Rom
bzw. zum Anhören auf der Musik- CD „Du bist da“, erhältlich bei didactus

Material AUF CD-ROM

Material auf der CD-Rom:

- Lied: „Was ist Gott?“ und Bilder Mikro – Makrokosmos

3. Stunde: „Ich glaube, dass Gott von Anfang an in der Welt war!"- Marie erzählt von der Schöpfung" (Doppelstunde)

Die Schülerinnen und Schüler haben sich in den letzten Stunden mit den Fragen nach Anfang, Bedeutung und Ende der Welt, des Menschen und aller Dinge, die uns umgeben, beschäftigt und verschiedene staunenswerte Aspekte entdeckt. Anhand der Geschichte von Marie vollziehen sie nach, dass Menschen sich schon immer Gedanken gemacht haben und auch heute noch machen, wie und wo Gott mit seiner Schöpfung verbunden sein kann. Die Auseinandersetzung mit der Erzählung von Marie mündet in einem eigenen Glaubensbekenntnis zum Schöpfergott, das psalmartig in der Stuhlkreisrunde die Möglichkeit zu einem Gebetsabschluss bildet.

Die Schülerinnen und Schüler	Didaktik - Methoden	Medien
assoziieren ihre Fragen zu Staunenswertem in der Natur	Visueller Impuls	Bilder der letzten Stunde, evtl. Fragen auf Wortkarten
begegnen der Suche Maries nach dem Anfang der Welt	Lehrererzählung Textarbeit	Lehrererzählung: „Marie denkt über die biblischen Schöpfungserzählungen nach"
setzen sich mit biblischen bzw. christlichen Antwortversuchen **auseinander** und **stellen** diese **dar**	Gruppenarbeit Präsentation der Ergebnisse	
beschreiben in einem eigenen Glaubensbekenntnis **ihre Vorstellung vom Schöpfergott**	Kreatives Schreiben	AB mit Erzählungsausschnitt
stimmen musikalisch **ein in die Frage nach Gott** in unserer Welt	Gemeinsames Singen	Lied „Was ist Gott?"

Eigene Fragen zu Staunenswertem in der Natur assoziieren

Zu Beginn der Stunde legt die Lehrkraft nochmals Bilder der letzten Stunde in die Stuhlkreismitte und lädt die Schülerinnen und Schüler ein, sich zu erinnern und ihre Assoziationen zu den Bildern mitzuteilen. Falls nötig, können dazu auch noch die formulierten Fragen auf Sprechblasen aufgeschrieben und ergänzt werden. Zusammenfassen und überleiten könnte die Lehrkraft wie folgt, z.B. *Menschen haben sich schon immer Gedanken gemacht, woher die Welt kommt und wie sie entstanden ist. Damit hat sich auch Marie im Religionsunterricht und ihrer Hausaufgabe intensiv beschäftigt. Hört gut zu!*

Der Suche Maries nach dem Anfang der Welt begegnen

Die Lehrkraft erzählt den Schülerinnen und Schüler die Geschichte von Marie, die angeregt von der Schöpfungserzählung in Genesis 1 eigene Gedanken zum Schöpfergott entwickelt.

Die Lehrererzählung „Marie denkt über die biblische Schöpfungserzählung nach“ finden Sie auf der CD- Rom

Sich mit den biblischen bzw. christlichen Antwortversuchen auseinandersetzen und diese darstellen

Nach einer kurzen Nacherzählung anhand von Impulsen, z.B. *In der Klasse von Marie dreht sich alles um eine Frage ... Die einzelnen Schülerinnen und Schüler haben ganz unterschiedliche Meinungen dazu ... Du weißt, wie Marie zu ihrer Fragestellung kommt ... Marie hat schon eine Idee für ihre Hausaufgabe ...* kann die Lehrkraft so oder ähnlich zur Bearbeitung der Erzählung überleiten, z.B. *Marie hat von ihrem Pfarrer eine ganze Menge Antworten bekommen. Ich habe sie dir nochmals zum Nachlesen mitgebracht. Streiche zunächst alleine alle wichtigen Sätze an. Besprich dich dann in der Kleingruppe mit den anderen und sucht eine Antwort aus, die euch gut gefällt und die ihr der Klasse vorstellen wollt.*

Im Anschluss an die Gruppenarbeit stellen die Schülerinnen und Schüler ihre Ergebnisse vor. Dabei sollte darauf geachtet werden, dass Naturwissenschaft und Glaube unterschiedliche Fragen stellen und dadurch auch zu unterschiedlichen Antworten kommen. Die verschiedenen Ergebnisse könnten für alle Schülerinnen und Schüler als Portfolio zusammengestellt werden.

Literatur zum Nachlesen:
Zitat Bibelwerk: www.bibelwerk.de – Schöpfung
Erich Zenger Jenseits der Geschichte, Anmerkungen zur sogenannten „Urgeschichte“ der Genesis 1 – 11

In einem Glaubensbekenntnis die eigene Vorstellung vom Schöpfergott beschreiben

Die Lehrkraft kann so weiterführen, z.B. *Marie hat im Gespräch mit ihrem Pfarrer gelernt, dass es den Menschen wichtig war auszudrücken, dass Gott von Anfang an bei den Menschen war und sie mit seiner Liebe umgibt – Mensch und Natur. Überlege nun still für dich selbst, wie dein Glaubensbekenntnis zu Gott als Schöpfer aussehen könnte und schreibe es auf. Als Anregung lese ich dir meines vor:*

„Mein Glaubensbekenntnis zum Schöpfergott“ finden Sie auf der CD- Rom

Die verschiedenen Glaubensbekenntnisse der Schülerinnen und Schüler können zu einer Gebetsmappe verbunden werden. In den kommenden Stunden könnte dann immer jeweils ein Glaubensbekenntnis vorgebetet werden.

Die Vorlage eine AB für eine Gebetsmappe finden Sie auf der CD- Rom

Einstimmen in die Frage nach Gott in der Welt
Zum Abschluss der Stunde kann das bereits aus den Vorjahren bekannte Lied „Was ist Gott“ gemeinsam gesungen oder von der CD angehört werden.

Das Lied „Was ist Gott?“ finden Sie als Liedblatt auf der CD- Rom
bzw. zum Anhören auf der Musik- CD „Du bist da“, erhältlich bei didactus

Material auf der CD-Rom:

- Geschichte „Marie denkt über die biblische Schöpfungserzählung nach“

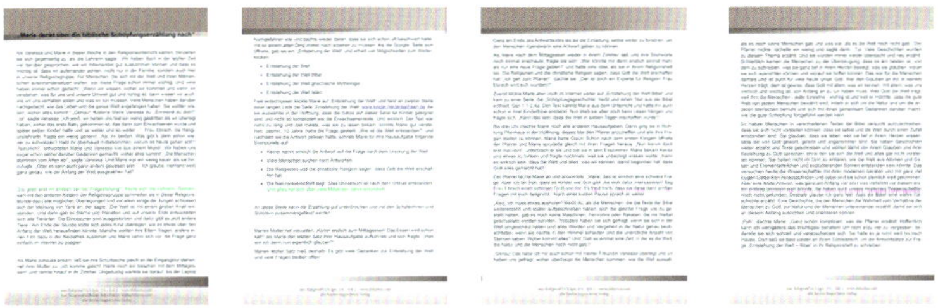

- AB „Marie erzählt...", AB: Vorlage Gebetsmappe und Lied: „Was ist Gott?“

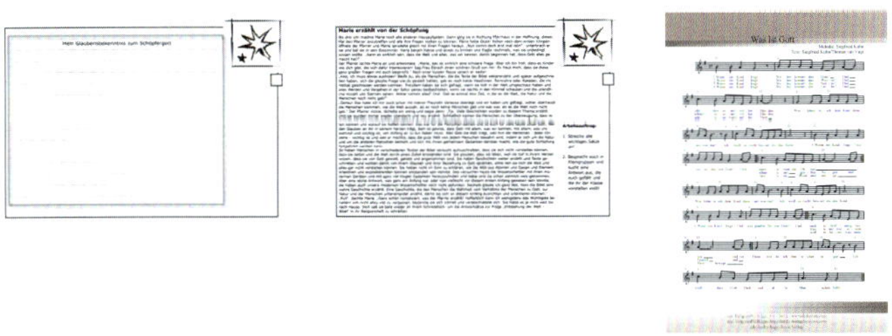

4. Stunde: „Gottes Auftrag an uns: Bebaue und behüte!“

In den vorausgehenden Stunden haben sich die Schülerinnen und Schüler mit der Frage nach der Entstehung der Welt beschäftigt, Ansätze einer naturwissenschaftlichen Antwort entdeckt und sich mit dem Schöpfungstext aus Gen 1 mithilfe der Mariegeschichte auseinandergesetzt. In der Begegnung mit dem Schöpfungsmythos in Gen 2 kann ihnen bewusst werden, dass dieser nicht nur ein Bild des Schöpfungsgottes spiegelt, sondern auch deutlich macht, welche Aufgabe dem Menschen in Gottes Schöpfung zukommt: „Bebaue und behüte“. In Kleingruppen überlegen sie sich, was dies konkret aus verschiedenen Perspektiven für sie heute bedeuten kann und formulieren Thesen/ 10 Gebote für den Umgang mit Gottes guter Schöpfung.

Die Schülerinnen und Schüler	Didaktik - Methoden	Medien
wiederholen die Kernaussagen, die sie in der letzten Stunde erarbeitet haben	Plenum	Plakate der Gruppenarbeiten
rekapitulieren ihr Vorwissen zu den Schöpfungserzählungen der Bibel	Erzählrunde	Wortkarte „In der Bibel gibt es zwei Schöpfungserzählungen“,
begegnen dem Schöpfungstext in Gen 2 und **bearbeiten** diesen eigenständig	Lehrererzählung	Bibel nach Gen 2 Bibeltext,
erstellen gemeinsam Zehn Gebote zum Erhalt Gottes guter Schöpfung im Blick auf den Auftrag des Menschen und **präsentieren** diese	Einzelarbeit Gruppenarbeit und Präsentation	Arbeitsaufträge DIN A 3 Blätter oder Plakate

Die Kernaussagen der letzten Stunde wiederholen
Angeregt durch die verschiedenen Plakate/ Einträge der einzelnen Gruppen wiederholen die Schülerinnen und Schüler nochmals knapp die Ergebnisse der Gruppenarbeit zu Gen 1 bzw. der Aussagen des Pfarrers. Die Lehrkraft kann so oder ähnlich zusammenfassen und weiterführen, z.B. *Gott hat die Welt als gute geschaffen! Indem wir staunend dieser guten Welt begegnen, sind wir motiviert, das Gute zu bewahren – auch Gott will das! Aber das gelingt nicht immer! Deshalb gilt es, achtsam mit anderen und der Natur umzugehen, die Würde aller Geschöpfe zu achten.*

Vorwissen zu den Schöpfungserzählungen der Bibel rekapitulieren
Angeregt durch den visuellen Impuls der Bibel und die Wortkarte:

erzählen die Schülerinnen und Schüler, was ihnen dazu einfällt.

Material AUF CD-ROM

Die Wortkarte finden Sie auf der CD- Rom

Dem Schöpfungstext in Gen 2 begegnen und diesen bearbeiten
Weiterführend schlägt die Lehrkraft die Bibel auf und liest den Schöpfungstext aus Gen 2 vor:

Den Schöpfungstext als Lehrererzählung und Arbeitsblatt finden Sie auf der CD- Rom

Die Schülerinnen und Schüler erhalten den gekürzten Bibeltext nach Genesis 2 als Arbeitsblatt und bearbeiten den Text in Kleingruppen anhand der 4 Schritte.

Gottes Wort für mich! Schritte zum Verständnis eines Bibeltextes (vgl. Grundmodell Religion Plus 3/4, Teil 1)

1. Schritt: Sich in den Erzählzusammenhang einfühlen, in ihn einführen, Sachinformationen zum Text rekapitulieren

- Erinnere dich an die letzte Stunde und halte nochmals fest, was Marie über die Entstehung der biblischen Texte erfahren hat!
- Was heißt das für die Beschäftigung mit dem zweiten Schöpfungstext der Bibel?

2. Schritt: Gottesvorstellung – Gottesbild

- Welches Bild von Gott zeigt diese Erzählung?
- Was ist hier die Hoffnung für die Menschen/ den Leser?

3. Schritt: Aufgeschriebene Hoffnungsbotschaften

- Was erzählen die Menschen von Gott? Was erzählen sie von den Menschen?
- Warum haben sie diese Geschichte aufgeschrieben?

4. Schritt: Der Bibeltext und mein Leben

- Ist dies auch ein Gottesbild für mich?
- Kann ich mir vorstellen, dass Gott so ist?
- Kann das auch für mich/ uns heute Hoffnung sein?
- Was ist für mich/ uns bedeutsam?
- Können wir selbst einen Satz verfassen, der gut zu dieser Geschichte von Gott und den Menschen passt oder zu dem, was die Menschen glauben, die diese Geschichte weitererzählen?

Ziel: Textverständnis! Kein historisches Vermächtnis, sondern ein Glaubensvermächtnis!

Anmerkung: Das Modell aus der 3. Jgst ist im Blick auf die Schöpfungserzählung verkürzt, weil der Aspekt des Protagonisten wegfällt. Außerdem sind die Schritte so formuliert, dass sie Arbeitsaufträge bzw. Impulse für die Schülerinnen und Schüler sind, die so selbsttätig mit dem Text umgehen können.

Nachdem die Schülerinnen und Schüler in Kleingruppen diesen Schöpfungstext anhand der 4 Schritte bearbeitet haben, tragen sie ihre Ergebnisse und Fragen zusammen und besprechen diese im Plenum.

Zehn Gebote zum Erhalt Gottes guter Schöpfung erstellen und präsentieren

Anknüpfend an den letzten Schritt der Kleingruppenarbeit kann die Lehrkraft weiterführen, z.B. *Ihr habt euch bereits überlegt, was bedeutsam sein könnte für uns heute. Ich möchte, dass ihr nochmals in die Kleingruppen geht und gemeinsam Zehn Gebote überlegt. Sie sollen deutlich machen, was „Bebaue und behüte“ heißt im Blick auf die Menschen … die Umwelt … die Tiere … die Natur … und was wir Menschen tun sollen, um Gottes gute Schöpfung zu erhalten. Wenn ihr fertig seid, kommt ihr wieder ins Plenum und präsentiert eure Ideen!*

Die Stunde kann mit einem Glaubensbekenntnis zum Schöpfergott aus der Gebetsmappe abgeschlossen werden.

Material AUF CD-ROM

Material auf der CD-Rom:

- Lehrererzählung zu Gen 2, AB „Unsere 10 Gebote..." , Wortkarte

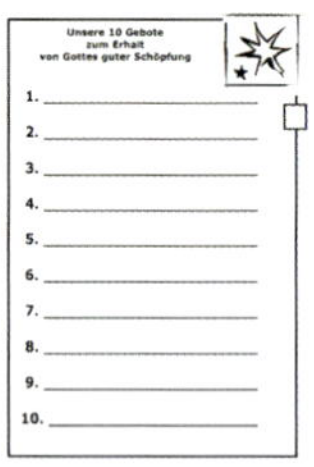

5. Stunde: „Der Traum vom Paradies zerplatzt..."

Durch die Formulierung von Thesen/ Geboten zum Umgang mit der Schöpfung ist den Schülerinnen und Schülern in der letzten Stunde deutlich geworden, dass sie etwas tun müssen, um die Schöpfung für sich und andere zu bewahren. Assoziativ sammeln sie rückgreifend auf den Begriff „Paradies“ ihre paradiesischen Vorstellungen und recherchieren danach, wie unsere Welt wirklich aussieht. Am Beispiel der Abholzung des Regenwaldes, Aussterbens geschützter Tierarten, der Menschen, die von anderen in Not gebracht werden durch Krieg, Armut, Hunger oder Umweltzerstörung nehmen sie wahr und verstehen, wie weit die Gefährdung des Paradieses bereits fortgeschritten ist. Der Blick auf Organisationen, die sich der Zerstörung des Paradieses von Natur, Tierwelt und Menschen entgegenzustellen versuchen, kann ihr Interesse wecken, sich für den Erhalt der Schöpfung einzusetzen.

Die Schülerinnen und Schüler	Didaktik - Methoden	Medien
assoziieren ihr **Vorwissen** zum Begriff „Paradies“	Plenum	Wortkarte „Paradies“

erzählen anhand von Bildern aus Zeitschriften, wo und wie das Paradies zerstört wird	Erzählrunde	Zeitungsartikel, Bilder
erarbeiten Sachinformationen zu Hilfsorganisationen, die sich für die Bewahrung der Schöpfung einsetzen und **stellen** diese **anschaulich dar**	Gruppenarbeit Präsentation	Infotexte Hilfsorganisationen, Internet

Vorwissen zum Begriff „Paradies" assoziieren

Angeregt durch die Wortkarte

Paradies

in der Stuhlkreismitte erzählen die Schülerinnen und Schüler, was ihnen zu diesem Begriff einfällt. Durch weiterführende Fragestellungen der Lehrkraft, z.B. *Was stellen sich Menschen unter dem Paradies vor? Ist das Paradies nur ein Traum? Hat es das Paradies auf Erden jemals gegeben? Wie sieht es heute mit dem Paradies aus? …* lädt sie die Schülerinnen und Schüler ein, sich tiefer mit der Thematik zu beschäftigen und sensibel für die Zerstörung des Paradieses zu werden.

Material AUF CD-ROM M

Die Wortkarte „Paradies" finden Sie auf der CD- Rom

Von der Zerstörung des Paradieses erzählen

Im zweiten Schritt sind die Schülerinnen und Schüler eingeladen, sich ein Bild oder einen Artikel auszusuchen, zu dem sie selbst etwas erzählen können und diesen im Stuhlkreis vorzustellen. Dazu liegen aktuelle Zeitungsausschnitte über Naturkatastrophen, Kriege, Umweltzerstörungen etc. aus. Nach der Vorstellung werden verschiedene Themen herausgearbeitet, an denen die Schülerinnen und Schüler in späteren Stunden weiter arbeiten können.

Sachinformationen zu Hilfsorganisationen erarbeiten und anschaulich darstellen

Nachdem Informationen zur Umweltzerstörung den Begriff „Paradies" in der Stuhlkreismitte immer mehr in den Hintergrund gerückt haben, soll der Fokus nun auf das Handeln und den Auftrag der Menschen gerichtet werden. Dazu lesen die Schülerinnen und Schüler nochmals ihre Zehn Gebote der letzten Stunde vor. Der visuelle Impuls des Fragezeichens kann sie anregen darüber nachzudenken, WER sich um die Umsetzung dieser Zehn Gebote kümmert, wer danach handelt.

Die Impulskarte „?“ finden Sie auf der CD- Rom

Als weitere Impulse werden die Symbole verschiedener Organisationen in die Mitte gelegt, zu denen sich die Schülerinnen und Schüler äußern. In der abschließenden Gruppenarbeit beschäftigen sie sich mit jeweils einer Organisation, die sie anschaulich auf einem Plakat darstellen und stellen diese nochmals im Plenum vor.

Infomaterial zu verschiedenen Naturschutzorganisationen – Menschenrechtsorganisationen
(Terre des Hommes - Stiftung Artenschutz - WWF
– Gerechtigkeit - Frieden - Bewahrung der Schöpfung)
finden Sie auf der CD- Rom

Anmerkung: Hier könnte aus den Angeboten auch ausgewählt bzw. andere Organisationen vorgestellt werden.

Die Plakate können zusammen mit den Zehn Geboten zum Erhalt der Schöpfung im Schulhausgang ausgestellt werden.
Zusammenfassend kann die Lehrkraft so oder ähnlich abschließen, z.B. *Die Naturwissenschaft kann uns helfen, die Schöpfung zu bewahren – kann sie aber auch bedrohen! Es liegt an UNS, uns für den Erhalt der guten Schöpfung einzusetzen!*

Material auf der CD-Rom:

- Wortkarte „Paradies“, Impulskarte „?“,Info-Material zu verschiedenen Organisationen

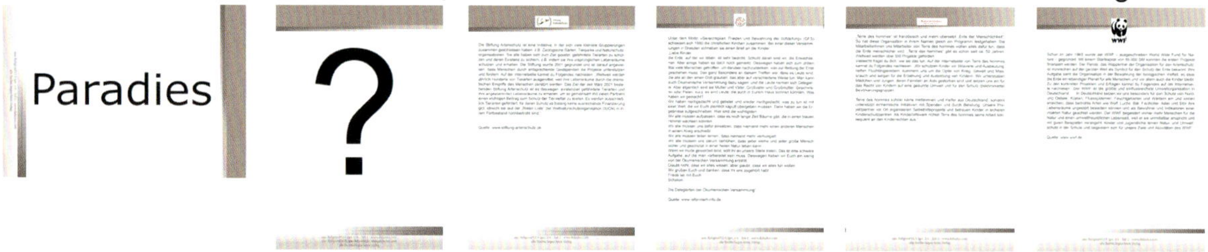

6.-10. Stunde: „Lernaufgabe Schöpfung bewahren - ich bin dabei"

Die Schülerinnen und Schüler haben sich in den vorausgehenden Stunden mit der Schönheit und der Zerstörung der Schöpfung beschäftigt und einen Aspekt ausgewählt, der sie besonders interessiert. In den kommenden Stunden beschäftigen sie sich mit ihrer eigenen Fragestellung im Rahmen einer Lernaufgabe. Die Ergebnisse der Lernaufgabe können in einer Ausstellung oder Präsentation auch für die Eltern (zum Beispiel im Rahmen eines Elternabends/ Sprechtages) transparent gemacht werden.

Die Schülerinnen und Schüler	Didaktik - Methoden	Medien
sammeln Fragen rund um die Bewahrung und Zerstörung der Schöpfung	Austausch Brainstorming	Arbeitsblätter, Bücher, Filme, Internetrecherche
erarbeiten möglichst **selbstständig** Informationen bzw. Antworten auf ihre Fragestellungen	Informationsbeschaffung und -bewertung	
präsentieren ihre Arbeitsergebnisse im Plenum	Darstellung in selbsttätiger Arbeit	
stellen die Ergebnisse eigener und der Arbeit anderer in einem Portfolio **zusammen**	Portfolioarbeit	

Mögliche Ablaufstruktur einer Lernaufgabe zum Thema „Schöpfung bewahren – ich bin dabei!"

1. Auseinandersetzung mit einem Impuls
   (z.B. Film „Der Mönch und der Fisch" oder andere Filme/ Plakate)
2. Mithilfe des Eingangsimpulses entwickeln die Schülerinnen und Schüler unterstützt von der Lehrkraft eigene Assoziationen, Ideen, Fragen und Vorstellungen Zerstörung und Bewahrung der Schöpfung und des Menschen (z.B. Warum verändert sich das Klima? Wie lange wird es die Erde noch geben? Welche Tiere sind vom Aussterben bedroht? Wie kann ich … schützen? Wie lange können Menschen noch auf dieser Erde leben? … Warum hungern Menschen und andere leben im Überfluss? …) auf Wortkarten
3. Vorwissen einbringen (z.B. in einer Gesprächsrunde im Stuhlkreis)
4. Fragestellungen, Problemanzeigen, Themen usw. herausarbeiten
   (z.B. welche Themen sind euch am Wichtigsten? – Klebepunkte auf die verschiedenen Wortkarten kleben lassen)
5. Entwicklung verschiedener Themenfelder bzw. Bearbeitungsbereiche
   (z.B. Themenformulierung und erste Abstimmung:
   Wer möchte mit welchem Thema arbeiten?)

6. Einzel-, Partner- oder Gruppenarbeit zu einer ausgewählten Fragestellung/ einem Thema mit Dokumentation der Arbeitsergebnisse und Entwicklung einer Präsentation
7. Präsentation der Arbeitsergebnisse, Diskussion und Auswertung in der Religionsgruppe
8. Bewusstmachen des neu Erlernten bzw. des Lernzuwachses
   – welches Ergebnis meiner EA oder PA oder anderer Gruppen hat mich am meisten beeindruckt bzw. ist eine wertvolle Ergänzung für meine Ergebnisse?
   (Prinzip: Eindruck – Ausdruck – Austausch)
9. Verknüpfung der neuen Lernergebnisse mit Anwendungsmöglichkeiten und alltagstauglichen realistischen Umsetzungsideen (Unterrichtsgespräch evtl. auch zu Aktionen in der Schule/ Gemeinde, z.B. Schöpfungstag)
10. Reflexion des Arbeitsprozesses (Lerndesign, Gruppenprozesse, Lernwege, Methoden, Qualität der Arbeitsergebnisse…)
11. Wertschätzung des eigenen Lernweges
12. Anwendung auf andere Beispiele, z.B. auf eine konkrete Situation: Mülltrennung in der Schule, achtsamer Umgang mit der Schöpfung und Umgang mit Flüchtlingen in der Schule etc. … (Transfer + verwandte Unterrichtseinheiten in den nächsten Stunden des Lernarrangements)

Wahrscheinlich ist es nicht möglich, in der ersten Stunde über Schritt 5 hinaus zu kommen, das schafft aber auch Zeit für die Lehrkraft, auf die Fragen und Themen der Schülerinnen und Schüler einzugehen und entsprechende Materialien zu suchen bzw. zu erarbeiten.
Zur Ideensammlung und besseren Strukturierung der Planung einer Lernaufgabe kann der Kompetenzstern bzw. das Planungsschema für eine Lernaufgabe (s. Vorwort) hilfreich sein.

Generell sollten die Themengebiete so weit gefasst sein, dass die Schülerinnen und Schüler wirklich selbststeuernd lernen können. Die Lehrkraft behält dabei die unterschiedlichen Prozessbezogenen Kompetenzen im Blick und unterstützt die Lernwege der Schülerinnen und Schüler. Nachdem diese wahrscheinlich unterschiedlich selbstständig arbeiten können, ist es sinnvoll, konkrete Arbeitsaufträge bereitzustellen. Diese sind aber nur als Hilfestellung und Ergänzung zu verstehen und sollen die Fragestellungen der Schülerinnen und Schüler nicht einengen.

Die Schülerinnen und Schüler sollen aufgefordert werden, sich aus den Aufgabenstellungen zwei oder drei auszuwählen, die sie bearbeiten wollen.

Material AUF CD-ROM

Material auf der CD-Rom:

- Ideen für Aufgabenstellungen zu den verschiedenen Prozessbezogenen Kompetenzen

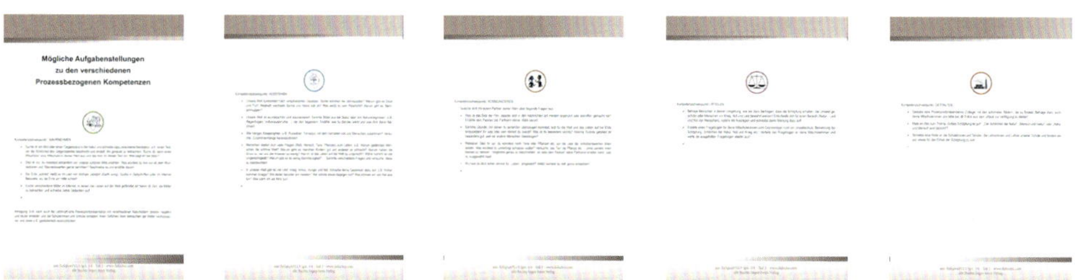

11. Stunde: „Wir sind Kinder EINER Welt“

Die Schülerinnen und Schüler haben in den letzten Stunden ihren Blick geweitet auf die Welt mit all ihrer Schönheit und Not. Bereits in den Vorjahren haben sie Kinder (ReligionPlus 1/ 2, Teil 2; ReligionPlus 3/ 4, Teil 1) kennen gelernt, die ihnen von ihrem Leben erzählt haben, z.B. im Blick auf Rituale und Feste, die diese feiern. Im nächsten Schritt begegnen sie diesen Kindern nochmals, indem sie von den Schattenseiten des Lebens hören, mit denen diese z.B. in ärmeren Ländern zu kämpfen haben. Das kann sie neben dem allgemeinen Einsatz für die Schöpfung nochmals ganz konkret auf Menschen aufmerksam machen, die Hilfe brauchen. Das Beispiel einer Hilfsorganisation kann globales Denken mit dem konkret christlichen Handeln nach Jesu Wort: „Was ihr dem geringsten meiner Brüder getan habt, habt ihr mir getan!“ verbinden und verdeutlichen.

Die Schülerinnen und Schüler	Didaktik - Methoden	Medien
knüpfen an ihr Vorwissen zu Kindern der Welt aus den Vorjahren **an**	Erzählrunde	Kinderbilder, Sprechblasen
erfahren von den Lebensbedingungen dieser Kinder mit all ihren Schattenseiten	Partnerarbeit Textarbeit	Briefe der Kinder
informieren sich über Hilfsorganisationen für Kinder auf der Welt	Gruppenarbeit Präsentation	Internetrecherche Infotexte Hilfsorganisationen
versuchen an einem konkreten Beispiel **zu verdeutlichen**, wie diese das Wort Jesu umsetzen		Bibel

An Vorwissen zu Kindern der Welt anknüpfen

Zu Beginn der Stunde legt die Lehrkraft verschiedene Bilder von Kindern in die Stuhlkreismitte. Die Schülerinnen und Schüler, die sich an die ersten Schuljahre erinnern, können evtl. zu den Bildern erzählen, ansonsten stellen sich die Schülerinnen und Schüler mithilfe von Sprechblasen die Kinder gegenseitig vor und versuchen, Bild und Sprechblase zuzuordnen.

Material AUF CD-ROM

Die Bilder und die Sprechblasen finden Sie auf der CD- Rom

Von den Lebensbedingungen dieser Kinder erfahren
In der Weiterführung leitet die Lehrkraft auf die Lebensbedingungen der Kinder über, z.B. *Ihr habt in den letzten Schuljahren einiges von diesen Kindern erfahren, von den schönen Seiten ihres Lebens, z.B. ihrem Lieblingsessen und den Festen, die sie feiern. Leider ist ihr Leben aber nicht nur schön. Stell dich nun zum Bild eines Kindes, von dem du noch mehr erfahren möchtest. Ich habe Texte für euch dabei, die ihr zusammen bearbeiten könnt.*

Die Texte zu den Schattenseiten im Leben dieser Kinder finden Sie auf der CD- Rom

Wenn die Schülerinnen und Schüler ihre Ergebnisse vorgestellt haben, kann die Lehrkraft nochmals anregen, die verschiedenen Situationen zusammenzufassen und mit der eigenen zu vergleichen, z.B. *Ihr habt viel über das Leben und die Schattenseiten der Kinder dieser Welt erfahren. Überlege dir, wie es den Kindern im Vergleich zu dir geht und was das bedeuten kann. Mögliche Antworten könnten sein: Sie haben nicht die gleichen Chancen wie wir – irgendwer muss ihnen helfen!!!*

Sich über eine Hilfsorganisation für Kinder informieren
Die Lehrkraft kann so oder ähnlich überleiten, z.B. *Es gibt eine Hilfsorganisation, die sich um Menschen in der ganzen Welt, auch um Kinder, kümmert. Sie heißt MISEREOR, d.h. Ich habe Erbarmen! Ich möchte dir gerne einige Projekte vorstellen, die MISEREOR initiiert und unterstützt …*

Informationen zu einem ausgewählten Hilfsprojekt von MISEREOR finden Sie auf der CD- Rom

An einem Beispiel die Umsetzung des Wortes Jesu verdeutlichen
Weiterführend schlägt die Lehrkraft die Bibel auf und liest folgenden Abschnitt daraus vor:

> „Denn ich war hungrig, und ihr habt mir zu essen gegeben;
> ich war durstig, und ihr habt mir zu trinken gegeben;
> ich war fremd und obdachlos, und ihr habt mich aufgenommen;
> ich war nackt, und ihr habt mir Kleidung gegeben;
> ich war krank, und ihr habt mich besucht…
> Was ihr für einen meiner geringsten Brüder getan habt, das habt ihr mir getan."
> aus Mt 25

Abschließend kann mit den Kindern im Unterrichtsgespräch Folgendes erarbeitet werden: *Nicht allen Kindern geht es so gut wie uns. Wir haben das Geld und die Möglichkeiten, den Kindern in ärmeren Ländern oder den Kindern, die auf der Flucht (zu uns) sind zu helfen – als Christen sind wir dazu aufgerufen!*

Material auf der CD-Rom:

- Bilder von Kindern aus aller Welt, Sprechblasen, Lesetexte und Info-Text MISEREOR

12. Stunde: „Kinder haben Rechte" (evtl. zwei Unterrichtseinheiten)

Angeregt durch Bilder aus der letzten Stunde und die Beschäftigung mit einem konkreten Projekt einer der Hilfsorganisationen wiederholen die Schülerinnen und Schüler ihr Vorwissen aus der letzten Stunde und formulieren weiterführend Fragen und Gedanken zu den noch anstehenden Aufgaben im Sinne einer Bewahrung der Schöpfung in Gegenwart und Zukunft. Die Provokation weiterer Bilder aus Wohlstandskinderzimmern macht die Fragestellung deutlich, welche Rechte Kinder auf der Welt haben und was sie zum (Über)Leben brauchen. Die Schülerinnen und Schüler sammeln zunächst eigene Ideen und Vorstellungen, was eine Charta der Kinderrechte für Kinder auf der ganzen Welt sichern sollte und vergleichen diese mit dem offiziellen Dokument. Die kritische Auseinandersetzung mit den ungerechten Lebensverhältnissen und Startvoraussetzungen von Kindern kann sie offen machen für ein eigenes Engagement bei verschiedenen Hilfswerken, die sie abschließend vorstellen.

Die Schülerinnen und Schüler	Didaktik - Methoden	Medien
rekapitulieren ihr **Vorwissen** zu den Kindern aus der letzten Stunde	Plenum, Erzählrunde	vis. Impuls: Kinderbilder der letzten Stunde
gehen – angeregt durch zwei konträre Bilder – **der Frage nach**, was ein Kind zum Leben braucht	Hypothesenbildung, Gruppenarbeit Präsentation und Information	Bilder: Flüchtlingskind – Wohlstandskinderzimmer
vergleichen die Charta der Kinderrechte mit den eigenen gesammelten Ideen		Charta der Kinderrechte
informieren sich über Organisationen, die für Kinderrechte eintreten		Infomaterialien Organisation UNICEF
halten wichtige Aspekte einer Organisation als Hefteintrag **fest**	Sicherung	

Vorwissen zu den Kindern aus der letzten Stunde rekapitulieren

Versammelt im Stuhlkreis und angeregt durch die Bilder der Kinder aus der letzten Stunde erzählen die Schülerinnen und Schüler nochmals, was ihnen in Erinnerung geblieben ist. An dieser Stelle ist es wichtig, die unterschiedlichen Lebensbedingungen zwischen den Kindern in anderen Ländern und bei uns in Deutschland herauszustellen, weil sich daraus die Notwendigkeit des Engagements für Gerechtigkeit ergibt.

Material AUF CD-ROM

Die Kinderbilder aus der letzten Stunde und weitere Kinder – und Kinderzimmerbilder finden Sie auf der CD- Rom

Der Frage nachgehen, was ein Kind zum Leben braucht

Zwei weitere Bilder führen die Diskussion fort und laden zur Hypothesenbildung ein: Das Bild eines Flüchtlingsmädchens und das Bild eines Wohlstandskinderzimmers. So oder ähnlich kann die Lehrkraft die Schülerinnen und Schüler zum Nachdenken anregen, z.B. *Die beiden unterschiedlichen Bilder regen zum Nachdenken an, vielleicht machen sie dich auch ein wenig wütend, weil ein Kind offensichtlich alles hat und das andere ums Überleben kämpfen muss. Für*

mich stellt sich die Frage: Was braucht jedes Kind notwendig zum Leben, zum Überleben? Worauf sollten deiner Meinung nach alle Kinder – egal ob arm oder reich – ein Recht haben? Was ist unverzichtbar für jedes Kind auf dieser Welt?
Nach einer kurzen Diskussion im Plenum sind die Schülerinnen und Schüler eingeladen, in Kleingruppen eine Liste mit 10 Punkten zu erstellen, was Kinder brauchen und deshalb auch für sie nicht fehlen darf.

Anmerkung: An dieser Stelle wäre es alternativ oder als Hilfestellung für die Kleingruppenarbeit auch möglich, Kärtchen mit verschiedenen Begriffen (z.B. Urlaub, Nutella, Bett, eigenes Zimmer, Handy, Essen, Eltern, Liebe, Unterricht …) zur Verfügung zu stellen, die in den Gruppen diskutiert, eingeordnet und gewichtet werden könnten.

Die Charta der Kinderrechte mit den eigenen Ideen vergleichen
Nach der Phase der Gruppenarbeit leitet die Lehrkraft zum nächsten Schritt über, z.B. *Ihr kommt nun wieder zurück aus den Gruppen und jeweils zwei Gruppen tauschen sich aus und einigen sich auf gemeinsame 10 Punkte. Danach treffen wir uns im Plenum und versuchen, gemeinsam 10 Punkte festzulegen, die für uns alle die wichtigsten sind.* – Die einzelnen Gruppen tragen nacheinander ihre Ergebnisse vor, bis alle ins Plenum eingebracht sind.
Abschließend führt die Lehrkraft weiter: *Gemeinsam haben wir jetzt 10 wichtige Dinge festgelegt, die Kinder zum Leben brauchen. Erwachsene haben sich vor einigen Jahren auch Gedanken gemacht, was ein Kind zum Leben braucht und welche Rechte Kinder haben sollten. So entstand die Charta der Kinderrechte. Hört sie euch bitte an und vergleicht sie mit euren Gedanken und Ideen!*

Material AUF CD-ROM

Die Charta der Kinderrechte finden Sie auf der CD- Rom

Im Anschluss an die Präsentation der Charta der Kinderrechte sollte in den Gruppen nochmals verglichen werden, welche Punkte gleich oder ähnlich sind, z.B. *Vergleicht die gesammelten Punkte der beiden Listen! Was fehlt auf unserer Liste, das in der Charta steht? Was fehlt in der Charta, was wir als wichtig gefunden haben? Was sollte ergänzt oder verändert werden?*
Die Ergebnisse sollten an dieser Stelle am Tafelbild unter der Überschrift „Charta der Menschenrechte“ festgehalten werden.

Sich über Organisationen informieren, die für Kinderrechte eintreten
Die Lehrkraft lädt zum nächsten Schritt so oder ähnlich ein, z.B. *Vielleicht hast du dich schon gefragt, wie diese Rechte überprüft oder für die Kinder in der Welt durchgesetzt werden. Dazu gibt es verschiedene Kinderschutz- oder Kinderrechtsorganisationen. Ich habe dir zu einer dieser Organisationen Informationsmaterial mitgebracht. Ihr dürft wieder in eure Gruppen zurückgehen und am Informationstext von unicef gemeinsam arbeiten. Überlegt dann, was aus dem Informationstext das Wichtigste ist und stellt dies zu einem Hefteintrag zusammen.*

Material AUF CD-ROM

Informationsmaterial zur Kinderrechtsorganisation unicef finden Sie auf der CD- Rom

Wichtige Aspekte einer Organisation als Hefteintrag festhalten

Eigenständig erarbeiten die Schülerinnen und Schüler nun in ihren Gruppen einen Hefteintrag zu einer Kinderrechtsorganisation ihrer Wahl. Dazu könnten den Schülerinnen und Schüler noch entsprechende Gestaltungsseiten als bunter Ausdruck zur Verfügung gestellt werden.

Die Vorstellung der Hefteinträge und damit der einzelnen Hilfsorganisationen kann - falls Zeit – noch am Ende der Stunde erfolgen.

Material AUF CD-ROM

Material auf der CD-Rom:

- Bilder der Kinder in der Welt aus der letzten Stunde und Bilder Flüchtlingskinder

- Bilder Wohlstandskinderzimmer und Charta der Kinderrechte, Info-Material unicef

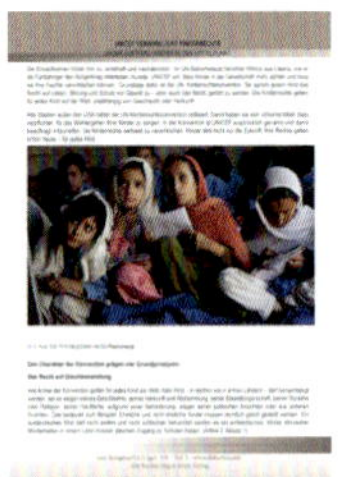

13. Stunde: „Kinder für Kinder – die Sternsinger im Einsatz für mehr Gerechtigkeit"

Motiviert durch ein Buchstabenpuzzle setzen die Schülerinnen und Schüler das Wort Gerechtigkeit zusammen und diskutieren anhand der Bilder und Situationen aus der letzten Stunde über fehlende Gerechtigkeit für die Kinder dieser Welt. Im Film zur Sternsingeraktion 2016 erfahren sie von der Situation der Kinder in Bolivien und halten in arbeitsteiligen Gruppen fest, in welchen Hilfsprojekten – finanziert durch die Sternsingeraktion der Kinder – auf die Not dieser Kinder und Familien eingegangen wird. Das kann sie ermutigen, sich im eigenen Lebensumfeld für die Unterstützung dieser oder ähnlicher Aktionen einzusetzen.

Die Schülerinnen und Schüler	Didaktik - Methoden	Medien
setzen spielerisch den Begriff „Gerechtigkeit“ **zusammen**	Plenum, spielerisches Rätseln	Buchstabenpuzzle
stellen den Begriff der Gerechtigkeit **in den Diskussionszusammenhang der letzten Stunde** im Blick auf die Hilfsorganisationen für Kinder	Diskussion	Bilder und Hefteinträge der letzten Stunde
erfahren von der Sternsingeraktion Kinder für Kinder und deren aktuellem Projekt	Filmarbeit	DVD zur Sternsingeraktion
gestalten einen Flyer zur Werbung für die Sternsinger	Kreatives Gestalten	

Den Begriff „Gerechtigkeit“ spielerisch zusammensetzen

Versammelt im Stuhlkreis werden die Schülerinnen und Schüler zunächst mit einzelnen Buchstaben konfrontiert, aus denen sie ein sinnvolles Wort zusammensetzen sollen. Wenn sie das Wort „Gerechtigkeit“ gepuzzelt haben, ergibt sich daraus eine Diskussion zu ihren Vorstellungen zum Begriff der Gerechtigkeit z.B.: *Sicher hast du eine Vorstellung, was sich hinter dem Begriff der Gerechtigkeit verbirgt, was Gerechtigkeit bedeutet und wie du sie verstehst!*

Das Buchstaben-Puzzle finden Sie auf der CD- Rom

Den Begriff der Gerechtigkeit in den Diskussionszusammenhang der letzten Stunde stellen

Die Lehrkraft legt weiterführend die Bilder der letzten Stunde in die Mitte und lädt die Schülerinnen und Schüler ein, eine Verbindung zwischen dem Begriff der Gerechtigkeit und den Kinderhilfswerken herzustellen.

Die Bilder finden Sie auf der CD- Rom

Von der Sternsingeraktion und deren aktuellem Projekt erfahren

Zur Überleitung auf den Film des Kindermissionswerkes Sternsinger kann die Lehrkraft folgende Informationen geben: *Ich möchte euch heute ein Hilfswerk ganz besonderer Art vorstellen: Die Solidaritätsaktion Kinder für Kinder – die Sternsinger. Seit 1959 sind in jedem Jahr Kinder auf den Straßen unterwegs, die für andere Kinder Geld sammeln. Immerhin sind dies in jedem Jahr ca. 300.000 Kinder, die als Sternsinger unterwegs sind und inzwischen (im Jahr 2016) mehr als 948 Millionen Euro für Kinder in der Welt gesammelt haben. Damit konnten über 68.800 Projekte in aller Welt unterstützt werden. Welches Projekt in diesem Jahr (2016) unterstützt wird, werdet ihr gleich sehen.*

Verweis auf die Internetseite und die Materialien der Sternsingeraktion:
Zu jedem Jahr und jedem Projekt der Sternsinger gibt es Materialien, die für den Unterricht aufgearbeitet sind. Für das Jahr 2016 heißt die DVD „Willi in Bolivien" – dabei reist Willi Weizel nach Bolivien, lernt verschiedene Kinder und deren Lebensumstände kennen und stellt die Projekte vor, die mit dem Geld der Sternsinger 2016 unterstützt werden sollen.

Informationen unter:
Kindermissionswerk „Die Sternsinger" e.V.
Stephanstraße 35, 52064 Aachen
kontakt@sternsinger.de

Mögliche Arbeitsaufträge für die Schülerinnen und Schüler während des Filmes:

- Versuche möglichst viel von dem Land zu erfahren, das die aktuelle Sternsingeraktion unterstützt! Schreibe die wichtigsten Fakten auf!
- Suche dir eine Person aus dem Film heraus und schreibe einen Steckbrief zu dieser Person! (Wo lebt sie? Wie geht es ihr? Was ist schön und was ist schwierig in ihrem Leben? Was wünscht sie sich? …)
- Im Film werden Projekte vorgestellt, die mit den gesammelten Geldern initiiert werden sollen. Beschreibe eines der Projekte und überlege dir, warum dieses Projekt für die Menschen so wichtig ist!

Anmerkung: Diese Arbeitsaufträge sind so allgemein gehalten, dass sie bei verschiedenen DVDs eingesetzt werden können; sinnvoll ist es jedoch, sich die jeweils aktuellen Materialien schicken zu lassen!

Einen Flyer zur Werbung für die Sternsinger gestalten

Zum Abschluss der Stunde tragen die Schülerinnen und Schüler die Informationen aus dem Film nochmals zusammen. Im Rückgriff auf das Engagement der Kinder für Kinder kann nochmals um Unterstützung geworben werden für diese Solidaritätsaktion, z.B. *Ihr erinnert euch vielleicht noch, wie viel Geld Kinder für Kinder gesammelt haben und wie viele Projekte damit unterstützt werden konnten. Diese Solidarität in der Einen Welt darf nicht aufhören – auch DU kannst dazu beitragen! Ich würde gerne mit euch einige Flyer zu dieser Sternsingeraktion gestalten. Wenn jeder von euch 5 Flyer mit nach Hause nimmt und Werbung für die Sternsinger macht und darum bittet, sie freundlich aufzunehmen und für das aktuelle Projekt zu spenden, könnt auch ihr aktiv dieses Hilfswerk unterstützen!*

Ein Hinweis auf die Möglichkeit, als Sternsinger in der Pfarrei vor Ort mitzugehen kann die Stunde abschließen.

Material AUF CD-ROM M

Material auf der CD-Rom:

- Buchstabenpuzzle GERECHTIGKEIT; Bilder aus der letzten Stunde: Flüchtlingskind und Wohlstandskinderzimmer

G E R E C H T I G K E I T

- Flyer-Rohmodell und Schnippelseite

14. Stunde: „Amos kämpft für Gerechtigkeit"

Im Laufe der letzten Stunden konnten die Schülerinnen und Schüler der Ungerechtigkeit in der Welt nachspüren und verstehen, wie wichtig es ist, dass immer wieder Menschen aufstehen für Gerechtigkeit und Barmherzigkeit. Rückgreifend auf die 3. Jahrgangsstufe rekapitulieren sie nochmals ihr Wissen zum Begriff des Propheten und erklären dessen Auftrag und Bedeutung. In der Auseinandersetzung mit einer Rede des Propheten Amos vollziehen sie die damalige soziale Ungerechtigkeit nach, unter der er leiden musste und verstehen, wie notwendig es war, dass er die Botschaft Gottes weitergetragen hat. In einem Brief an den Propheten bringen sie ihre Gedanken zu seinem Wahrnehmen der Welt um ihn herum und verantwortungsvollem Handeln zum Ausdruck.

Die Schülerinnen und Schüler	Didaktik - Methoden	Medien
puzzeln die **Begriffe** „Gerechtigkeit“ und „Ungerechtigkeit“ und **erzählen dazu**	Plenum	Buchstabenpuzzle „Gerechtigkeit“ und „Ungerechtigkeit“, Satzanfänge
rekapitulieren ihr Vorwissen zum Begriff „Prophet“ aus den Vorjahren	Erzählrunde, Infoaustausch	
erfahren vom Propheten Amos, der sich für (soziale) Gerechtigkeit einsetzt	Lehrervortrag	Lehrerinfo „Prophet“ Text der Lehrererzählung zu Amos
formulieren ihre eigenen Anliegen in einem Brief an den Propheten Amos	Einzelarbeit Kreatives Schreiben Präsentation	AB Briefpapier

Die Begriffe „Gerechtigkeit“ und „Ungerechtigkeit“ zusammenpuzzeln und dazu erzählen
Die Schülerinnen und Schüler kennen bereits aus der Vorstunde den Begriff der Gerechtigkeit und werden in zwei Gruppen eingeteilt, um die beiden Wortpuzzle zusammen zu stellen. Neu entsteht dabei der Begriff „Ungerechtigkeit“. Zu beidem nehmen die Schülerinnen und Schüler Stellung. So kann die Lehrkraft dazu motivieren, z.B. *Ihr habt zwei wichtige Begriffe zusammengepuzzelt. Nimm dir eine Minute Zeit zum Nachdenken! Suche dir dann einen Begriff aus, zu dem du dich stellst und formuliere einen Satz, z.B. „Ungerecht ist für mich …“ oder „Gerecht ist für mich …“ oder „Ungerechtigkeit bedeutet …“ „Gerechtigkeit bedeutet…“ Ich lege dir als Hilfestellung diese Satzanfänge in die Mitte!*

Material AUF CD-ROM

Die Buchstaben-Puzzle und die Satzanfänge finden Sie auf der CD- Rom

Vorwissen zum Begriff „Prophet“ rekapitulieren

Die Lehrkraft führt so oder ähnlich weiter, z.B. *Schon immer haben Menschen gespürt, wenn Menschen Unrecht geschieht und sich dafür eingesetzt, dass dieses beendet wird. Die Propheten der Bibel sind solche Menschen, die sich von Gott dazu aufgerufen wissen anzuklagen, wenn Ungerechtigkeit und Unterdrückung in der Welt sind. Sicher erinnerst du dich an den Propheten Elija vom letzten Schuljahr!* – An dieser Stelle können die Schülerinnen und Schüler erzählen, was sie noch vom Prophetentum wissen – alternativ schließt sich eine Mauschelphase an: *Das Wichtigste zum Prophetentum habe ich euch nochmals zusammengestellt. Bildet drei Gruppen, lest den Informationstext und fasst ihn später in einem Satz für alle zusammen!*

Die Infotexte zum Prophetentum finden Sie auf der CD- Rom

Vom Propheten Amos erfahren

Die Lehrkraft leitet so oder ähnlich zum nächsten Schritt über, z.B. *Ihr wisst nun wieder, was einen Propheten ausmacht und wie er seine Aufgabe versteht: Als einer, der von Gott berufen ist, die Menschen daran zu erinnern, wie sie miteinander leben soll(t)en. Von einem ganz bekannten Propheten möchte ich euch nun erzählen. Es ist der Prophet Amos.*

Den Erzähltext zum Propheten Amos finden Sie auf der CD- Rom

Anmerkung:
Es kann auch mit den Originalversen aus dem Buch Amos weitergearbeitet werden:
„Hört dieses Wort, das der Herr gesprochen hat über euch, ihr Söhne Israels, über den ganzen Stamm, den ich aus Ägypten heraufgeführt habe…“
Amos 3,1-2

„Denn ich kenne eure vielen Vergehen und eure zahlreichen Sünden. Ihr bringt die Unschuldigen in Not, ihr lasst euch bestechen und weist den Armen ab bei Gericht.“
Amos 5, 12a

„Ihr liegt auf Betten aus Elfenbein und faulenzt auf euren Polstern. Zum Essen holt ihr euch Lämmer aus der Herde und Mastkälber aus dem Stall. Ihr grölt zum Klang der Harfe, ihr wollt Lieder erfinden wie David. Ihr trinkt den Wein aus großen Humpen, ihr salbt euch mit dem feinsten Öl und sorgt euch nicht über den Untergang Josefs.“
Amos 6,4-7

„Hört dieses Wort, die ihr die Schwachen verfolgt und die Armen im Land unterdrückt. Ihr sagt: Wann ist das Neumondfest vorbei? Wir wollen Getreide verkaufen. Und wann ist der Sabbat vorbei? Wir wollen den Kornspeicher öffnen, das Maß kleiner und den Preis größer machen und die Gewichte fälschen. Wir wollen mit Geld die Hilflosen kaufen, für ein paar Sandalen die Armen…“
Amos 8,4-6a

Im Anschluss an die Erzählung sind die Schülerinnen und Schüler eingeladen, nochmals die Ungerechtigkeiten zu wiederholen, die Amos anprangert. Es kann darüber nachgedacht werden, wie es Amos als Propheten gegangen ist.

Eigene Anliegen in einem Brief an den Propheten formulieren
Zum Abschluss der Stunde sind die Schülerinnen und Schüler eingeladen, einen Brief an den Propheten zu schreiben, so oder ähnlich könnte die Lehrkraft dazu motivieren, z.B. *Amos ist aufmerksam durch seine Welt gegangen und hat viel Unrecht gesehen. Er hat sich von Gott berufen gefühlt, dieses Unrecht anzusprechen und die Menschen darauf hin zu weisen. Überlege für dich: Wie hat sich Amos wohl dabei gefühlt? Welche Gedanken gingen ihm durch den Kopf? Oder auch: Geht es dir manchmal ähnlich wie Amos, und du siehst auch Unrecht um dich herum? – Schreibe in einem Brief an den Propheten diese Gedanken auf!*

Material auf der CD-Rom:

- Wortpuzzle „Gerechtigkeit“, Ungerechtigkeit“ , Wortkarten und Propheten-Infotexte

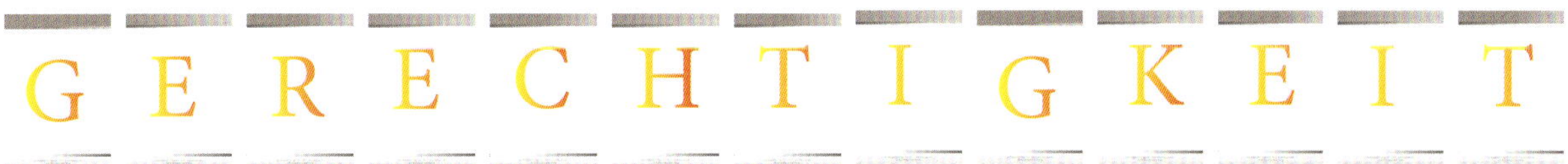

- Lehrererzählung zum Propheten Amos und AB: Brief an den Propheten Amos

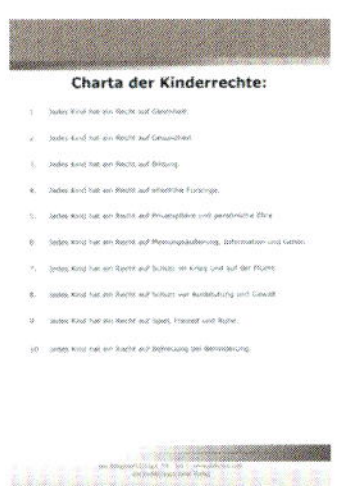

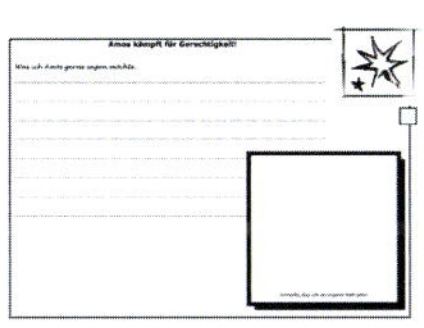

15. Stunde: „Wäre das schön! Jesajas Traum vom Frieden..."

Angeregt durch das Vorlesen der eigenen Briefe an den Propheten Amos machen sich die Schülerinnen und Schüler nochmals bewusst, welche Notsituation und Ungerechtigkeit Amos anprangert. Der Impuls einer Sprechblase lässt die Schülerinnen und Schüler vermuten und zum Ausdruck bringen, welchen Traum von einer besseren und gerechteren Welt Amos wohl hätte. In der Weiterführung begegnen sie dem Traum eines anderen Propheten – dem Traum vom Friedensreich des Propheten Jesaja. Diesen Traum denken sie in ihrer Sprache und mit ihren Vorstellungen von einer Welt in Frieden und Gerechtigkeit weiter und gestalten ihre Gedanken.

Die Schülerinnen und Schüler	Didaktik - Methoden	Medien
machen sich anhand der Briefe an den Propheten Amos Unrechtssituationen **bewusst**	Plenum Präsentation	Briefe der Schülerinnen und Schüler an den Propheten Amos
träumen von einer gerechteren Welt und **suchen Bilder und Worte** für diese Träume	Diskussion	Gedankenblase Traum „Wäre das schön…"
begegnen dem Traum des Propheten Jesaja vom Friedensreich Gottes	Lehrervortrag	Bibel, Text Lehrererzählung Vision des Jesaja
gestalten in kreativer Weise ihre eigenen Träume von einer besseren und gerechteren Welt	Kreatives Gestalten	Kunstbild „Jesaja-Vision" von HaPe Eggerl AB: „Meine Vorstellung von einer gerechten und friedlichen Welt"

Sich Unrechtssituationen bewusst machen

Im Rückgriff auf die letzte Stunde lädt die Lehrkraft ein, die eigenen Briefe an den Propheten Amos vorzulesen und nochmals zu wiederholen, welche Situationen des Unrecht und der Ungerechtigkeit er anprangert. Mögliche Ergebnisse könnten sein: Die Menschen denken nur an sich und verlieren den Blick auf die anderen, die ihre Hilfe brauchen – keiner kümmert sich um Arme, Kranke … - die Menschen verlieren ihre Barmherzigkeit aus dem Blick – die Reichen werden immer reicher, die Armen immer ärmer…

Von einer gerechteren Welt träumen und Bilder und Worte für diese Träume suchen
So kann die Lehrkraft weiterführen, z.B. *Amos spricht zu den Menschen. Er prangert ihr Verhalten an, ihren Egoismus, denn Amos hat ein anderes Bild von der Welt und dem Zusammenleben der Menschen.*
Die Lehrkraft legt eine Gedankenblase in die Mitte mit dem Satzanfang: „Wäre das schön…"

Die Gedankenblase mit dem Satzanfang finden Sie auf der CD- Rom

Du bist eingeladen, Amos deine Stimme zu leihen und den Satz weiter zu sprechen, z.B. Wäre das schön, wenn alle Menschen gut zusammen leben … wenn sich jeder um den anderen kümmert … wenn keiner hungern müsste …

Dem Traum des Propheten Jesaja vom Friedensreich Gottes begegnen
Dieses Bild, das ihr gerade in eigenen Worten und Sätzen von einer besseren Welt beschrieben habt, hat der Prophet Jesaja als seinen Traum vom Friedensreich aufgeschrieben. Ich habe dir diesen Text mitgebracht und möchte ihn dir aus der Bibel vorlesen:

Die Vision des Friedensreiches von Jesaja finden Sie auf der CD- Rom

Nach der Lehrererzählung wäre es möglich, die Schülerinnen und Schüler einzelne Worte und Bilder wiederholen zu lassen, die sie sich besonders eingeprägt haben. Vorstellbar wäre es auch, dies in Zusammenhang mit einem Kunstbild zu tun, z.B. „Jesaja- Vision" von HaPe Eggerl.

Das Bild „Jesaja- Vision" von HaPe Eggerl finden Sie auf der CD- Rom

In kreativer Weise eigene Träume von einer besseren und gerechteren Welt gestalten

Die Lehrkraft kann so oder ähnlich abschließen und zum kreativen Gestalten überleiten, z.B. *Der Prophet Jesaja macht den Menschen Hoffnung auf eine schöne Welt, auf ein Friedensreich der Gerechtigkeit, in dem Gott unter den Menschen wohnt. Auch du darfst von diesem Reich träumen und es auf deinem Arbeitsblatt gestalten - als Bild oder auch als Text in einer Geschichte oder einem Gedicht.*

Material AUF CD-ROM

Material auf der CD-Rom:

- Gedankenblase „Wäre das schön…", Lehrererzählung, Bild HaPe Eggerl "Friedensvision des Jesaja" AB „Meine Vorstellung von einer gerechten..."

Zu den Schöpfungserzählungen haben die Schülerinnen und Schüler bereits in den Schuljahren zuvor und zu Beginn dieses Lernarrangements erste Zugänge gefunden. Sie konnten erkennen und dem nachspüren, dass Gottes Schöpfung von Beginn an gut ist und gut erhalten werden soll. Gerade dann, wenn Gott dem Menschen seine gesegnete Welt gleichsam öffnet, soll der Mensch seiner Verantwortung in dieser von Gott gewirkten Schöpfung gerecht werden und entsprechend handeln. Diese feste Überzeugung der Menschen, die die Geschichten, die Botschaft und den Glauben der Bibel tradieren, wird jedoch stets von deren Lebenserfahrung untergraben. Angesichts der Erfahrungen ungerechten, boshaften, verbrecherischen und gewalttätigen Handelns müssen sie erkennen, dass die „gute Schöpfung" jederzeit bedroht und stets die Gefahr präsent ist, dass sie im Chaos menschlicher Dummheit und Charakterschwäche zu versinken droht. Aus diesem Alltagserleben heraus, in dem die Schöpfung als von Gott geschenkte, jedoch stets auch bedrohte identifiziert werden muss, wird im jahwistischen und priesterschriftlichen Teil die Sintflut-Noach-Geschichte vorgestellt und quasi aus göttlicher Perspektive erzählt. Dabei erscheint die Sintfluterzählung komplementär zur Schöpfungserzählung und Noach, der hier als literarische und nicht historische Person auftritt, wird zum Repräsentanten der Menschen, die aus einer guten Beziehung zu Jahwe leben und steht exemplarisch für jene, die ein vor Gott gerechtes Leben führen. Noach wird als der Mensch vorgestellt, an dem sich letztlich Jahwes Rettungswille exemplarisch verdeutlicht, der Wille, dass die gute Schöpfung trotz allen Chaos und aller Sündhaftigkeit weiter besteht und die Menschen weiterhin aufgefordert sind, sich ihrer Verantwortung in Gerechtigkeit zu stellen. Angesichts dieser Konstellation sind in der Sintflutgeschichte sowohl Gottes „Gerechtigkeitseifer"[1] als auch seine Barmherzigkeit zu entdecken, der letztlich die „Entfesselung der Naturgewalten" zulässt und dessen Bundesschluss mit dem Zeichen des Regenbogens über den Erzählzusammenhang der Sintflutgeschichte hinaus Geltung erlangt und Hoffnung, Zuversicht und die Verlässlichkeit Gottes zum Ausdruck bringt.

1 vgl. zum Folgenden Thomas Staubli, Begleiter durch das erste Testament, § 93 Sintflutsage (Gen 6-9), S.148f, Düsseldorf 1999

16. Stunde: „Was ist aus Jesajas Traum vom Friedensreich geworden?"

Im Nachklang der letzten Stunde präsentieren die Schülerinnen und Schüler ihre Vorstellungen von einem Friedensreich als Gallerywalk, der meditativ gegangen wird. Im Stuhlkreis versammelt ent-decken sie verschiedene Wortkarten mit Gegensatzpaaren und verbalisieren ihre Assoziationen zur Frage nach Gerechtigkeit und Barmherzigkeit in der Welt und fragen sich, warum das, was Gott in der guten Schöpfung angelegt hat, immer wieder zu scheitern droht. Dazu setzen sie sich mit einer Rahmenerzählung zur Noachgeschichte auseinander. Sie positionieren sich abschließend zur Fragestellung, ob es ein Zeichen von Gerechtigkeit oder Ungerechtigkeit – Barmherzigkeit oder Unbarmherzigkeit ist, wenn die Menschen eine Geschichte erzählen, in der Gott alle Menschen vertilgt.

Die Schülerinnen und Schüler	Didaktik - Methoden	Medien
nehmen die unterschiedlichen Bilder und Vorstellungen von einer gerechten und friedlichen Welt **wahr**	Gallerywalk	AB: Bilder/ Texte der letzten Stunde
entdecken die Herausforderung für die Menschen zu gerechtem und gutem Handeln im Zusammenspiel von Gegensatzpaaren	Spielerisches Raten	Wortpaare
finden Antworten auf die Frage, warum das Gute der Schöpfung immer wieder zu scheitern droht	Diskussion, Hypothesenbildung	
setzen sich mit der biblischen Erzählung von Noach **auseinander**	Lehrervortrag Textbegegnung Einzelarbeit, Plenum	Text der Lehrererzählung zu Noach
positionieren sich zur Fragestellung von Gottes (Un-)Gerechtigkeit, wie diese in der Noacherzählung aufscheint	Positionierung	AB: „Was die Erzählung von der Flut mit GOTT zu tun hat…“

Unterschiedlicher Bilder und Vorstellungen von einer gerechten und friedlichen Welt wahrnehmen

Die Schülerinnen und Schüler sind eingeladen, ihre Bilder und Texte der letzten Stunde entweder am Rand des Klassenzimmers oder im Gang auszustellen und diese schweigend zu betrachten. Eine kurze Austauschrunde lässt die Eindrücke nochmals präsent werden und thematisiert diese.

Entdecken der Herausforderung für die Menschen zu gerechtem und gutem Handeln
Im Stuhlkreis decken die Schülerinnen und Schüler zunächst noch verdeckte Wortkarten auf, ordnen Gegensatzpaare zu und begründen ihre Zuordnung, z.B.

Herzenskälte | Mitleid | Untergang | Rettung | wegschauen | helfen | Feindschaft | Freundschaft | Hass | Liebe

Diese und weitere Wortkarten mit den Gegensatzpaaren finden Sie auf der CD- Rom

Antworten finden auf die Frage, warum das Gute der Schöpfung immer wieder zu scheitern droht
Die Lehrkraft führt so oder ähnlich weiter, z.B. *Wir Menschen stehen immer in der Spannung zwischen diesen Gegensätzen, die ihr gefunden habt: Wir wollen liebevoll miteinander umgehen und fangen doch Streit an – wir wollen barmherzig und füreinander da sein und gehen doch immer wieder hart mit unseren Nächsten um. Vielleicht hast du eine Idee, warum wir als Teil von Gottes guter Schöpfung immer wieder scheitern, warum es nicht klappt mit einem Traum von einer gerechten und friedlichen Welt.*
Die Schülerinnen und Schüler äußern ihre Vermutungen dazu, z.B. es ist schwer, immer „gut" zu sein, Rücksicht zu nehmen… manchmal muss man auch an sich denken … wir reagieren ja auch auf die anderen und die sind nicht immer gut zu uns …

Sich mit der biblischen Erzählung von Noach auseinandersetzen
Die Lehrkraft kann so zur biblischen Erzählung überleiten, z.B. *In der Bibel haben Menschen eine Erzählung aufgeschrieben, die sich mit dieser Frage beschäftigt. Es ist keine ganz einfache Erzählung. Versuche einfach zuzuhören …*

Die Lehrererzählung zu Noachgeschichte finden Sie auf der CD- Rom

Im Nachhall zu der Rahmenerzählung erhalten die Schülerinnen und Schüler den Text auf einem Arbeitsblatt und sind eingeladen, die wichtigsten Sätze zu unterstreichen.

Das Arbeitsblatt finden Sie auf der CD- Rom

Im Anschluss an die Textarbeit tauschen sich die Schülerinnen und Schüler zunächst zu zweit (in der Reihenfolge wie sie in den Stuhlkreis kommen), dann im Plenum aus.

Sich positionieren zur Fragestellung von Gottes (Un)Gerechtigkeit
Die Lehrkraft kann zusammenfassen und zur Positionierung verschiedener Gottesvorstellungen einladen, z.B. *Im Text von der Fluterzählung haben wir viele verschiedene Aussagen über Gott gelesen, darüber nachgedacht und sie miteinander besprochen. Ich lade dich nun zu einer Positionierung ein. Die beiden Antworten heißen „Ja" und „Nein" jeweils auf der einen Seite des Klassenzimmers. Du kannst dich zu einer klaren Antwort positionieren, aber auch zwischen „Ja" und „Nein" stehen bleiben. Ich frage nach jeder These ein oder zwei Schülerinnen und Schüler, warum sie sich so positioniert haben.*

Thesen zur Positionierung/ Diskussion

- Gott straft die Menschen, die Böses tun!
- Gott will, dass seine gute Schöpfung erhalten und gepflegt wird.
- Gott liebt auch die Menschen, die Fehler machen und versagen.
- Gott schickt Not und Unheil, um die Menschen zum Guten zu erziehen!
- Gott liebt nur gute Menschen!
- Gott steht auch zu denen, die Böses getan haben.
- Gott setzt sich für Gerechtigkeit ein, er ist aber trotzdem barmherzig!
- Wer sich an Gott orientiert, sieht auf die Mitmenschen und sorgt sich um Gerechtigkeit.

Die Lehrkraft kann die Ergebnisse der Positionierung nochmals zusammenfassen und zur Heftgestaltung überleiten, z.B. *Gott sieht die Not der Menschen und er sieht auch, dass Menschen immer wieder Böses tun. Er möchte, dass alle Menschen ein glückendes Leben führen können und aus ihren Fehlern und Versagen lernen. Deshalb bestraft er nicht die Menschen, sondern möchte, dass sie mit anderen zusammen einen Weg finden, in seiner guten Schöpfung gerecht zu leben.*

Die Lehrkraft lädt die Schülerinnen und Schüler abschließend in den Stuhlkreis ein, wo die Gegensatzpaare vom Stundenanfang noch in der Mitte liegen und lädt zu folgender Aufgabe ein: *Gestalte nun aus allen Begriffen vom Anfang der Stunde ein Wort-Bild!*

Im Anschluss an die gemeinschaftliche Arbeit gestalten die Schülerinnen und Schüler ein eigenes Wortbild auf der Rückseite des AB.

Barmherzigkeit: Papst Johannes Paul II splittet in der Enzklika „Dives in misericordia" Nr. 26 auf Seite S. 19/20 in der Fußnote: Barmherzigkeit auf in „hesed" – tief verwurzelte Haltung von Güte; Treue zu sich selbst und „rahamin" – Mutterliebe

Material auf der CD-Rom:

- Diese und weitere Wortkarten mit Gegensatzpaaren, Lehrererzählun, Lehrererzählung

- AB: „Was die Erzählung von der Flut mit GOTT zu tun hat…“ und Ausschneidebogen mit den Wortkarten in Kleinformat zum Gestalten eines Wortbildes

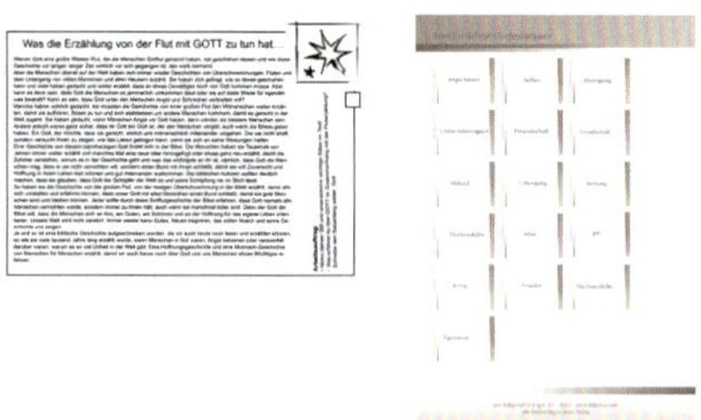

17. Stunde: „Gott schließt einen Bund mit den Menschen – er möchte das Leben auf der Erde bewahren“

Anknüpfend an die vorangegangene Stunde rekapitulieren die Schülerinnen und Schüler nochmals die Frage nach Gerechtigkeit und Barmherzigkeit Gottes. Auf den visuellen Impuls eines Bildes hin, äußern die Schülerinnen und Schüler ihre Vermutungen. In der Weiterführung setzen sie sich mit der biblischen Erzählung in Genesis 9 auseinander und deuten diese – entgegen der üblichen Einschätzung – nicht als Erzählung des Untergangs, sondern als Erzählung, die deutlich macht, dass Gott die gute Schöpfung erhalten und bewahren möchte. Die bereits im Vorjahr eingeübten Zugänge zu biblischen Geschichten helfen den Schülerinnen und Schülern, ihr Vorwissen einzubringen und die Erzählung als Glaubensaussage zu deuten.

Die Schülerinnen und Schüler	Didaktik - Methoden	Medien
rekapitulieren die Frage nach Gottes (Un)Gerechtigkeit im Blick auf die Erzählung von der Flut	Plenum, Erzählrunde	Thesen zur Positionierung
assoziieren zum Wörterbild Noach eigene Gedanken **anknüpfend an Vorwissen** zur biblischen Erzählung	Austausch	Bild
setzen sich mit der biblischen Erzählung in Genesis 9 **auseinander und deuten** diese	Lehrervortrag, Textbegegnung	Lehrererzählung zu Genesis 9
bearbeiten die biblische Erzählung **eigenständig** nach dem Modell zur Erschließung eines biblischen Textes	Gruppenarbeit, Textbearbeitung Präsentation	AB mit Bibeltext AB Schritte zur Erarbeitung eines Bibeltextes
stimmen ein in die Freude über Gottes Treue und Zusage, bei uns zu sein	Gemeinsames Singen	Lied „Du bist da“

Die Frage nach Gottes (Un)Gerechtigkeit rekapitulieren

Im Stuhlkreis versammelt legt die Lehrkraft im Anschluss an das Morgenritual die verschiedenen Thesen zur Positionierung aus der letzten Stunde in die Mitte. Die Schülerinnen und Schüler sind eingeladen, sich noch einmal wiederholend und abschließend dazu zu äußern.

Die Thesen zur Positionierung finden Sie auf der CD- Rom

Zum Wörterbild Noach eigene Gedanken assoziieren

Das „Wörterbild Noach" finden Sie auf der CD-Rom

In der Weiterführung werden die Schülerinnen und Schüler mit dem Wörterbild Noach konfrontiert und sind eingeladen, sich frei dazu zu äußern, z.B. *Du hast in der letzten Stunde ein ähnliches Bild gestaltet! Beschreibe, was du siehst! ... Die Gegensatzpaare wurden hier vom Künstler HaPe Eggerl mit einer biblischen Geschichte in Verbindung gebracht!*
Die Schülerinnen und Schüler assoziieren, z.B. Über diese Worte haben wir gesprochen .... Immer zwei Worte passen zusammen, sind Gegensätze ... die schlimmen Worte sehen aus wie ein großes Meer, das alles verschlingt .... Die schönen Worte bilden eine andere Form ... Es erinnert

Sich mit der biblischen Erzählung auseinandersetzen und diese deuten
So kann die Lehrkraft zur biblischen Erzählung überleiten, die in der letzten Stunde bereits vorbereitet wurde, z.B. *Ihr habt schon von der biblischen Erzählung gesprochen, in der ein Regenbogen vorkommt. Ich möchte sie euch allen erzählen...*

Material AUF CD-ROM

Die Lehrererzählung zur Noachgeschichte in Gen 9 finden Sie auf der CD- Rom

Die biblische Erzählung eigenständig bearbeiten
Im Anschluss an die Erzählung sind die Schülerinnen und Schüler eingeladen, ihre (An-)Fragen zu äußern bevor sie in kleinen Gruppen eigenständig am Text arbeiten. Folgende Schritte sind den Schülerinnen und Schülern bereits bekannt, so dass sie selbstständig arbeiten können:

Gottes Wort für mich! 5 Schritte zum Verständnis eines Bibeltextes (Grundmodell)

1. Schritt: Sich in den Erzählzusammenhang einfühlen, in ihn einführen, Sachinformationen zum Text rekapitulieren - Lokalisieren u.a.
- Rahmengeschichte zum Bibeltext – Was weißt du noch über Fluterzählungen der Menschen?

2. Schritt: Sich in den Protagonisten/ die Hauptperson des Textes einfühlen, Vorwissen zur Hauptperson (den Hauptpersonen) erheben und einordnen
- Unterstreiche im Text alles, was du von Noach erfährst! Wie geht es Noach und seiner Familie? Was ist ihre Not/ ihre Situation?

3. Schritt: Gottesvorstellung – Gottesbild
- Was erfährt Noach von Gott?
- Welches Bild von Gott zeigt diese Erzählung?
- Was ist hier die Hoffnung für Noach und seine Familie?

4. Schritt: Aufgeschriebene Hoffnungsbotschaften
- Was erzählen die Menschen von Noach und seinem Gott?
- Warum haben sie diese Geschichte aufgeschrieben?
- Welches Gottesbild taucht auf?

5. Schritt: Der Bibeltext und mein Leben

- Ist dies auch ein Gottesbild für mich?
- Kann ich mir vorstellen, dass Gott so ist?
- Kann das auch für mich/ uns heute Hoffnung sein?
- Können wir selbst einen Satz verfassen, der gut zu dieser Geschichte von Gott und dem Protagonisten passt oder zu dem, was die Menschen glauben, die diese Geschichte weitererzählen?

Ziel: Textverständnis! Kein historisches Vermächtnis, sondern ein Glaubensvermächtnis!

Nachdem die Schülerinnen und Schüler ihre Ergebnisse und Überlegungen ausgetauscht haben, kann das gemeinsame Lied die Stunde abschließen und Gottes Treue und Barmherzigkeit verdeutlichen.

Neuer Text zur Melodie „Achtsam sein“ (vgl. Musik- CD „Du bist da“, didactus Verlag)

Du gehst mit! Ich bin nicht alleine, du bist stets bei mir.
Hand in Hand gehn wir miteinander – keiner ist allein.
Fürcht mich nicht und ich habe Mut. Gott wird bei mir sein.

Melodie: Siegfried Kuhn   Text: Schäble, van Vugt

Material auf der CD-Rom:

- Thesen zur Positionierung, Wörterbild Noach von HaPe Eggerl

- Lehrererzählung zu Gen 9 (Paraphrase), AB „Die Sintfluterzählung“ , Lied „Du gehst mit“

18. Stunde: „Menschen suchen Gott..."

Durch verschiedene Zugänge zu biblischen Texten und Kunstbildern wissen die Schülerinnen und Schüler, dass diese immer Ausdruck der Suche, des Fragens und des Glaubens von Menschen auf der Suche nach Gott sind. In der Bildbetrachtung und Auseinandersetzung mit dem Bild „Der Gottrufer" befassen sie sich intensiver mit ihrer eigenen Vorstellung von Gott und versuchen, diese in Worte zu fassen. Alle Fragen und Antwortversuche werden im Lied „Was ist Gott" zum Abschluss der Stunde gebündelt in der Aussage, dass Gott uns alle liebt.

Die Schülerinnen und Schüler	Didaktik - Methoden	Medien
begegnen dem Bild „Gottrufer" und **äußern** spontan ihre **Eindrücke**	Plenum, spontane Wahrnehmung	Kunstbild „Gottrufer"
nehmen das Kunstbild in verschiedenen Schritten **wahr** und **setzen sich** mit ihm **auseinander**	Bildbetrachtung und -beschreibung	Text zur Bildbeschreibung
malen und **gestalten** das Kunstbild individuell **weiter**	Kreatives Gestalten	AB Kopiervorlage Gottrufer
bedenken singend wie unbegreiflich Gott letztlich für uns Menschen bleibt	Gemeinsames Singen	Lied „Was ist Gott?"

Dem Bild „Gottrufer" begegnen und Eindrücke äußern

Zu Beginn der Stunde betrachten die Schülerinnen und Schüler nach dem eingeführten Morgenritual das Kunstbild „Gottrufer" von HaPe Eggerl und äußern zunächst nur ihre spontanen Eindrücke. Die Lehrkraft kann so oder ähnlich dazu anregen, z.B. *Ich habe dir ein Bild mitgebracht. Lass dir Zeit, mit den Augen im Bild zu wandern. Schau dir alles genau an. Wenn du etwas entdeckst, das du den anderen mitteilen möchtest, dann melde dich!*

Das Kunstbild wahrnehmen und sich mit ihm auseinandersetzen
Die Lehrkraft kann so oder ähnlich weiterführen, z.B. *Beim genauen Betrachten des Bildes hast du schon eine ganze Menge entdeckt. Ich lade dich ein, dich noch mehr mit dem Bild auseinander zu setzen.*
Stell dir vor, DU sitzt an dieser Maschine. Welche Gedanken gehen dir durch den Kopf? Leih dem Mann deine Stimme! Lass ihn sprechen, was ihn bewegt!
Wenn du das Bild hören könntest – welche Töne, welche Melodie würde wohl erklingen? Wäre sie leise oder laut, aufdringlich oder ganz zart?
Das Bild hat einen Titel, den ich dir noch nicht verraten habe. Welchen Titel würdest DU dem Bild geben?
Der Künstler hat das Bild „Gottrufer“ benannt. Was sagst du zum Titel und Bild? Welche Fragen hast du an den Künstler? Was wollte er mit dem Bild ausdrücken?

Schau dir nun das Bild noch einmal an. Lass deine Gedanken ziehen, verweile im Bild. Ich lese dir noch ein paar weitere Gedanken vor. Hör einfach zu!

Material AUF CD-ROM

Die Bildbeschreibung zum Bild „Der Gottrufer“ finden Sie auf der CD- Rom

Das Kunstbild weitermalen und gestalten
Die Lehrkraft kann so oder ähnlich weiterführen, z.B. *Vielleicht schwirren dir jetzt viele Gedanken und Fragen im Kopf, Fragen, die mit dem Gottrufer zu tun haben oder die Frage, wie DU Gott rufen kannst? Du bekommst von mir eine Kopie des Gottrufers und darfst damit weiterarbeiten. Du kannst das Bild weitermalen oder Teile davon ausschneiden, neu zusammensetzen oder neu malen. Du kannst auch einen Text zu dem Bild schreiben, eine Geschichte erzählen…*
In einer Abschlussrunde können die Schülerinnen und Schüler – falls noch Zeit ist – ihre Kunstwerke vorstellen und erklären.

Singend Gottes Unbegreiflichkeit bedenken
Gemeinsam wird als Ausklang der Stunde das Lied „Was ist Gott?“ gesungen und die Frage der Unbegreiflichkeit Gottes nochmals immanent thematisiert.

Material AUF CD-ROM

Das Lied „Was ist Gott?“ finden Sie auf der CD- Rom
und auf der Musik CD „Du bist da“, didactus verlag

Material AUF CD-ROM

Material auf der CD-Rom:

- Bild „Der Gottrufer“, Bildbeschreibung, AB: „Menschen suchen Gott“, Lied „Was ist Gott?“

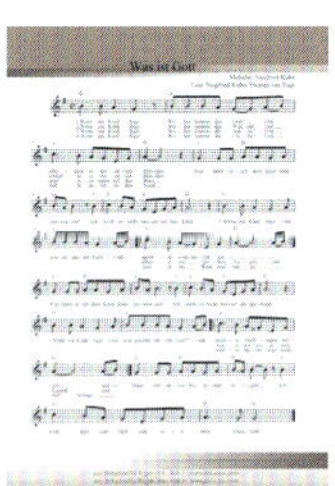

19. Stunde: „Was wir wissen ist ein Tropfen... – Gott ist immer größer als alle unsere Vorstellungen"

Zu Beginn der Stunde erzählen die Schülerinnen und Schüler nochmals von ihren eigenen Überlegungen zum Gottesbild aus der letzten Stunde. Die Bilder/ Texte werden dabei auf einem grauen Tuch in der Mitte gesammelt. Angeregt durch einen Impuls assoziieren die Schülerinnen und Schüler zum entstandenen Bodenbild: Gott ist immer mehr – unsere Vorstellungen können ihn nicht fassen! Die Bildbetrachtung zum Bild von Rupprecht Geiger vertieft diese Feststellung nochmals, indem die Schülerinnen und Schüler darin das Bodenbild entdecken und abschließend ihre Gedanken in das Kunstbild auf ihrem Arbeitsblatt schreiben. Ein Gedicht rundet die Stunde ab und macht deutlich, dass wir Gott immer nur erahnen und nie ganz erfassen können, er uns aber immer nahe ist.

Die Schülerinnen und Schüler	Didaktik - Methoden	Medien
wiederholen eigene Gottesvorstellungen, die sie in ihren Gestaltungen zum Ausdruck gebracht haben	Plenum Erzählrunde	AB/ Bilder der letzte Stunde, graues quadratisches Tuch, gelbes Seil kreisförmig gelegt
singen gemeinsam im Lied von der Unbegreiflichkeit Gottes und **formulieren** diese	Gemeinsames Singen	Lied: „Was ist Gott?"
nehmen in einem Kunstbild die Unvorstellbarkeit Gottes **wahr**	Bildbetrachtung	Bild „Ich sehe dich in tausend Bildern" von Rupprecht Geiger (aus dem Internet)
fassen ihre Eindrücke für sich selbst **zusammen**	Kreatives Schreiben	
setzen sich mit einem Gedicht über Gott **auseinander**	Textbegegnung	AB mit Gedicht

Eigene Gottesvorstellungen wiederholen

Die Lehrkraft lädt die Schülerinnen und Schüler in den Stuhlkreis ein. In der Mitte liegt ein graues Tuch auf das ein gelbes Seil annähernd rund gelegt ist, so dass es an vier Seiten die Ränder des Tuches tangiert. Die Schülerinnen und Schüler erzählen nochmals stichwortartig von ihren Ideen „rund um Gott" aus der letzten Stunde und legen ihre Bilder in die Mitte.

Von der Unbegreiflichkeit Gottes singen und diese formulieren

Gemeinsam wird das Lied „Was ist Gott?" gesungen und nochmals wesentliche Inhalte aus dem Lied zusammengefasst.

Material AUF CD-ROM

Das Lied „Was ist Gott?" finden Sie auf der CD- Rom und auf der Musik CD „Du bist da", didactus

Folgender Impuls kann dazu einladen, z.B. *Wir haben im Lied einiges über Gott erfahren – über die Fragen, die Menschen stellen und die Antworten, die wir versuchen. Sicher ist dir einiges in Erinnerung geblieben!*
Wenn die Schülerinnen und Schüler wesentliche Aussagen wiederholt haben, ist es gut, nochmals zusammenzufassen, z.B. *Gott bleibt immer ein Geheimnis, wir werden ihn nie ganz begreifen! Auch wenn wir noch so viel fragen und Antworten suchen. Das hat auch einmal jemand formuliert:*

Die Lehrkraft legt folgende Wortkarte in die Mitte

„Was wir
wissen
ist ein Tropfen,
was wir
nicht wissen,
ein Ozean“

(Isaac Newton)

Die Wortkarte finden Sie auf der CD- Rom

Die Unvorstellbarkeit Gottes wahrnehmen

Anmerkung:
Aus urheberrechtlichen Gründen konnte das Bild nicht abgedruckt werden – es findet sich aber im Internet. Titel: „Ich sehe dich in tausend Bildern“

So oder ähnlich kann die Lehrkraft weiterführen, z.B. *In unserer Mitte liegt ein Motiv, das auch ein Künstler als Bild umgesetzt hat (graues Tuch und gelbes Seil). Der Künstler heißt Rupprecht Geiger. Vielleicht kommt dir das Bild bekannt vor. Nimm dir wieder Zeit und wandere mit den Augen durch das Bodenbild!*
Was siehst du? Welche Gedanken gehen dir durch den Kopf?
Welche Formen und Farben fallen dir auf? Was denkst du dazu?
Das Bild hat einen Titel, den ich dir noch nicht verraten habe. Welche Titel würdest DU dem Bild geben?
Der Künstler hat das Bild „Ich sehe dich in tausend Bildern“ benannt. Was sagst du zum Titel und Bild? Welche Fragen hast du an den Künstler? Was wollte er mit dem Bild ausdrücken?

Eigene Eindrücke zusammenfassen
Geh nun an deinen Platz zurück und schreibe die wichtigsten Gedanken von heute in dein Blatt. Lass dir Zeit, überlege gut, was du aufschreiben möchtest!

Sich mit einem Gedicht über Gott auseinandersetzen
Zum Ausklang der Stunde liest die Lehrkraft noch das Gedicht vom Arbeitsblatt vor.

„Male mir Gott!“,
verlangte die Lehrerin

Der Schüler fragte:
Wie soll ich Gott zeichnen?
Ich habe ihn noch nie gesehen!
Ich kann ihn nicht anfassen und begreifen!

Es wurde still im Raum
und er begann zu zeichnen
einen Kreis
als Symbol für die Unendlichkeit –
ohne Anfang und Ende
golden in der wertvollsten Farbe

„Und wie heißt ER?“,
fragte die Lehrerin.
„Welchen Namen gibst du Gott?“

Ich weiß nicht, was passt –
ist ein Name genug?
Ist er nicht alles?
Was kann ausdrücken, wer Gott für mich sein will?

„Denk einmal nach!“
Er schloss seine Augen,
viele Bilder zogen an ihm vorbei:
Der Schöpfer, der Hirte, der Vater …
Viele Worte hallten in ihm nach:
Gott, Herr, Wegbegleiter …

Und ganz leise flüsterte er
nach einer kurzen Weile:
treuer Freund

in Anlehnung an Bruno Stephan Scherer:
Gott zeichnen

Material auf der CD-Rom:

- Lied: „Was ist Gott?“, Wortkarte „Was wir wissen ….“ und AB „Gott ist immer größer..."

„Was wir
wissen
ist ein Tropfen,
was wir
nicht wissen,
ein Ozean“
(Isaac Newton)

20. Stunde: „EIN Gott in drei Personen?“

Die Schülerinnen und Schüler versammeln sich nochmals um das Bodenbild in der Stuhlkreismitte und assoziieren zum Symbol des Kreises: Gott ist vollkommen, ohne Anfang und Ende, nicht fassbar – immer größer als unsere Vorstellung. Die Lehrkraft legt in den Kreis am Bodenbild das Bild der drei Fische, die miteinander symbiotisch verbunden sind und regt die Schülerinnen und Schüler an, dazu ihre Gedanken aufzuschreiben. Im anschließenden Austausch kommen die Schülerinnen und Schüler in eine Diskussion über die Deutung des Motives bevor sie sich auf die Betrachtung des Schlusssteines von den drei Fischen einlassen. Ihre Gedanken zum dreieinigen Gott halten sie im kreativen Schreiben fest ehe das gemeinsame Lied und Kreuzzeichen – bewusst im Blick auf den dreieinigen Gott – die Stunde meditativ abschließt.

Die Schülerinnen und Schüler	Didaktik - Methoden	Medien
assoziieren ihr Vorwissen zum Bodenbild in Erinnerung an das Kunstbild der letzten Stunde	Plenum, Wiederholung - Erzählrunde	Bodenbild: graues quadratisches Tuch, gelbes Seil
erschließen sich ein Bild als Symbol für die Dreieinigkeit	Symboldidaktik	Drei Fische im Kreis
fassen die Bedeutung der Dreieinigkeit Gottes im kreativen Schreiben für sich **zusammen**	Kreatives Schreiben	AB mit Satzanfängen
besingen gemeinsam die Unerklärbarkeit Gottes im Lied „Was ist Gott?“	Gemeinsames Singen	Lied „Was ist Gott?“

Vorwissen zum Bodenbild assoziieren

Die Schülerinnen und Schüler versammeln sich wieder im Stuhlkreis um das Bodenbild der letzten Stunde, zu dem sie nochmals erzählen, z.B. Wir haben einfache Formen entdeckt, in denen Gott zum Vorschein kommt … der Kreis steht für die Unendlichkeit Gottes … er sprengt das Quadrat des grauen Tuches … Gott ist immer größer als alle Vorstellungen oder als alle Bilder, die wir uns von ihm machen können…

Erschließen eines Symbolbildes zur Dreieinigkeit

In der Weiterführung verteilt die Lehrkraft das Bild der drei Fische als kleines Handbild und regt die Schülerinnen und Schüler an, dazu zu erzählen, z.B. *Dir fällt sicher einiges zu diesem Bild ein! Die Schülerinnen und Schüler vermuten, z.B. drei Fische und doch nur ein Kopf … eine enge Verbindung … die drei gehören zusammen … sind eins … doch jeder ist auch Einer!*

Material AUF CD-ROM

Das Bild Fische-Trinität von HaPe Eggerl findet sich
- ebenso wie die Handbild-Vorlage auf der CD- Rom

Anschließend legt die Lehrkraft eine große Kopie der drei Fische so in das Bodenbild, dass sie sich in der Mitte des gelben Kreises befinden und motiviert die Schülerinnen und Schüler sich dazu zu äußern, z.B. *Unser Bodenbild hat sich verändert! Versuche, die beiden Bilder zusammen zu bringen! Wie gehören sie zusammen? Was siehst du? Welche Gedanken gehen dir durch den Kopf?*
Welche Formen und Farben fallen dir auf? Was denkst du dazu?
Welche Titel würdest DU dem Bild geben? Welchen Satz würdest du als Beschreibung formulieren?
Welche Fragen hast du an den Künstler? Was wollte er mit dem Bild ausdrücken?

Zusammenfassen der Bedeutung der Dreieinigkeit Gottes
Im Anschluss an die Bildbetrachtung sind die Schülerinnen und Schüler eingeladen, die Bedeutung der Dreieinigkeit in ihren eigenen Worten zum Ausdruck zu bringen. So könnte dazu eingeladen werden, z.B. *Schreibe weiter, wie Gott dir zugewandt und für dich da ist! Gott ist als Vater … Gott ist als Sohn … Gott ist als Heiliger Geist …., z.B. Gott ist als Vater in Liebe bei mir. Gott ist als Sohn mein Freund und Begleiter auf meinem Lebensweg. Gott ist als Heiliger Geist die Kraft in meinem Leben.*

Das AB mit den Sätzanfängen finden Sie auf der CD-Rom

Schreibe weiter, wie Gott dir zugewandt und für dich da ist!
Gott ist als Vater …
Gott ist als Sohn …
Gott ist als Heiliger Geist ….,

z.B. Gott ist als Vater in Liebe bei mir.
Gott ist als Sohn mein Freund und Begleiter auf meinem Lebensweg.
Gott ist als Heiliger Geist die Kraft in meinem Leben

Aspekte zur Dreifaltigkeit finden Sie auf der CD-Rom

Die Unerklärbarkeit Gottes besingen
Gemeinsam wird zum Abschluss der Stunde wieder das Lied „Was ist Gott?" gesungen und die Stunde bewusst mit dem Kreuzzeichen abgeschlossen. Dabei können Ideen der Schülerinnen und Schüler aus dem kreativen Schreiben aufgegriffen werden.

Das Lied „Was ist Gott?" finden Sie auf der CD- Rom
und auf der Musik CD „Du bist da", didactus

Material auf der CD-Rom:

- HaPe Eggerl: Drei Fische als Hand- und Ausmalbild, AB: „EIN Gott in drei Personen?“

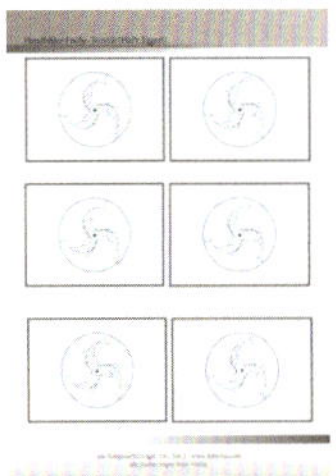

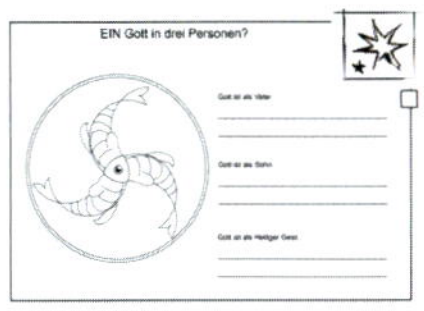

- Lied: „Was ist Gott?“

21. Stunde: „Trinität – Gott ist in sich Gemeinschaft und bietet sie uns an “

Aus der letzten Stunde kennen die Schülerinnen und Schüler bereits das Bild von den drei Fischen als Symbol für den dreieinigen Gott. Das gemeinsame Kreuzzeichen erinnert sie nochmals an diese Verbundenheit, die wir im Gebet bekennen. Als Weiterführung des Bildes werden sie mit einem modernen Kunstbild konfrontiert und versuchen, nach den bereits erarbeiteten Schritten der Bildbetrachtung eine eigene Deutung vorzunehmen. Diese stellen sie sich anschließend gegenseitig vor und werden sich bewusst, dass die Vorstellung eines dreieinigen Gottes deutlich macht, wie Gott in drei Personen Gemeinschaft lebt und sie uns Menschen anbietet.

Die Schülerinnen und Schüler	Didaktik - Methoden	Medien
bringen in ihren weitergeschriebenen Satzanfängen ihre Vorstellungen vom Dreieinigen Gott **zum Ausdruck**	Plenum, Präsentation	AB der letzten Stunde
bekennen sich im gemeinsamen Kreuzzeichen zu diesem Gott in drei Personen	Gebetsritual	

begegnen dem Bild der „Liebe-Gott“ und **deuten** es selbstständig	Bildbetrachtung – und Erschließung Gruppenarbeit	Kunstbild „Liebe-Gott“ von HaPe Eggerl
präsentieren ihre Deutungen zum Bild im Plenum	Präsentation	AB „Schritte der Bildbetrachtung"
gestalten die Grundform des Kunstbildes individuell **weiter**	Kreatives Gestalten	AB: Kopiervorlage Kunstbild „Liebe-Gott“

Die Vorstellungen vom Dreieinigen Gott zum Ausdruck bringen
Die Schülerinnen und Schüler werden eingeladen, ihre Ergebnisse der letzten Stunde meditativ vorzutragen. Dazwischen kann immer wieder die Klangschale angeschlagen werden.

Sich im gemeinsamen Kreuzzeichen zu diesem Gott bekennen
Abschließend zeichnen sich die Schülerinnen und Schüler ganz bewusst ein Kreuzzeichen auf die Stirn und beginnen mit dieser gemeinsamen Segensformel den Unterricht.

Dem Bild der „Liebe-Gott“ begegnen und es selbstständig deuten

Bild HaPe Eggerl – Dreieinigkeit „Der Liebe-Gott“

Material AUF CD-ROM

Das Bild „Der Liebe-Gott“ und entsprechende Arbeitsaufträge zur Erschließung finden Sie auf der CD- Rom

Nach dem gemeinsamen Beginn arbeiten die Schülerinnen und Schüler eigenständig mit dem Bild weiter. Sie erhalten dazu eine Kopie des Bildes „Der Liebe-Gott“ und Arbeitsaufträge, um sich dieses Bild selbstständig zu erschließen und zu deuten.

Präsentation der verschiedenen Deutungen im Plenum
Im Plenum nach der Phase der Einzelarbeit sind die Schülerinnen und Schüler aufgefordert, ihre eigenen Gedanken und die persönliche Deutung des Bildes den anderen vorzustellen. In einer Abschlussrunde der Reflexion sind alle nochmals einzuladen, einen Gedanken auszusprechen, der für sie besonders interessant war.

Individuelle Gestaltung des Kunstbildes
Zum Ausklang der Stunde und Nachklang der Bilderschließung bekommen die Schülerinnen und Schüler eine Kopie mit der Umrisszeichnung des Bildes „Der Liebe-Gott“, die sie selbst weitermalen und farblich gestalten können.

„Wo immer das Neue Testament unterscheidend vom Vater, Sohn und Heiligen Geist spricht, will es nicht eine Lehre über das Wesen Gottes in sich vortragen ..., vielmehr will es damit die neue Beziehung verkünden, die uns Gott durch Jesu Kommen, Handeln und Reden geoffenbart hat und durch seinen Geist erfahren lässt. Diese neue Nähe lässt sich nur „dreifaltig-dreieinig“ (trinitarisch) ausdrücken.“
Bernhard Grom, Vom dreifaltigen Gott sprechen?, in: Katechetische Blätter 3/89, Jahrgang 114, S. 176

Material AUF CD-ROM

Material auf der CD-Rom:
- Kunstbild: „Der Liebe-Gott“ HaPe Eggerl, Bilderschließung – Arbeitsaufträge, AB „Gott ist in sich...“

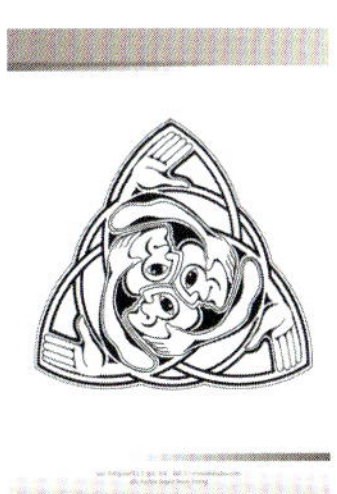

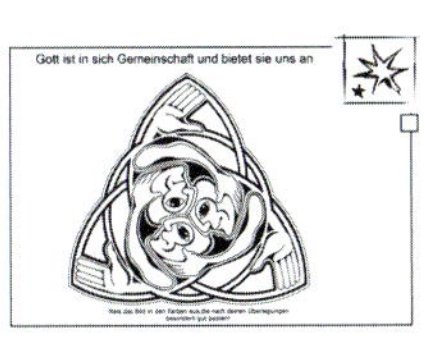

22. Stunde: „Augustinus auf der Suche nach Gott .... “

Mit verschiedenen Bildern haben sich die Schülerinnen und Schüler der Vorstellung des dreieinigen Gottes genähert und erspürt, dass alle Versuche, Gott zu begreifen, immer nur Versuche bleiben. Am Beispiel des heiligen Augustinus erfahren sie, dass die Frage nach Gott und die Unbegreiflichkeit Gottes etwas ist, das ihn grundsätzlich ausmacht und dass viele Menschen – auch Gelehrte der Kirche – an diese Grenzen gestoßen sind. Das kann sie ermutigen, die Frage nach Gott wach zu halten und immer neue Antworten darauf zu suchen und zu finden.

Die Schülerinnen und Schüler	Didaktik - Methoden	Medien
machen sich ihre Kompetenz-entwicklung **bewusst**	Plenum, Erzählrunde	Kunstbilder und Wortkarten „Ich kann…“ „Ich weiß…“ „Ich verstehe jetzt…“
erfahren von der Suche des Heiligen Augustinus nach Gott	Diskussion	
begegnen der Legende von der Dreifaltigkeit des Heiligen Augustinus	Lehrervortrag	vis. Impuls – Wortkarte „Unruhig ist unser Herz …“
erfinden im kreativen Schreiben **den Schluss der Legende**	Einzelarbeit Kreatives Schreiben Präsentation	Text der Legende des Hl. Augustinus Arbeitsblätter mit dem Beginn der Legende
präsentieren die Arbeits-ergebnisse und **setzen sich** mit dem Schluss der Legende **auseinander**	Lehrervortrag	

Sich die eigene Kompetenzentwicklung bewusst machen

Die Schülerinnen und Schüler werden durch verschiedene Kunstbilder der letzten Stunde und Satzanfänge angeregt, über ihre Kompetenzentwicklung nachzudenken und diese zu verbalisieren, z.B. *Ich habe euch verschiedene Bilder in die Mitte gelegt. Sie erinnern euch an die Überlegungen und unsere Arbeit zur Frage verschiedener Gottesvorstellungen. Ich lege dir auch verschiedene Satzanfänge dazu – versuche zu formulieren, was du in den letzten Stunden gelernt hast, was dir bewusst geworden ist, was du nun besser kannst!*

Die Satzanfänge „Ich weiß jetzt …“ „Ich kann jetzt …“ „Ich verstehe jetzt“ werden in die Mitte gelegt.

Material AUF CD-ROM

Die Satzanfänge finden sie als Wortkarten auf der CD- Rom

Die Schülerinnen und Schüler ergänzen, z.B. Ich weiß jetzt, dass Menschen sich immer schon die Frage gestellt haben, wer Gott ist und wie er aussieht …. Ich verstehe jetzt die Symbolik, die Künstler verwenden, um die Dreieinigkeit Gottes auszudrücken … Ich kann jetzt Kunstbilder selbstständig deuten …

Von der Suche des Heiligen Augustinus nach Gott erfahren

Zum Weiterdenken legt die Lehrkraft die Wortkarte mit dem Augustinus-Zitat in die Mitte:

„Unruhig
ist unser
Herz bis es
ruht in dir,
o Gott!“

Augustinus

Das Zitat als Wortkarte finden Sie auf der CD- Rom

Die Schülerinnen und Schüler versuchen, einen Zusammenhang zwischen dem Zitat, den Bildern und den Satzanfängen herzustellen, z.B. Augustinus ist wohl auch einer, der Gott sucht … der sich nicht zufrieden gibt mit dem, was er schon weiß … genauso wie wir … genauso wie die Künstler, die wir kennen…

Der Legende von der Dreieinigkeit des Heiligen Augustinus begegnen

Die Legende von der Dreieinigkeit des Heiligen Augustinus finden Sie auf der CD- Rom

Den Schluss der Legende erfinden und weiterschreiben
Die Lehrkraft leitet so oder ähnlich zur Einzelarbeit im kreativen Schreiben über, z.B. *Die Antwort des Kindes fehlt am Ende der Legende. Überlege selbst, was das Kind dem Heiligen Augustinus geantwortet haben könnte. Schreibe es auf die leeren Zeilen deines Arbeitsblattes!*

Das Arbeitsblatt mit der Legende von der Dreifaltigkeit des Heiligen Augustinus
finden Sie auf der CD- Rom

Die Arbeitsergebnisse präsentieren und sich mit dem Schluss der Legende auseinandersetzen
Nach der Einzelarbeit präsentieren die Schülerinnen und Schüler ihre eigenen Ideen zum Ende der Legende und hören die Antwort des Kindes, wie sie die Legende im Original überliefert.

Die (gesamte) Legende von der Dreifaltigkeit des Heiligen Augustinus
finden Sie auf der CD- Rom

Material

Material auf der CD-Rom:

- Wortkarten mit Satzanfängen, Wortkarte Zitat, Lehrererzählung und AB „Augustinus..."

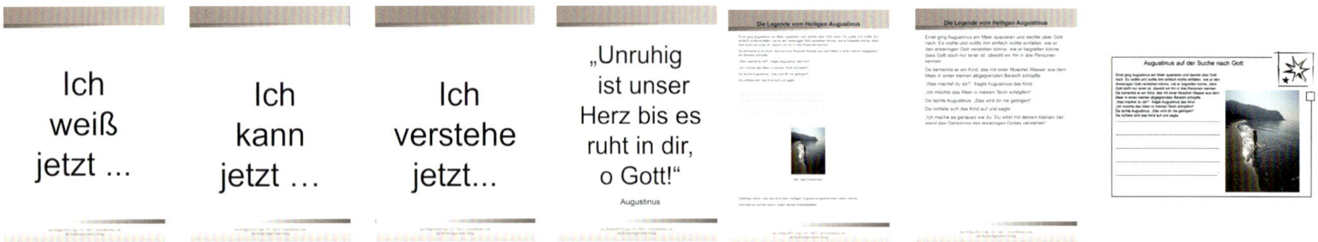

23. Stunde: „Der heilige Patrick und seine Erklärung zur Dreifaltigkeit “

Am Beispiel des Kirchenlehrers Augustinus haben die Schülerinnen und Schüler verstanden, dass es eine lebenslange Aufgabe ist, Gott zu suchen und ein wenig zu begreifen, wie Gott ist. Unzählige Mönche haben versucht, den Glauben an diesen dreieinigen Gott zu predigen, auch der heilige Patrick. Am Beispiel der Legende vom Kleeblatt machen sich die Schülerinnen und Schüler nochmals diese Dreieinigkeit Gottes – Gemeinschaft in sich selbst – bewusst und erzählen die Legende mit eigenen Worten neu.

Die Schülerinnen und Schüler	Didaktik - Methoden	Medien
fassen - angeregt vom Zitat des Heiligen Augustinus - ihr Vorwissen zu Gottesvorstellungen **zusammen**	Plenum, Erzählrunde	Wortkarte „Unruhig ..“
nehmen die Besonderheit eines Kleeblattes **wahr** und **beschreiben** dieses	Wahrnehmungsübung, Naturalmeditation	Foto: Kleeblatt
begegnen der Legende des heiligen Patrick	Lehrervortrag	Text zur Lehrererzählung: Legende des Hl. Patrick
deuten das Symbol des Kleeblattes **mit eigenen Worten** in einer modernen Legende	Einzelarbeit Kreatives Schreiben	AB: „Der Heilige Patrick erzählt vom dreieinigen Gott“
halten in einem Elfchen für sie Wichtiges zum Dreieinigen Gott **fest**	Präsentation	

Vorwissen zu Gottesvorstellungen zusammenfassen
Die Schülerinnen und Schüler versammeln sich zum Anfangsritual im Stuhlkreis und werden dann auf den Impuls mit der Wortkarte hin eingeladen, die letzten Stunden zusammenzufassen, z.B. Das Zitat stammt vom Heiligen Augustinus … er hat Gott gesucht … er fragte sich, wie er sich den dreieinen Gott vorstellen könnte …

Das Zitat als Wortkarte finden Sie auf der CD- Rom

Die Besonderheit eines Kleeblattes wahrnehmen und beschreiben
So oder ähnlich kann die Lehrkraft weiterführen, z.B. *Schon immer haben sich Menschen Gedanken gemacht, wie sie von Gott erzählen können und in welchen Bildern sie deutlich machen können, wie Gott ist und wie wir ihn uns vorstellen. Ein Bild habe ich dir mitgebracht. Lass dir wieder Zeit und beschreibe, was du siehst und was dir auffällt!*

Das Bild eines Kleeblattes finden Sie auf der CD- Rom

Die Schülerinnen und Schüler erzählen z.B. es hat drei Blätter … sie hängen aber alle zusammen … sie wirken wie nur ein Blatt …

Der Legende des heiligen Patrick begegnen
Der Heilige Patrick hat mit einem Kleeblatt zu den Leuten gesprochen und ihnen von Gott erzählt. Hör gut zu!

Die Legende des Heiligen Patrick finden Sie auf der CD- Rom

Die Schülerinnen und Schüler haben im Anschluss an die Legende die Möglichkeit, (An-)Fragen zu stellen und sich kurz zur Legende auszutauschen.

Das Symbol des Kleeblattes mit eigenen Worten deuten
In der Weiterführung sind sie eingeladen, eine eigene Predigt des Heiligen Patrick zu schreiben. So oder ähnlich könnten sie dazu angeleitet werden, z.B. *Der heilige Patrick hat den Menschen anhand eines Kleeblattes von Gott erzählt. Das kannst du auch! Überlege dir eine „Predigt" – so wie sie Patrick gehalten haben könnte und schreibe sie auf. Als Hilfestellung kannst du dir auch nochmals die Legende auf deinem Arbeitsblatt durchlesen!*

Das Arbeitsblatt mit der Legende des Heiligen Patrick
finden Sie auf der CD- Rom

Wichtiges zum Dreieinigen Gott in einem Elfchen festhalten

Die Schülerinnen und Schüler lesen sich nach der Einzelarbeit nochmals ihre Ergebnisse gegenseitig zu zweit vor und versuchen, wichtige Worte in ihrem Text zu markieren. Anschließend sammelt die Lehrkraft alle wichtigen Worte der Zweiergruppen an der Tafel. Sie kann zum gemeinsamen Schreiben eines Elfchens einladen, z.B. *Ihr habt alle eure wichtigen Worte an der Tafel gesammelt. Überlegt nun, wie wir daraus ein gemeinsames Elfchen schreiben können! Die Regeln für ein Elfchen findest du auf deinem Arbeitsblatt!*

Beispiel für ein Elfchen:
unbegreiflich
unser Gott
er liebt uns
Ich bin ihm nahe
wunderbar!

Material auf der CD-Rom:

- Wortkarte Zitat, Bildkarte Kleeblatt, Lehrererzählung zur Legende und AB dazu

„Unruhig ist unser Herz bis es ruht in dir, o Gott!“
Augustinus

24. Stunde: „Die Bibel spricht in Metaphern – Gott mit allen Sinnen erspüren“

Die Schülerinnen und Schüler haben sich in den letzten Stunden ausgiebig mit der Frage nach Gott beschäftigt und in biblischen Texten sowie Bildern und Metaphern Antworten auf die Frage nach Gott gesucht. Abschließend soll Zeit und Raum sein, um die Gottesfrage in sich selbst nachklingen zu lassen. Dazu wählen die Schülerinnen und Schüler ein Psalm-oder Bibelwort zur Gottesvorstellung aus und versuchen, dies kreativ umzusetzen. Abschließend präsentieren sie ihre Ergebnisse in einer kleinen Vernissage.

Die Schülerinnen und Schüler	Didaktik - Methoden	Medien
clustern ihre Gedanken zur Frage nach Gott	Plenum, Cluster	Tafel
bedenken die Frage nach Gott anhand eines ausgewählten Bibelwortes	Einzelarbeit	Wortkarte Fragezeichen, verschiedene Bibelworte zur Auswahl
setzen ihre eigene Antwort und Vorstellung **gestalterisch um**	Kreatives Tun	Foto, Papier, Modelliermasse, Musikinstrumente ...
präsentieren ihre Arbeitsergebnisse in einer Vernissage	Präsentation	
halten die eigene Gestaltung im kreativen Weiterschreiben eines Farb-Gedichtes **fest**	Kreatives Schreiben	AB mit Gedicht „Wenn Gott eine Farbe wäre...“

Gedanken zur Frage nach Gott clustern

Zur Vertiefung der Frage nach Gott und der Bearbeitung der unterschiedlichen Vorstellungen von Gott sammeln die Schülerinnen und Schüler verschiedene Aspekte und halten diese in einem Cluster zur „Frage nach Gott“ fest.

Die Frage nach Gott anhand eines ausgewählten Bibelwortes bedenken

In der Weiterführung setzen sich die Schülerinnen und Schüler – angeregt durch die Wortkarte eines Fragezeichens – mit der eigenen Vorstellung von Gott auseinander.

Material AUF CD-ROM

Die Wortkarte „?“ finden Sie auf der CD- Rom

Dazu wählen sie sich zunächst ein Bibelwort aus, das sie dann anschließend kreativ gestalten.

Die eigene Antwort und Gottesvorstellung gestalterisch umsetzen

In der Weiterarbeit gestalten die Schülerinnen und Schüler individuell zu ihrem ausgewählten Bibelwort. So oder ähnlich könnte die Lehrkraft dazu anleiten, z.B. *Du hast dir ein Bibelwort oder einen Psalm ausgewählt. Überlege nun, wie du kreativ weiter arbeiten möchtest.*
Du kannst ein Bild zu deinem Bibelwort gestalten.
Du kannst eine Geschichte oder einen Text (Gedicht/ Lied) zu deinem Bibelwort verfassen.
Du kannst mit Modelliermasse das wesentliche Bild deines Bibelwortes darstellen.
Du kannst versuchen, dein Bibelwort mit Klängen/ Tönen umzusetzen.
...

Arbeitsergebnisse in einer Vernissage präsentieren

Nachdem die Schülerinnen und Schüler genug Zeit hatten, ihre Bibelverse gestalterisch umzusetzen, sollen sie diese in einer Vernissage (evtl. erst in der folgenden Stunde) den anderen präsentieren. Ggf. können die Arbeitsergebnisse fotografiert und als Portfolio zusammengestellt werden.

Die eigene Gestaltung in einem Farb-Gedicht festhalten
Im Blick auf ihre gestalteten Kunstwerke zu den verschiedenen Bibelversen schreiben die Schülerinnen und Schüler ein dazu passendes Farbgedicht weiter. So oder ähnlich kann die Lehrkraft dazu einladen, z.B. *Nimm dir noch einmal Zeit, dein Kunstwerk zu betrachten. Versuche dann, dazu passende Farben und deren Beschreibungen zu finden, indem du das Gedicht fertig schreibst!*

Material AUF CD-ROM

Material auf der CD-Rom:

- Wortkarte Fragezeichen, Bibelstellen/ Psalmworte zur Gottesfrage, AB „Wenn Gott eine Farbe wäre…"

25. Stunde: „Wie die Bibel erzählt, dass Gott sich klein macht, um den Menschen nah zu sein"

Im Blick auf das Alte Testament haben die Schülerinnen und Schüler verschiedene Bilder und Vorstellungen von Gott kennengelernt. Auch im Neuen Testament versuchen Menschen, ihre Vorstellungen von und Erfahrungen mit Gott in Worte zu fassen. Aus der 3. Jahrgangsstufe kennen sie bereits die Kindheitsgeschichte nach Lukas, mit der sie sich jetzt nochmals neu anhand der Symbolik von Krippe und Stall beschäftigen. Sie spüren nach, wie außergewöhnlich diese Erzählung von einem Gott ist, der sich ganz klein macht, um den Menschen nahe zu sein und stimmen singend in den Lobpreis auf diesen Gott, der Mensch wird, ein.

Die Schülerinnen und Schüler	Didaktik - Methoden	Medien
ordnen zentrale Aspekte und Ideen zum Gottesbild im AT und NT	Plenum, Stuhlkreis	Bodenbild Wortkarte „Gott", „AT" und „NT"+ Fragezeichen
rekapitulieren ihr **Vorwissen** zum Evangelisten Lukas	Erzählrunde	aufgeschlagenes Lukasevangelium
deuten die Symbole „Krippe" und „Stall" im Blick auf den sich klein machenden Gott	Symboldidaktik, Placemat	

nehmen einen Abschnitt der lukanischen Kindheitserzählung als außergewöhnliche Aussage über Gott **wahr**	Textbegegnung und - bearbeitung	Arbeitsblatt mit Lk 2,1-20
geben im kreativen Schreiben ihren Gedanken zur Geburt Jesu **Ausdruck**	Kreatives Schreiben Gemeinsames	Arbeitsblatt mit Satzanfang zum Weiterschreiben
stimmen in den Lobpreis auf Gott **ein**, der sich klein macht und Mensch wird	Beten/ Singen	Lied: „Gott ist da!“

Zentrale Aspekte und Ideen zum Gottesbild ordnen
Die Schülerinnen und Schüler versammeln sich im Stuhlkreis und beginnen mit dem eingeführten Morgenritual. Die Lehrkraft legt folgende Wortkarten als Impuls in die Mitte:

„Gott“, „AT“ und „NT“+ Fragezeichen

Die Wortkarten finden Sie auf der CD- Rom

Anschließend sammeln jeweils zwei Schülerinnen und Schüler – angeregt durch die Wortkarten in der Mitte – eigene Ideen zu den verschiedenen Aspekten und schreiben diese auf kleine Karteikarten, die sie dann im Plenum entsprechend zuordnen, z.B. König, Fels, Burg als Bilder für Gott im AT … Hirte, Vater als Bilder von Gott im NT …

Das Vorwissen zum Evangelisten Lukas rekapitulieren
Die Lehrkraft kann so oder ähnlich weiterführen, z.B. *Der Evangelist Lukas erzählt gleich in seinen ersten Kapiteln der Kindheitsgeschichte viel von seiner Vorstellung und seinem Bild von Gott. Sicher erinnerst du dich an die letzten Jahre!*
Die Schülerinnen und Schüler wiederholen evtl. ihr Vorwissen, z.B. Lukas hat die kleinen Leute im Blick … er schreibt für die Hirten, die bei ihm als Erste von der Geburt Jesu erfahren ….

Die Symbole „Krippe“ und „Stall“ im Blick auf den sich klein machenden Gott deuten
Nach der Plenumsrunde, in der die Schülerinnen und Schüler gemeinsam ihr Vorwissen gesammelt und ausgetauscht haben, teilen sie sich in zwei (alternativ in 4 Gruppen – zwei arbeitsgleich) ein und tauschen sich zu ihren Vorstellungen bezüglich der Symbole „Krippe“ und „Stall“ aus und halten ihre Ergebnisse auf einem gemeinsamen Papier fest.

Placematvorlagen mit einer Krippe und dem Stall in der Mitte finden Sie auf der CD- Rom

So kann die Lehrkraft die Gruppenarbeit anleiten, z.B. *Ihr bildet Gruppen zu jeweils 4 SchülerInnen. Jede Gruppe erhält ein Blatt mit einem Symbol aus dem Lukasevangelium. Zunächst schreibt jede/r für sich in seinem Feld die eigenen Gedanken zum Symbol auf. Nach einigen Minuten lest ihr euch gegenseitig die Ergebnisse vor und markiert bunt, welche Ideen mehrere von euch haben. Abschließend überlegt ihr gemeinsam, was eure Begriffe, die ihr aufgeschrieben habt, mit GOTT zu tun haben! Im Plenum stellt dann eine/r von euch die gefundenen Begriffe vor, ein anderer euer Ergebnis auf die Frage nach Gott.*

Einen Abschnitt der lukanischen Kindheitserzählung als außergewöhnliche Aussage über Gott wahrnehmen

In der Weiterführung liest die Lehrkraft zunächst den Bibeltext aus dem Lukasevangelium vor bevor sie den Text als Arbeitsblatt an alle Schülerinnen und Schüler verteilt, die die entsprechenden Arbeitsaufträge selbstständig bearbeiten.

Den Bibeltext des Lukasevangeliums finden Sie auf der CD- Rom

Nachdem die Schülerinnen und Schüler die Texte bearbeitet haben, tauschen sie sich im Unterrichtsgespräch darüber aus, welche Fragen noch offen sind und was sie wichtig finden. Falls die Schülerinnen und Schüler dies nicht thematisieren, sollte nochmals auf die Symbole „Krippe" und „Stall" eingegangen werden.

Im kreativen Schreiben Gedanken zur Geburt Jesu Ausdruck geben

Die Lehrkraft kann folgendermaßen zusammenfassen und zum kreativen Schreiben überleiten, z.B. *Bei der Bearbeitung und Besprechung des Textes haben wir gemerkt, dass Lukas etwas ganz Ungewöhnliches beschreibt! Gott kommt als Kind zur Welt – und damit nicht genug! Jesus wird auch noch in einem Stall geboren und liegt in einer Krippe! Gott macht sich ganz klein, wird Mensch wie wir. Was das bedeuten kann, darfst du nun in deinen Worten auf dem Arbeitsblatt weiterschreiben.*

Das Arbeitsblatt finden Sie auf der CD- Rom

Einstimmen in den Lobpreis auf Gott, der sich klein macht und Mensch wird

Abschließend können die verschiedenen Antworten im Stuhlkreis vorgelesen werden. Nach jeweils drei Antwortsätzen singen alle gemeinsam auf die Melodie „Achtsam sein" folgenden Text: Gott ist da! Kommt als Kind zur Erde, will uns nahe sein.

Als möglichen Ausklang und Ausblick auf die nächste Stunde kann die Lehrkraft das Gedicht WeihNacht meditativ vortragen.

Das Gedicht „WeihNacht?!“ finden Sie auf der CD- Rom

Material auf der CD-Rom:

- Wortkarten, Vorlage Placemat, Lesetext Lukasevangelium, AB: „Wie die Bibel erzählt,...", Lied: „Gott ist da!“, Gedicht „WeihNacht“

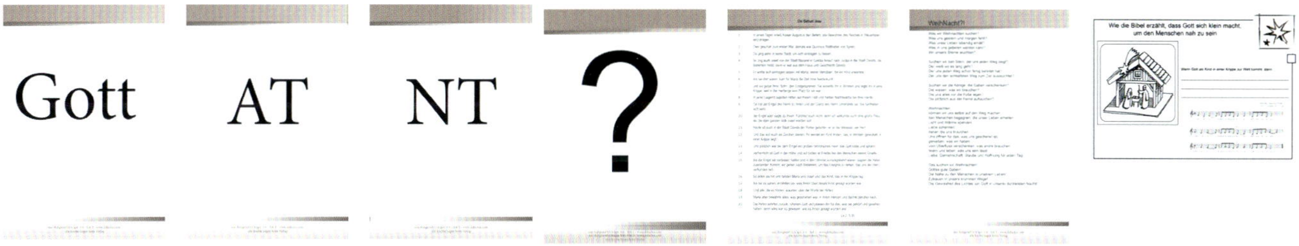

26. Stunde: „Geschenke mit Symbolcharakter: die Gaben der Weisen"

In der letzten Stunde haben sich die Schülerinnen und Schüler mit der Bedeutung von Krippe und Stall in Bezug auf einen Gott, der sich klein macht, um bei den Menschen zu sein, beschäftigt. Bereits aus der 3. Jgst kennen sie auch die zweite Kindheitserzählung nach Matthäus, mit der sie sich jetzt nochmals intensiver auseinandersetzen im Blick auf die Gaben der Weisen: Gold, Weihrauch und Myrrhe. Sie erspüren dabei, dass in all dieser Einfachheit und Armut bereits die Größe dessen angedeutet ist, was Gott durch die Menschwerdung seines Sohnes bewirken möchte: Rettung und Heil der Menschen.

Die Schülerinnen und Schüler	Didaktik - Methoden	Medien
ordnen verschiedene Symbole und Wortkarten im Bodenbild den beiden Evangelisten der Kindheitserzählungen **zu**	Plenum, spielerisches Zuordnen	Wortkarten „Lukas“ „Matthäus“„Krippe“, „Stall“ „Krone“, „Gold“ „Weihrauch“ „Myrrhe“
erzählen oder hören die Geschichte zu den Bildern „Die Gaben der drei Könige“ von HaPe Eggerl und **deuten** diese	Erzählrunde oder Lehrererzählung	Bilder und Text zur Erzählung „Die Gaben der drei Könige“

nehmen einen Abschnitt der Kindheitserzählung nach Matthäus als außergewöhnliche Aussage im Blick auf die Gaben der Könige **wahr**	Textbegegnung und - arbeit	Arbeitsblatt mit Kindheitserzählung nach Matthäus
erarbeiten anhand eines Textes die symbolische Bedeutung der Gaben für Jesu		Lesetext zu den Gaben der Könige
geben im kreativen Schreiben ihren Erklärungen der Gaben **Ausdruck**	Kreatives Schreiben	AB Briefkopf an Sternsinger

Symbole und Wortkarten im Bodenbild den beiden Evangelisten zuordnen
Versammelt im Stuhlkreis legt die Lehrkraft folgende Wortkarten in die Mitte und lädt die Schülerinnen und Schüler ein, diese sinnvoll zu sortieren:

„Lukas“ „Matthäus“ „Krippe“, „Stall“, „Gold“ „Weihrauch“ „Myrrhe“

Material AUF CD-ROM

Die Wortkarten finden Sie auf der CD- Rom

Die Geschichte „Die Gaben der drei Könige“ erzählen oder hören
So oder ähnlich kann die Lehrkraft weiterführen, z.B. *In der letzten Stunde haben wir uns bereits mit der Kindheitserzählung nach Lukas beschäftigt. Aus dem letzten Jahr kennt ihr aber noch die Erzählung, die Matthäus aufgeschrieben hat. Wir haben sie in verfremdeter Form auf Weihnachtskarten selbst geschrieben und erzählt.*

Material AUF CD-ROM

Die Bilder „Die Gaben der Könige“ und Texte zu den Bildern finden Sie auf der CD- Rom

Einen Abschnitt der Kindheitserzählung nach Matthäus als außergewöhnliche Aussage im Blick auf die Gaben der Könige wahrnehmen
Falls die Schülerinnen und Schüler sich noch an die Erzählung erinnern können, geben sie diese mit eigenen Worten wieder, ansonsten kann die Lehrkraft die Erzählung zu den entsprechenden Bildern kurz vortragen oder die Schülerinnen und Schüler die Bilder selbst erzählend deuten lassen.

Die symbolische Bedeutung der Gaben erarbeiten
Im Rückgriff auf die Bildbeschreibung benennen die Schülerinnen und Schüler nochmals die drei Gaben der Könige und versuchen diese zu erklären und zu deuten. Ein Lesetext kann dabei behilflich sein.

Den Lesetext mit der Erklärung für die Gaben der Könige finden Sie auf der CD- Rom

Den Erklärungen im kreativen Schreiben Ausdruck geben
Nachdem die Schülerinnen und Schüler den Lesetext gelesen haben, teilen sie sich in drei (oder sechs) arbeitsteilige Gruppen und bearbeiten jeweils eines der Symbolgeschenke anhand des Arbeitsauftrages am Arbeitsblatt. Die Ergebnisse lesen sie anschließend im Plenum vor.

Material auf der CD-Rom:

- Wortkarten „Lukas“ „Matthäus“ „Krippe“, „Stall“; „Gold“ „Weihrauch“ „Myrrhe“

- Bilder und Text „Die Gaben der drei Könige“, • AB: „Liebe Sternsinger….“

- Arbeitsblatt mit Kindheitserzählung nach Matthäus, Lesetext zu den Gaben der Könige

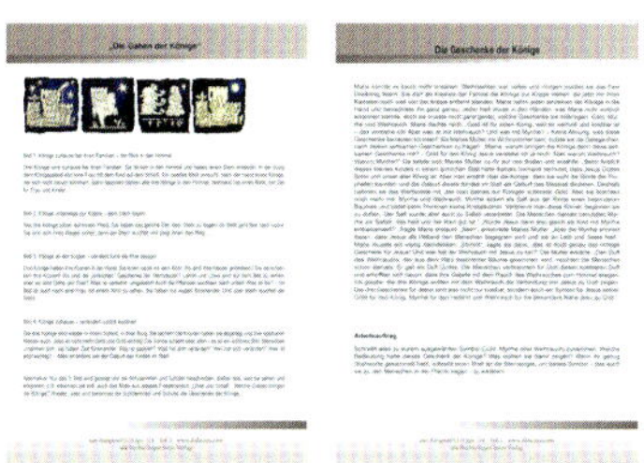

27. Stunde: „Weihnachten feiern – ein bunter Festkreis voller Brauchtum und Leben"

Bereits im letzten Schuljahr haben sich die Schülerinnen und Schüler in einer Lernaufgabe mit für sie interessanten Festen beschäftigt. Im Blick auf das bevorstehende Weihnachtsfest machen sie sich die Bedeutung des Festkreises (ausgedrückt in den liturgischen Farben) und wichtige Feste innerhalb des Festkreises bewusst. Dabei werden auch die Heiligen des Advent in den Blick genommen und so die verschiedenen Aspekte der vorausgegangenen Jahrgangsstufen nochmals bewusst aufgegriffen. Das kann die Schülerinnen und Schüler durch das bessere Verständnis verschiedener Bräuche und Rituale aufmerksam und bereit machen, diese Festzeit aktiv mitzufeiern.

Die Schülerinnen und Schüler	Didaktik - Methoden	Medien
werden durch das Bodenbild mit Tüchern in liturgischen Farben **aufmerksam** auf das Kirchenjahr	Plenum, assoziative Erzählrunde	Tücher in weiß und violett
sammeln Vorwissen zur Advents- und Weihnachtszeit	Recherche	Verschiedene Symbolbilder zu Heiligen und Festen
recherchieren in arbeitsteiligen Kleingruppen zu Festen und Heiligen im Weihnachtsfestkreis	Kleingruppenarbeit	Lesetexte Plakate
präsentieren Sachinformationen zu Festen und Heiligen im Weihnachtsfestkreis	Präsentation	

Auf das Kirchenjahr aufmerksam werden

Die Schülerinnen und Schüler versammeln sich um eine mit Tüchern gestaltete Mitte. Die Lehrkraft kann so oder ähnlich zum Nachdenken einladen, z.B. *In unserer Mitte siehst du verschiedene Farben. Denke einmal darüber nach, wann und wo dir diese Farben begegnen!*

Vorwissen zur Advents- und Weihnachtszeit sammeln

Nachdem die Schülerinnen und Schüler die Farbe „weiß“ den großen Festen und die Farbe „violett“ den Vorbereitungszeiten Advent und Fastenzeit zugeordnet haben, fokussieren sie ihre weiteren Ideen auf den Weihnachtsfestkreis mit folgendem Impuls: *Die Zeit des Advent und über Weihnachten hinaus nennen wir „Weihnachtsfestkreis“. Sicher fallen dir verschiedene Feste und Heilige ein, die wir in dieser Zeit besonders feiern!*
Die Schülerinnen und Schüler sammeln Advent … Barbara …Nikolaus … Luzia … Weihnachten … Dreikönig … Lichtmess

Die Bildkarten zu den Festen und Heiligen des Weihnachtsfestkreises
finden Sie auf der CD- Rom

In arbeitsteiligen Kleingruppen zu Festen und Heiligen im Weihnachtsfestkreis recherchieren

So oder ähnlich führt die Lehrkraft weiter, z.B. *Ihr dürft nun in Kleingruppen zu jeweils einem Fest oder einem Heiligen weiter arbeiten. Eure Aufgabe:*
Schreibt die wichtigsten Informationen aus dem Lesetext und gestaltet zusammen mit dem Symbol ein Plakat, das ihr später der Klasse vorstellt.

Die Informationstexte zu den Festen und Heiligen des Weihnachtsfestkreises
finden Sie auf der CD- Rom

Sachinformationen zu Festen und Heiligen im Weihnachtsfestkreis präsentieren

Nachdem die Schülerinnen und Schüler ihre Plakate zusammengestellt und angefertigt haben, stellen sie diese im Plenum vor. Während der Bearbeitung und im Plenum besteht noch die Möglichkeit, Fragen zu erklären, die sich aus den Informationstexten und Gesprächen ergeben haben.

Material auf der CD-Rom:

- Bildkarten und Informationstexte zu Festen und Heiligen des Weihnachtsfestkreises

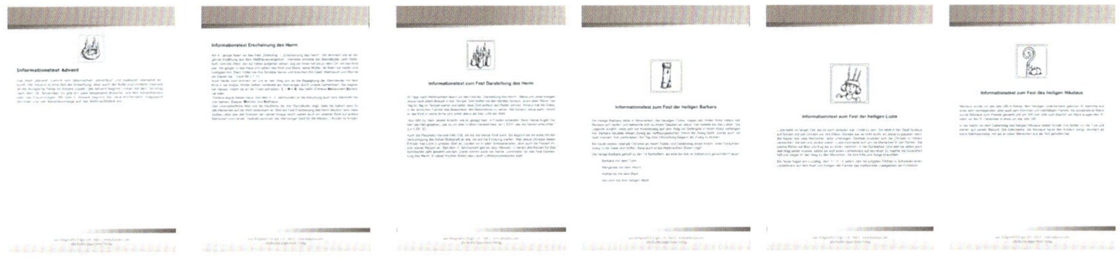

Anmerkung:
Die folgende Stunde kann auch die erste Stunde nach den Weihnachtsferien sein. Besonders schön wäre es, wenn orthodoxe Kinder aus der Religionsgruppe selbst erzählen würden, wie sie Weihnachten feiern.

28. Stunde: „Orthodoxe Christen feiern Epiphania"

Im Überblick über den Weihnachtsfestkreis haben die Schülerinnen und Schüler in der vorausgegangenen Stunde auch das Fest Dreikönig/ Erscheinung des Herrn wahrgenommen, dessen Bezug zur biblischen Erzählung sie bereits kennen und mit dem Brauchtum der Sternsinger verbinden. Im Blick auf andere christliche Konfessionen setzen sie sich nun mit der Bedeutung von Epiphania in der orthodoxen Kirche auseinander und stellen Gemeinsamkeiten und Unterschiede fest. Das kann ihr Interesse an anderen christlichen Konfessionen und deren Brauchtum wecken und Verständnis schaffen für andere Glaubensformen.

Die Schülerinnen und Schüler	Didaktik - Methoden	Medien
assoziieren ihr **Vorwissen** zum Fest „Dreikönig/ Erscheinung des Herrn"	Plenum Erzählrunde	Bildkarte „Dreikönig/ Erscheinung des Herrn"
befragen orthodoxe MitschülerInnen und **werden aufmerksam** auf die unterschiedlichen Feiern von Weihnachten in unseren Kirchen	Interview	Bildkarte „Dreikönig/ Erscheinung des Herrn"
erarbeiten anhand eines Lesetextes die Bedeutung von Epiphania in der orthodoxen Kirche	Textbegegnung + - bearbeitung	Lesetext „Epiphania"
vergleichen die Festgestaltung in der orthodoxen Kirche mit unserer Festgestaltung in der katholischen Kirche	Gruppenarbeit	
stellen ihre Ergebnisse **anschaulich dar**	Präsentation	
stimmen zusammen mit den orthodoxen MitschülerInnen in die Feier **ein**	Feierritual	Gebäck

Vorwissen zum Fest „Dreikönig/ Erscheinung des Herrn" assoziieren

Angeregt durch die Bildkarte aus der letzten Stunde wiederholen die Schülerinnen und Schüler, was sie sich vom Fest „Dreikönig/ Erscheinung des Herrn" haben merken können, z.B. Die Sternsinger ziehen in Erinnerung an die Sterndeuter/ Könige von Haus zu Haus … Sie bringen den Segen in die Häuser und schreiben ihn auf die Türstöcke … sie sammeln für Kinder in der Welt …

Die Bildkarte zum Fest Epiphanie/ Dreikönig finden Sie auf der CD- Rom

Orthodoxe MitschülerInnen befragen und auf die unterschiedlichen Feiern von Weihnachten in unseren Kirchen aufmerksam werden

Ein Impuls der Lehrkraft kann Interesse bei den Schülerinnen und Schülern wecken, wie orthodoxe Christen dieses Fest feiern, z.B. *In unserer Religionsgruppe sind auch Kinder, die orthodox sind – so wie wir römisch-katholisch sind. Hast du eine Idee, wie sie Weihnachten/ Dreikönig feiern? Hast du sie schon einmal gefragt?*

Die Bedeutung von Epiphania in der orthodoxen Kirche erarbeiten

In der Weiterführung der vorausgehenden Frage beschäftigen sich die Schülerinnen und Schüler nun mit einem Informationstext zur Festgestaltung in der orthodoxen Kirche. Sie lesen zunächst gemeinsam und laut den Text, den sie dann in Einzelarbeit noch bearbeiten, indem sie das Wichtigste unterstreichen.

Einen Infotext zur Festgestaltung in der orthodoxen Kirche finden Sie auf der CD- Rom

Die Festgestaltung in der orthodoxen Kirche mit unserer Festgestaltung in der katholischen Kirche vergleichen

Im Anschluss an das gemeinsame Lesen können die Schülerinnen und Schüler noch (An-)Fragen stellen bevor sie sich mit den Arbeitsaufträgen beschäftigen.

Die Ergebnisse anschaulich darstellen

Die erstellten Tabellen werden miteinander verglichen und weitere Fragen mit den orthodoxen MitschülerInnen besprochen und nach Möglichkeit geklärt.

In die Feier mit den orthodoxen MitschülerInnen einstimmen

Abschließend kann mit einer kleinen gemeinsamen Feier der Unterricht enden. Rezepte für Kutja finden sich im Internet.

Ein einfaches Rezept für Kutja finden Sie auch auf der CD- Rom

Material auf der CD-Rom:

- Bildkarte „Dreikönig/ Erscheinung des Herrn“; Lesetext „Epiphania“ und Kutja-Rezept

Lernarrangement 2 (BT, JC)

Grundlegende Kompetenz Gegenstandsbereich „Bibel und Tradition"

Die Schülerinnen und Schüler beschreiben die besondere Bedeutung der Bibel für die Weitergabe und Ausübung des Glaubens und bringen ihre Wertschätzung der Heiligen Schrift zum Ausdruck. Sie setzen die grundlegende Erzählung von der Befreiung des Volkes Israel aus Ägypten sowie die Weisungen der Zehn Gebote in Beziehung zu eigenen Erfahrungen, um Vertrauen für ihr Leben zu gewinnen.

Lernbereich 6. Mit Gott auf dem Weg – Glaubenserfahrungen des Volkes Israel

Kompetenzerwartungen:
Die Schülerinnen und Schüler

- stellen die Erzählung vom Exodus des Volkes Israel in ihren Grundzügen dar, verstehen sie als Glaubenszeugnis von Gottes rettendem und befreienden Handeln und setzen sie in Bezug zu eigenen Erfahrungen (V, U, K)
- erschließen den Dekalog als Weisung für das Volk Israel und deuten ausgewählte Gebote als Hilfen für ein gelingendes Leben (V, U, K, T)
- verstehen die Erzählung vom Exodus in ihrer herausragenden Bedeutung für Juden als Schlüsselerfahrung ihres Glaubens an Gott (V, U, K)

Grundlegende Kompetenz Gegenstandsbereich „Jesus Christus"

Die Schülerinnen und Schüler verstehen Jesu Handeln im Zusammenhang mit seiner Botschaft vom Reich Gottes. Sie stellen dar, wie Menschen aller Zeiten dem Beispiel Jesu folgen und entdecken darin Leitimpulse für ihr eigenes Handeln. Sie setzen sich mit Erfahrungen und Fragen nach Leid und Tod auseinander und entdecken im Glauben an die Auferweckung Jesu Christi Hoffnungsperspektiven für ihr Leben.

Lernbereich 8. Jesus, der Christus – Leben, Leiden, Tod und Auferstehung

Kompetenzerwartungen:
Die Schülerinnen und Schüler

- stellen Fragen nach Leid und Tod und diskutieren unterschiedliche Antwortversuche (V, K)
- legen Leiden und Tod Jesu aus als Konsequenz seiner Liebe zu den Menschen und seines Vertrauens auf das Handeln Gottes; sie deuten die Auferweckung als rettendes Handeln Gottes an Jesus (W, V, U, K)
- verstehen, dass das Glaubenszeugnis von Leben, Tod und Auferweckung Jesu für Christen der Grund ihrer Hoffnung und Zuversicht ist (W, V, K)
- nehmen christliche Bilder und Symbole der Zuversicht wahr und gestalten ihre Hoffnungsvorstellungen in eigenen Ausdrucksformen (W, U, G, K, T)

Didaktische Grundlegung

Begründung des inhaltlichen Vorgehens im Lernarrangement 2:

Nachdem die Schülerinnen und Schüler im vorangegangenen Lernarrangement im Blick auf Not oder Ausgrenzung Perspektiven für Frieden und Gerechtigkeit entwickelt haben, können sie sich vor dem Hintergrund der Botschaft von Weihnachten und der eigenen Lebenswirklichkeit mit einer zentralen Geschichte des AT auseinandersetzen: Dem Exodus. In diesen Texten geht es nicht um ein geschichtliches Phänomen, sondern um existentielle Fragestellungen, um den Glauben an Gott, sein Wirken in und durch Menschen. Es geht um Perspektiven der eigenen Befreiung aus niederdrückenden Mächten, aus Fremdbestimmung und Perspektivlosigkeit, die zum Handeln anregen und führen. Die Schülerinnen und Schüler der 4. Jgst. kennen solche Erfahrungen aus der eigenen, kindlichen Wirklichkeit, an die hier angeknüpft werden kann.

Wenn Mirjam Gott für die Befreiung des Volkes Israel preist, dann ist ihr Gesang und Tanz Ausdruck des Glaubens und der Gottesbeziehung, die Menschen mit Hilfe der biblischen Texte weitergeben wollen. Sie können Ausgangspunkt für eine Arbeit am Gottesbild der Schülerinnen und Schüler mit Texten sein, in denen Israel seine Glaubens- und Gotteserfahrungen im Exodus weiterträgt. An ihnen kann deutlich werden, was immer wieder im Blick auf ein christliches Gottesbild wahrgenommen, erfahren, bedacht und zum Ausdruck gebracht wird: Gott ist da, er ist verlässlich, ihm kann man vertrauen, Menschen nehmen wahr, dass er rettet und befreit, seine Weisungen sind Hilfen zum Leben.

In diesem Zusammenhang verstehen die Schülerinnen und Schüler die 10 Gebote als Hilfen für gelingendes Leben, um die von Gott geschenkte und ermöglichte Freiheit zu bewahren. Wenn im Dekalog an den Exodus erinnert wird, werden Gottes Weisungen als Lebensworte verständlich, aus denen das Liebesgebot erwachsen kann.

Auch wer sich von Gott geliebt weiß, kommt nicht umhin, sich existenziellen Fragen nach dem Leben, nach Leid und Tod zu stellen. Leid und Vergänglichkeit sind den Schülerinnen und Schülern aus vielen Alltagserfahrungen präsent und lösen immer wieder neu Fragen aus, die unbeantwortet bleiben. Sie kennen die „kleinen Tode im Alltag“. Die Schülerinnen und Schüler setzen sich mit eigenen Fragen und Antwortversuchen zum Thema Tod und Leid auseinander und im Wissen darum, dass sich diese letztlich nie ganz beantworten lassen, finden sie Orientierung und Begleitung mit Hilfe von Psalmworten. Sie verbalisieren Trauer, Verlorenheit, aber auch Hoffnung und Trost im eigenen Lebensumfeld, die vor Gott getragen werden können. Wenn im Neuen Testament von Jesu Nähe zu den Menschen gesprochen wird und Menschen diese auch in Heilungswundergeschichten zu deuten suchen (z.B. Lk 5,12ff), zeigt sich auch in ihm die Nähe Gottes mitten unter den Menschen. Für diese Nähe zu allen Menschen trägt Jesus letztlich auch Leid und Kreuz im Vertrauen auf Gott, der Christen trotz der Passion durch das Zeichen der Auferweckung deutlich werden lässt, dass der Tod nicht das letzte Wort hat und die Nähe Jesu und Gottes zu den Menschen stärker ist als Leid, Versagen, Ängste und Hoffnungslosigkeit. Die Schülerinnen und Schüler begegnen in diesem Kontext Jesu Leiden und Tod als Konsequenz seiner Liebe zu den Menschen und deuten seine Auferweckung als rettendes Handeln Gottes an ihm. Sie verstehen, dass für sie und alle Christen das Glaubenszeugnis von Leben, Tod und Auferweckung Jesu Grund von Hoffnung und Zuversicht ist.

Für die Schülerinnen und Schüler entsteht so in diesem Lernarrangement eine Verbindung zwischen Exodus, existentiellen Fragestellungen, Jesu Botschaft und seinem Handeln und der österlichen Auferweckung. Sie nehmen christliche Bilder und Symbole der Zuversicht wahr und finden eigene Ausdrucksformen für die Gestaltung von Hoffnungsbildern.

1. Stunde: „Weihnachten – mit Jesus kommt Licht und Heil in unsere Welt" W,V
Die Schülerinnen und Schüler haben sich in den letzten Stunden vor Weihnachten nochmals mit dem Weihnachtsfestkreis im Blick auf dessen Brauchtum beschäftigt und den Horizont geweitet auf Christen in der orthodoxen Kirche und deren Feiertraditionen. Daran anknüpfend begegnen sie nun dem biblischen Simeon, der sein Leben lang auf die Geburt des Messias gewartet hat und diesen in Jesus erkennt. Daran kann ihnen exemplarisch deutlich werden, dass menschliches Leben oft durch Erwartung geprägt und auf Rettung hin ausgerichtet ist.

2. Stunde: „Mose erzählt seine Geschichte" V,W
Am Beispiel des Simeon haben die Schülerinnen und Schüler eine biblische Figur kennengelernt, die ihr Leben lang nicht aufgegeben hat, auf Rettung zu hoffen. Dieses Hoffen auf Rettung in unterschiedlichen Lebenssituationen begegnet den Schülerinnen und Schülern nun wieder in der Auseinandersetzung mit der Exoduserzählung des Alten Testamentes. Am Beispiel des Mose, der exemplarisch für sein unterdrücktes Volk steht, spüren sie dessen Hoffnung auf ein neues, freies Leben nach und stellen gleichzeitig die Frage nach Gott als dem Retter seines Volkes.

3. Stunde: „Jonathan hört die Mose-Geschichte vom Volk Israel: Wer auf Gott hofft, wird nicht enttäuscht…" V,W
Aus der vergangenen Stunde kennen die Schülerinnen und Schüler bereits die Väter-Geschichte, die Jonathan von seinem Vater erzählt wird und haben von der Person des Mose erfahren. Sie können dessen Enttäuschung und Mutlosigkeit, aber auch seine Hoffnung auf Gottes Hilfe nachvollziehen. In der Begegnung mit der Dornbuscherzählung, die von Jonathans Vater erzählt wird, eröffnet sich eine neue Perspektive, die für die Schülerinnen und Schüler Gottes Handeln und Gottes Rolle in der Rettung seines Volkes Israel nochmals neu akzentuieren kann. Mose erfährt Gott als einen, der an seiner Seite steht, aber nicht stellvertretend für ihn handelt. Darin kann den Schülerinnen und Schülern aufgehen, welche Erfahrung Mose und andere Menschen mit Gott machen: Wer auf IHN hofft und IHM vertraut, wird nicht enttäuscht!

4. Stunde: „Wie wird es weitergehen? – Was wird Mose machen?" V,K,U
Im Rückgriff auf die fiktiven Briefe des Mose an sein Volk aus der letzten Stunde machen sich die Schülerinnen und Schüler nochmals die Veränderung bewusst, von der Jonathans Vater erzählt. Die Erfahrung der Begegnung mit Gott am Dornbusch hat etwas bewirkt. In verschiedenen Gruppen sammeln sie Argumente dafür, was Mose tun könnte und stellen sich diese gegenseitig vor. Der Blick in die Bibel weitet die Erzählperspektive auf die Rettung des Volkes hin, wenn die Schülerinnen und Schüler erfahren: Mose macht sich im Vertrauen auf seinen Gott Jahwe, der mitgeht, auf den Weg nach Ägypten.

5. Stunde: „Das Volk in Ägypten vertraut auf Mose und seinem neu gewonnenen Gottesbild" V,U
Die Schülerinnen und Schüler vergewissern sich zu Beginn der Stunde nochmals der Zusage Jahwes als dem Mitgehenden, der Mose nicht allein lässt. Im Rückgriff auf die letzte Stunde benennen sie die verschiedenen Entscheidungsmöglichkeiten des Mose und positionieren sich zu derjenigen, die sie nach allen Überlegungen favorisieren. In der Weiterführung der Lehrererzählung von Jonathans Vater, der die Hoffnungsbotschaft von Mose erzählt, hören sie von dessen Rückkehr nach Ägypten und den Diskussionen im Volk Israel, die schließlich zum Aufbruch aus Ägypten führen.

6. Stunde: „Das Volk macht sich auf den Weg und kommt an…“ T,V

Angeregt durch das gemeinsame Singen eines Befreiungsliedes sammeln die Schülerinnen und Schüler nochmals die Stimmung des Volkes Israels in der Vorfreude des Auszuges von der Jonathan erfahren hat. Im Rückgriff auf die Wegbilder der ersten Einführungsstunden kann ihnen nochmals bewusst werden, dass beim rückblickenden Erzählen die Perspektive immer verändert wird. Sie verstehen so die verschiedenen Erzähltraditionen, die alle nur in der einen Gotteserfahrung münden: Jahwe ist mit uns auf dem Weg in die Freiheit!

7. Stunde: „Wir wollen nie vergessen, dass Gott uns rettet! – Juden feiern Pessach“ V,K

Im Rückgriff auf die Erinnerungen „Was wir nie vergessen wollen“ aus der Moseerzählung rekapitulieren die Schülerinnen und Schüler nochmals die Rettungserzählung aus dem Buch Exodus und stellen im Anschluss daran Überlegungen an, was die Israeliten nicht vergessen wollen. Sie überlegen, woran man sich erinnern könnte und welchen Ausdruck die Erinnerung bekommen könnte, um anschließend die Elemente des Pessachfestes mit den eigenen Ideen zu vergleichen.

8. Stunde: „Das Volk stimmt in das Lob des Mose ein: Wir sind frei!“ W,V,K

Die Schülerinnen und Schüler knüpfen mit den Psalmworten des Lobes und Dankes nochmals an die Rettungserfahrung des Volkes Israel an und stimmen ein in das Lob des Mose. In der Auseinandersetzung mit Begriffen und Impulsen rund um „Freiheit“ erspüren sie, was Freiheit bedeuten kann, wo die eigene Freiheit beginnt und endet. Das kann sie sensibilisieren für die Notwendigkeit, zwischenmenschliches Leben zu regeln.

9. Stunde: „Wir sind frei! - Und jetzt?“ K,G

Durch ein Rätsel motiviert halten die Schülerinnen und Schüler die zentralen Begriffe der letzten Stunden fest: Freiheit und Rettung. In der Weiterführung setzen sie sich nochmals ganz persönlich mit dem Begriff „Freiheit“ auseinander und philosophieren, was für sie Freiheit bedeuten kann und wie sie diese nutzen (würden). Im abschließenden Plenum wird durch die Vorstellung der eigenen Gedanken die Problematik der Freiheit nochmals deutlich.

10. Stunde: „Menschliches Zusammenleben braucht Regeln!“ K,V

Im Rückgriff auf ihre Gestaltungen der letzten Stunde bringen die Schülerinnen und Schüler nochmals das für sie Wesentliche zum Thema „Freiheit“ auf den Punkt. In der Erzählung von dem Land ohne Regeln werden sie aufmerksam, wie schwierig es sein kann, ohne Regeln auszukommen und erspüren die Notwendigkeit von Regeln für menschliches Zusammenleben. Die Aufstellung erster gemeinsamer Regeln, die sie für unverzichtbar halten, beendet die Stunde und bereitet die Auseinandersetzung mit dem Dekalog in der kommenden Stunde vor.

11. Stunde: „Der Dekalog: Ich bin der Herr, der dich aus Ägypten herausgeführt hat…!“ K,V

Die Schülerinnen und Schüler vergegenwärtigen sich nochmals anhand wichtiger Begriffe die Geschichte Israels und stellen sie in Verbindung mit der Fragestellung nach Regeln und Geboten für das Volk. Sie hören in einer Paraphrase vom Dekalog als Weisung zum Leben und erspüren, dass dieser ein Leben in Freiheit erst ermöglicht. Das kann ihre Perspektive auf den Dekalog verändern – weg von einem Gebotskatalog hin zu Weisungen für gelingendes Leben.

12. Stunde: „Gebote für uns – auch heute wichtig? - „Du sollst nicht lügen!“ K,V

Angeregt durch ein Kunstbild verbalisieren die Schülerinnen und Schüler nochmals die Erkenntnisse der letzten Stunde im Blick auf das Gottesbild und die Situation der Menschen, die sich aus dem Dekalog ableiten lassen. In den nächsten Stunden tritt der gesamte Dekalog in den Hintergrund, um den Blick gezielt auf zwei Gebote zu richten, die für die Schülerinnen und Schüler Relevanz haben – zunächst das Gebot der Wahrhaftigkeit. Dabei setzen sie sich mit einer Fallgeschichte auseinander und erarbeiten sich die Bedeutung der Wahrhaftigkeit für das eigene Leben.

13. Stunde: „Gebote für uns – auch heute wichtig? - „Du sollst nicht stehlen!“ K,V

Anknüpfend an die letzte Stunde lesen die Schülerinnen und Schüle ihre Ergebnisse des kreativen Schreibens vor und machen sich nochmals bewusst, wie gut es ist, in Freundschaften einander vertrauen zu können und ehrlich miteinander umzugehen. In der Weiterführung spielen sie selbst das Tabuspiel und erraten ein weiteres für sie relevantes Gebot – das Eigentumsgebot. In der Fortsetzung der Geschichte von Vanessa und Marie wird ihnen bewusst, wie wichtig es ist, eigenes und fremdes Eigentum zu schützen.

14. Stunde: „Immer wieder können Menschen nicht glauben, dass Gott sie begleitet – Jesus erinnert sie daran mit seiner Botschaft und seinem Tun“ W,V

Im Rückgriff auf die bereits bekannten Psalmworte der Klage sammeln Schülerinnen und Schüler menschliche Situationen, in denen solche Klageworte passen. Nachdem sie festgestellt haben, dass es solche Situationen der Not und Gottferne sowohl in der Vergangenheit als auch in der Gegenwart gibt, richten sie ihren Blick auf die Situation zur Zeit Jesu, in der die Menschen sich auch von ihrem Gott verlassen gefühlt haben. Sie spüren der Hoffnung nach, die Jesu Botschaft und Jesu Tun den Menschen damals machte.

15. Stunde: „Im Sturm des Lebens auf der Suche nach Halt“ K,W

Durch verschiedene Begriffe erinnern sich die Schülerinnen und Schüler an die Jonathanerzählung der letzten Stunde. Im Nacherzählen machen sie sich nochmals die Sorgen und Unsicherheiten der Menschen zur damaligen Zeit bewusst. In der Weiterführung erinnern sie verschiedene belastende und problematische Lebenssituationen, die sie selbst wie alle Menschen auch heute immer wieder erleben und benennen diese. Dazu erschließen sie sich die Metapher „Sturm des Lebens“. Zudem gehen sie der Frage nach, was in diesen Krisensituationen stabilisiert und Sicherheit gibt und geben diesen Erfahrungen Ausdruck in einem Bodenbild (Blätter – Sturm und Stamm, der Halt gibt).

16. + 17. Stunde: Exkurs Ästhetisches Lernen mit Bildern W, G, K

Nachdem die Schülerinnen und Schüler bereits in mehreren vorangegangen Unterrichtseinheiten Erfahrungen mit Bildern in rezeptiver und kreativer Bearbeitung gemacht haben, soll nun in den nächsten drei Stunden ein Vertiefen und Konsolidieren ästhetischen Lernens anhand von Bildern gezielt (weiter-)verfolgt werden, die sich mit der neutestamentlichen Seesturmperikope auseinandersetzen: Angst haben, Hilfe suchen, gerettet werden. Hierbei entwickeln die Schülerinnen und Schüler Teilkompetenzen (weiter), sich mit Bildern wahrnehmungs-, erfahrungs-, interessen- und überzeugungsgeleitet, also individualisiert auseinander zu setzen.

18. Stunde: „Auch Menschen heute erleben Angst, Leid und Not“ W,K

In der Begegnung und Auseinandersetzung mit der Perikope vom Seesturm haben die Schülerinnen und Schüler bereits eigene Situationen von Angst und Not identifiziert. Not, Leid und Tod begegnen den Schülerinnen und Schülern in vielfältiger Weise: In den Medien, aber auch im Alltag der eigenen Familie oder in Begegnungen in ihrem Lebensumfeld. Angeregt durch Bilder aus den täglichen Medien und Zeitschriften erzählen die Schülerinnen und Schüler sich gegenseitig von Leidsituationen, die sie persönlich bereits erfahren oder von denen sie gehört haben und bringen dadurch ausgelöste Gedanken und Fragen in einer Sprechblase zu dem ausgewählten Bild zur Sprache.

19. Stunde: „Not und Verzweiflung vor Gott bringen – Arbeit mit Psalmworten“ W,G

In der Auseinandersetzung mit Bildern aus den Zeitschriften haben die Schülerinnen und Schüler verschiedene Situationen von Leid, Not und Tod kennen gelernt. Oft machen uns solche Nachrichten und Schlagzeilen sprachlos. Die bildhafte Sprache der Psalmen dagegen bietet Worte für unterschiedlichste Leid- und Notsituationen des täglichen Lebens. Indem die Schülerinnen und Schüler sich mit Psalmworten auseinander setzen und eine Geschichte zu einem ausgewählten Psalmwort schreiben, erspüren sie die Tiefe, die in der metaphorischen Sprache der Psalmen liegt und eine Möglichkeit bietet, das eigene Leben in allen Lebenslagen vor Gott zu bringen.

20. – 24. Stunde: „Vanessas Oma ist tot“ (Lernaufgabe) W,V,K,U,G,T

Anknüpfend an die Vorstunden bringen die Schülerinnen und Schüler ein ausgewähltes Psalmwort in Verbindung mit einem Bildimpuls. In der Weiterführung hören sie in einer Lehrererzählung, dass Vanessas Oma gestorben ist. Die Erzählung selbst, aber auch ihre eigenen Gedanken und Fragen führen zur Entwicklung einer Lernaufgabe, in der die Schülerinnen und Schüler die Möglichkeit haben, diesen nachzugehen und mögliche Antworten zu suchen.

25. Stunde: „Warum lässt Gott das Leid zu? – die Theodizeefrage“ K,V,U

In der Lernaufgabe haben sich die Schülerinnen und Schüler intensiv mit der Frage nach dem Tod beschäftigt. Dabei war der Zugang durch den Tod einer alten Frau für die Schülerinnen und Schüler leichter nachvollziehbar. Beim Blick in unsere Welt jedoch stellt sich in vielen Bereichen die Theodizeefrage: Warum lässt der gute Gott all dieses Leid zu? In der Auseinandersetzung mit dieser Frage und den Epikuräischen Antwortversuchen erspüren die Schülerinnen und Schüler ihre eigene Verantwortung für das Leid in der Welt und erahnen die Konsequenz der Freiheit, die Gott den Menschen lässt.

26. Stunde: „Jesus zeigt: Gott steht auf der Seite der Leidenden – die Heilung eines Aussätzigen (Lk 5,12-14)“ W,V,G

In Erinnerung an das Gebet der letzten Stunde machen sich die Schülerinnen und Schüler nochmals bewusst, dass jede und jeder selbst aufgerufen ist, sich für Gerechtigkeit und die Beseitigung von Leid und Not einzusetzen. Auch zur Zeit Jesu gab es Not und Leid. Beides wurde damals manchmal als Strafe Gottes gedeutet, was Jesus in seinem Reden und Handeln eindeutig verneint. Auch die Schülerinnen und Schüler haben sich bereits mit dieser These auseinander gesetzt. In der Erzählung von der Heilung eines Aussätzigen hören sie nun von Gott als einem, der auf der Seite der Leidenden steht. In Jesus zeigt er zeichenhaft, dass er nicht will, dass Menschen leiden und schenkt in der Begegnung mit ihm Hoffnung und Rettung.

27. „Jesus hält Leid aus und überwindet es – er vertraut auf Gott" U,G

Mit einer Positionierung knüpfen die Schülerinnen und Schüler an die Problematik des Handelns Jesu an und spüren nach, dass er bereit war - im Vertrauen auf Gott - seinen Weg der Liebe zu den Menschen bis zum Ende zu gehen. Diesen Weg der letzten Tage Jesu bis zu Kreuz und Auferstehung legen und erzählen die Schülerinnen und Schüler eigenständig nach. Sie stimmen ein in die Freude darüber, dass Jesus mit seiner Auferstehung Leid und Tod überwunden hat.

28. Stunde: „Im Hause meines Vaters gibt es viele Wohnungen" V,K,G

Zu Beginn der Stunde stimmen die Schülerinnen und Schüler nochmals in die Freude der Auferstehung Jesu mit dem österlichen Halleluja ein. Anschließend gehen sie der Frage nach, wo sich diese Freude ausdrückt und welche Bilder der christliche Glaube vom neuen Leben nach dem Tod hat. Dazu recherchieren sie in verschiedenen Quellen und stellen ihre Ergebnisse einander vor. Diese bilden die Grundlage für kreatives Gestalten eigener Hoffnungssteine.

29. Stunde: evtl. Friedhofsexkursion T

Nachdem die Schülerinnen und Schüler sich in der letzten Stunde mit Hoffnungszeichen und –texten beschäftigt haben, wäre es abschließend schön, mit ihnen auf den Friedhof zu gehen und nach solchen Zeichen zu suchen. Alternativ könnte eine Powerpointpräsentation Hoffnungssteine des Friedhofes im Klassenzimmer präsent machen...

30. + 31. Stunde: Projekt – Hoffnungsbilder gestalten (Projekt) T, G

Die Schülerinnen und Schüler haben in der Auseinandersetzung mit Grabsteinen verschiedene Hoffnungszeichen und Symbole entdeckt. Daran anknüpfend unternimmt die Lerngruppe ein Kreativitätsspiel, in dem die Spieler bestimmten Begriffen gewisse Farben und Formen zuweisen sollen. Die Farb- und Formauswahl muss begründet werden. Eine sog. Bewertungsgruppe verteilt Punkte aufgrund der Faktoren „Nachvollziehbarkeit" und „Stimmigkeit der Begründung".

1. Stunde: „Weihnachten – mit Jesus kommt Licht und Heil in unsere Welt"

Die Schülerinnen und Schüler haben sich in den letzten Stunden vor Weihnachten nochmals mit dem Weihnachtsfestkreis im Blick auf dessen Brauchtum beschäftigt und den Horizont geweitet auf Christen in der orthodoxen Kirche und deren Feiertraditionen. Daran anknüpfend begegnen sie nun dem biblischen Simeon, der sein Leben lang auf die Geburt des Messias gewartet hat und diesen in Jesus erkennt. Daran kann ihnen exemplarisch deutlich werden, dass menschliches Leben oft durch Erwartung geprägt und auf Rettung hin ausgerichtet ist.

Die Schülerinnen und Schüler	Didaktik - Methoden	Medien
philosophieren zur Aussage „Für Gott ist nichts unmöglich!"	Philosophieren	Wortkarte, Krippe mit Jesuskind,
assoziieren ihre Erfahrungen zum Fest „Weihnachten"	Plenum, Erzählrunde	Kerze, rundes dunkles Tuch, Bänder als Strahlen, Teelichte
begegnen der biblischen Person des Simeon und **erspüren** dessen Sehnsucht nach und Hoffnung auf einen Retter	Lehrererzählung	Text biblische Erzählung „Simeon" nach Lk 2, 25 - 35
deuten die **Glaubensaussagen**, die Simeon über Jesus macht	Textarbeit Cluster, Diskussion	Schriftrolle groß
formulieren ihre Fragen, aber auch Hoffnungen und Wünsche im kreativen Schreiben	Kreatives Schreiben	AB: „Mein Brief an das kleine Kind in der Krippe..."

Zur Aussage „Für Gott ist nichts unmöglich!" philosophieren

Die Schülerinnen und Schüler versammeln sich zum Anfangsritual im Stuhlkreis um ein rundes, dunkles Tuch und die Kerze. Zunächst äußern sie sich nur zu ihrer aktuellen Befindlichkeit, da sie später noch von den Ferien erzählen dürfen. So oder ähnlich kann die Lehrkraft dazu einladen: *Wir haben uns lange nicht gesehen. Ich freue mich, dass ihr nach den Ferien wieder alle da seid (hoffentlich!) und bin gespannt, wie es euch geht. Nimm ein entsprechendes Symbol aus dem Korb und erzähle kurz, wie es dir geht!*

In der Weiterführung legt die Lehrkraft eine Wortkarte in die Mitte:

Material AUF CD-ROM

Die Wortkarte finden Sie auf der CD- Rom

Die Schülerinnen und Schüler philosophieren ganz frei zu dieser Wortkarte, z.B. Ich glaube, dass Gott alles machen kann.... Ich bete und hoffe, Gott erhört mich .... Gott schenkt uns diese Welt – für ihn ist nichts unmöglich...
Evtl. kann die Lehrkraft als Anregung auch eine kleine Krippe in die Mitte zur Wortkarte stellen, so dass die Schülerinnen und Schüler evtl. weiter philosophieren, z.B. Gott kommt sogar als kleines Kind in die Welt ... Gott verzichtet auf seine Macht und Stärke ... er macht sich klein, er wird arm und hilflos als Kind geboren ...

Erfahrungen zum Fest „Weihnachten" assoziieren
Anknüpfend an die vorausgegangenen Aussagen kann die Lehrkraft einladen, von den eigenen Feierritualen der Weihnachtsferien zu erzählen, z.B. *Dieses Ereignis, dass Gott sich klein macht, Mensch wird, zu uns auf die Erde kommt in Jesus, das habt ihr sicher auch daheim gefeiert. Wer von euch erzählen will, darf dazu ein Teelicht an unserer Kerze in der Mitte entzünden. Wenn er sie auf einem Band abgestellt hat, darf der rechte Nachbar weiter erzählen oder nur in Stille ein Teelicht entzünden...*

Der biblischen Person des Simeon begegnen und dessen Sehnsucht nach und Hoffnung auf einen Retter erspüren
Hinführend zur biblischen Erzählung des Simeon kann die Lehrkraft nochmals einladen zu verbalisieren, wie sich die Mitte verändert hat, z.B. *Wenn du in unsere Mitte schaust, hat sich dort einiges verändert!* Die Schülerinnen und Schüler beschreiben, z.B. es ist viel heller geworden ... das dunkle Tuch ist von hellen Strahlen ganz hell ... die Lichter sind schön ...
So oder ähnlich kann die Lehrkraft fortfahren und dazu evtl. Eglifiguren zu dem Kind in der Krippe stellen:

Lehrererzählung: „Zu der Zeit als Jesus geboren wurde, lebte ein alter Mann: Simeon..."

Die Lehrererzählung zu Lk 2 finden Sie auf der CD- Rom

Glaubensaussagen, die Simeon über Jesus macht, deuten
Im Anschluss an die Erzählung lädt die Lehrkraft ein, zunächst Verständnisfragen zu klären und dann die Erzählung nochmals mit eigenen Worten zu wiederholen, z.B. *In der Mitte auf unserem Tuch siehst du Egli-Figuren: Maria, Josef und Jesus und auch Simeon. Du darfst ihnen deine Stimme leihen! Wenn du möchtest, nimm eine der Figuren in die Hand und lass sie erzählen!*
Nach der Erzählung legt die Lehrkraft das Bekenntnis des Simeon über Jesus auf einer Schriftrolle in die Mitte. Die Schülerinnen und Schüler lesen dieses nochmals vor:

„Nun lässt du, Herr, mich, deinen Knecht, wie du gesagt hast,
in Frieden bis zu meinem Ende weiterleben; denn heute haben meine Augen in Jesus
das Heil gesehen, das du den Völkern geschenkt hast.
Jesus ist wie ein Licht, das für alle Menschen leuchtet, und Herrlichkeit für das Volk Israel."
nach Lk 2, 29- 32

Das Bibelzitat auf einer Schriftrolle finden Sie auf der CD- Rom

Anschließend werden weitere Kopien an jede Tischgruppe verteilt. So oder ähnlich kann die Lehrkraft zur Arbeit überleiten, z.B. Was Simeon da sagt, ist gar nicht so leicht zu verstehen. Vielleicht verstehst du, was er meint, vielleicht auch nicht. Tauscht euch in der Gruppe aus und schreibt um dieses Bibelzitat herum eure Gedanken wie in einem Cluster!
Nach der Gruppenarbeit werden die Gedanken der Schülerinnen und Schüler nochmals zusammen getragen und festgehalten, z.B. für Simeon ist Jesus einer, der Frieden bringt ... Gott hat Simeon nicht enttäuscht – er schickt seinen Sohn als Hoffnungszeichen, auf das Simeon gewartet hat ... Jesus ist wie ein Licht für Simeon ... Simeon freut sich bestimmt schon, was Jesus tun und sagen wird, wenn er erwachsen ist ... Jesus kommt zum ganzen Volk Israel ...

Eigene Fragen, aber auch Hoffnungen und Wünsche im kreativen Schreiben formulieren
Die Lehrkraft kann die verschiedenen Aussagen bündeln und überleiten zum eigenen kreativen Schreiben, z.B. *Es ist wirklich erstaunlich, was Simeon über Jesus aussagt, welche Hoffnung dieses kleine Kind ihm macht und wie sehr er sich über seine Geburt freut. Vielleicht hat er – hast du – aber auch Fragen an das Kind. Ich lade dich ein, deine Gedanken aufzuschreiben. Verschiedene Satzanfänge helfen dir dabei...*

AB zum Kreativen Schreiben „Du kleines Kind...."

Eine Stuhlkreisrunde, in der jeweils nach dem Klang einer Klangschale ein Kind seine Gedanken vorliest, kann die Stunde meditativ abschließen.

Material auf der CD-Rom:

- Lehrererzählung, Vorlage Schriftrolle, Wortkarte, AB

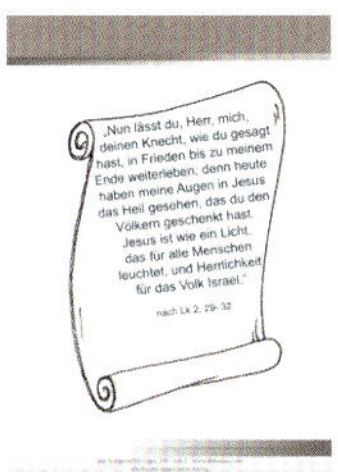

„Für Gott

ist nichts unmöglich!"
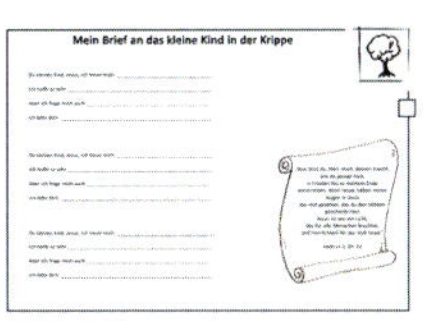

2. Stunde: „Mose erzählt seine Geschichte"

Am Beispiel des Simeon haben die Schülerinnen und Schüler eine biblische Figur kennengelernt, die ihr Leben lang nicht aufgegeben hat, auf Rettung zu hoffen. Dieses Hoffen auf Rettung in unterschiedlichen Lebenssituationen begegnet den Schülerinnen und Schülern nun wieder in der Auseinandersetzung mit der Exoduserzählung des Alten Testamentes. Am Beispiel des Mose, der exemplarisch für sein unterdrücktes Volk steht, spüren sie dessen Hoffnung auf ein neues, freies Leben nach und stellen gleichzeitig die Frage nach Gott als dem Retter seines Volkes.

Die Schülerinnen und Schüler	Didaktik - Methoden	Medien
fassen die Kernaussage der letzten Stunde **zusammen**	Stuhlkreis Erzählrunde	Wortkarte: „Für Gott ist nichts unmöglich!"
lernen Mose als einen Mann aus dem Volk Israel **kennen**	Lehrererzählung	Evtl. Egli-Figuren Jonathan und sein Vater
skizzieren in eigenen Worten die Situation der Unterdrückung des Volkes Israel in Ägypten	Nacherzählen in Partnerarbeit	Lehrererzählung
spüren nach, was Mose bewegt, wie er sich fühlt und was er entdeckt	Fragetopf Empathieübung	Mose auf dem „heißen Stuhl"
geben den enttäuschten und mutlosen Gefühlen Moses in Psalmworten und deren Gestaltung **Ausdruck**	Gebetselement	Psalmworte

Die Kernaussage der letzten Stunde zusammenfassen

Versammelt im Stuhlkreis wiederholen die Schülerinnen und Schüler anhand der Wortkarte nochmals die Erzählung aus der letzten Stunde von Simeon.

Material AUF CD-ROM

Die Wortkarte finden Sie auf der CD- Rom

In den folgenden Unterrichtseinheiten wird immer wieder über die Person des Jonathan und seines Vaters, die z.Zt. Jesu am See Gennesaret leben, und von den Erfahrungen der Menschen gesprochen, die die Geschichten um Mose und den Exodus weiterzählen.
Dabei ist nicht die historische Anfrage an diese Texte des Ersten Testaments im Blick, die letztlich als aus verschiedenen Überlieferungssträngen in späteren Jahrhunderten komponierte und als Zug um Zug zusammengesetzte entstanden sind. „Die historische Einordnung der Geschehnisse im Buch Exodus ist sehr schwierig... Wahrscheinlich ist der symbolische Gehalt dieser Aussagen größer als ihr historischer Wert... Wahrscheinlich war es nur eine Randepisode an der Grenze einer damaligen Großmacht, die den israelitischen Glauben an Jahwe als einen Gott, der in die Freiheit führt und irdischen Mächten überlegen ist, begründet“[1] Vor diesem Hintergrund geht es in unserem Kontext des Lernarrangements 2 um die Bedeutung einiger zentraler Textpassagen für die Menschen damals wie heute.
Für die Schülerinnen und Schüler soll mit Hilfe der Erzählperspektive, die hier angeboten wird, deutlich und nachvollziehbar werden, wie die in der Bibel vorliegenden Offenbarungsschriften zu allen Zeiten im Alltag wirksam werden können. Sie werden virulent, hilfreich und Hoffnung spendend, wenn sie weitererzählt und nachempfunden und auf diese Weise als Glaubensaussagen erfahren werden. So wie Jonathan, sein Vater und dessen Vorfahren sind auch die Schülerinnen und Schüler eingebunden in einen Erfahrungs- und Glaubenszusammenhang, der als wahrhaftig, erfahrbar und den Glauben jedes Einzelnen fördernd erlebt werden kann, wenn es gelingt, die „alten“ Glaubenserfahrungen in der Gegenwart lebendig werden zu lassen. Dass dies möglich ist, zeigen die Jahrtausende alten Traditionen im Umgang z.B. mit den Exodus-Texten. Daran soll mit Hilfe der folgenden Teile der Lehrererzählung immer wieder angedockt werden.

---

1 Hans Zirker, Georg Hilger u.a., Zugänge zu biblischen Texten, 4. Aufl. 2000, S. 123f

Mose als einen Mann aus dem Volk Israel kennenlernen
In der Weiterführung stellt die Lehrkraft den Schülerinnen und Schülern die (Egli-)Figur(en) von Jonathan (und seinem Vater) vor und leitet zur Erzählung über: *So wie Simeon haben auch andere Menschen zu allen Zeiten Gott um Hilfe in der Not und Rettung gebeten und die Hoffnung nicht aufgegeben. In den alten Zeiten schon kannte man Geschichten, in denen Menschen von Gott und ihren Erfahrungen erzählen. Wenn Not war und Hoffnungslosigkeit, Angst und Furcht die Menschen bedrängten, wurden solche Geschichten von einem zum anderen weitererzählt, damit alle so wie Simeon verstehen und glauben können, dass Gott unsere Hoffnung und Zukunft ist, dass Gott für jeden Einzelnen Befreiung ist, wenn er erfährt, dass Gott ihm nahe ist. Auch zur Zeit Jesu haben Menschen sich gefragt, wo Rettung und Hilfe in Not zu erwarten ist. Es könnten Menschen wie Jonathan und sein Vater gewesen sein, die damals lebten, die von den Mutmach- und Hoffnungsgeschichten z.B. von Mose und dem Exodus hörten oder sie erzählten. Damals wie auch heute noch können uns diese Geschichten, die uns in der Bibel begegnen und von Gott und den Menschen erzählen, stärken. Sie können unseren Glauben vermehren, so dass wir gewiss sein können, dass wir Probleme und Ängste bewältigen können. Hört selbst, was es über Jonathan und seinen Vater zu erzählen gibt:*

Material AUF CD-ROM

Die Lehrererzählung(en) „Jonathans Vater erzählt...“ finden Sie auf der CD- Rom

Die Situation der Unterdrückung des Volkes Israel in Ägypten skizzieren
Die Lehrkraft lädt nun ein, die Geschichte nochmals mit eigenen Worten zu erzählen, z.B. *Ihr habt gehört, was Jonathan über Mose und sein Volk in Ägypten erfährt. Setzt euch zu zweit zusammen und erzählt euch gegenseitig, was ihr euch merken konntet! Wenn euch dabei Fragen kommen, schreibt sie auf euren Block!*

Nachspüren, was Mose bewegt, wie er sich fühlt und was er denkt
Nachdem die Schülerinnen und Schüler sich gegenseitig die Erzählung über Mose nochmals mit eigenen Worten in Erinnerung gebracht haben, versammeln sie sich wieder im Stuhlkreis. In der Mitte steht ein freier Stuhl. Die Lehrkraft lädt zum nächsten Schritt ein, z.B. *In unserer Mitte ist ein freier Stuhl. Auf diesen Stuhl darf sich setzen, wer will und so lange er will. Jeder im Außenkreis darf unseren Mose in der Mitte abklatschen und ablösen, wenn er selbst auf den Stuhl will. Alle anderen dürfen ihre Fragen stellen und er versucht, sie so gut wie möglich zu beantworten… Mögliche Fragen könnten sein: Wie hast du dich gefühlt in Ägypten? … Was war für dich besonders schwer? …. Was heißt das, die Ägypter verehren ihren Pharao wie einen Gott? … Habt ihr wirklich geglaubt, Gott verlässt und vergisst euch? … Warum hast du dich nicht mit Freunden zusammen getan? … Dachtest du wirklich, du könntest dein Volk alleine retten? … Und was ist mit eurem Gott? …*

Den enttäuschten und mutlosen Gefühlen Moses in Psalmworten und deren Gestaltung Ausdruck geben
Die Lehrkraft kann die verschiedenen Fragen und Antworten nochmals zusammenfassen und zum Psalmgebet überleiten, z.B. *Im Alten Testament finden wir im Buch der Psalmen Worte für die Gefühle, die Mose und sein Volk hatten. Gefühle, die auch Menschen zur Zeit Jonathans haben und die auch uns heute immer wieder begegnen. Gefühle, die du vielleicht auch schon erlebt und gespürt hast.*
Suche dir eines der Psalmworte aus, das solche Gefühle ausspricht und komme damit wieder in den Stuhlkreis.

Psalmworte der Klage und Not finden Sie auf der CD- Rom – in zwei Varianten:
klein für die Schülerinnen und Schüler ins Heft und groß für das Bodenbild

Um die Figur des (Egli-) Jonathan werden nun die Psalmworte gelegt, die die Schülerinnen und Schüler ausgewählt und laut ausgesprochen haben. Abschließen kann die Lehrkraft mit folgenden Worten, z.B. *Guter Gott, manchmal geht es uns wie Mose, wie Jonathan oder seinem Vater. Wir fühlen uns von allen verlassen und einsam. Wir suchen Hilfe und finden keine. Wir bitten dich: Sei du bei uns, wenn wir Trost und Hilfe brauchen. Lass uns nicht allein! Geh mit uns! Amen.*

Material auf der CD-Rom:

- Wortkarte „Für Gott ist nichts unmöglich!“, Text der Lehrererzählung, AB „Mose erzählt..."

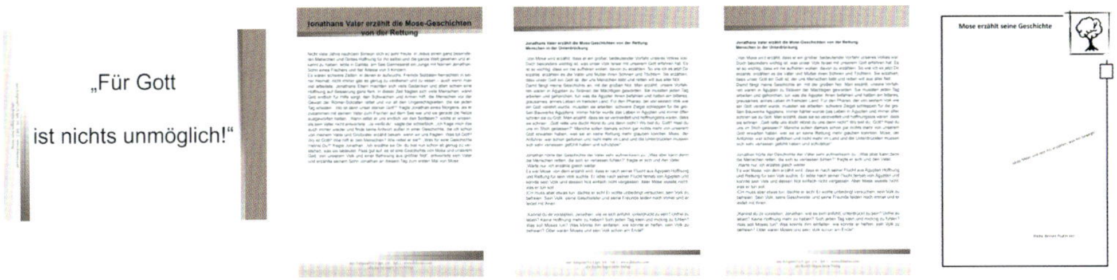

- Psalmworte zur Auswahl – für das Bodenbild und den Hefteintrag

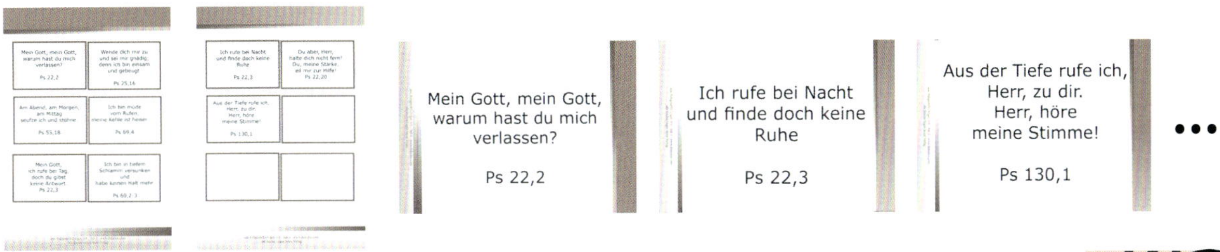

3. Stunde: „Jonathan hört die Mose-Geschichte vom Volk Israel: Wer auf Gott hofft, wird nicht enttäuscht...“

Aus der vergangenen Stunde kennen die Schülerinnen und Schüler bereits die Väter-Geschichte, die Jonathan von seinem Vater erzählt wird und haben von der Person des Mose erfahren. Sie können dessen Enttäuschung und Mutlosigkeit, aber auch seine Hoffnung auf Gottes Hilfe nachvollziehen. In der Begegnung mit der Dornbuscherzählung, die von Jonathans Vater erzählt wird, eröffnet sich eine neue Perspektive, die für die Schülerinnen und Schüler Gottes Handeln und Gottes Rolle in der Rettung seines Volkes Israel nochmals neu akzentuieren kann. Mose erfährt Gott als einen, der an seiner Seite steht, aber nicht stellvertretend für ihn handelt. Darin kann den Schülerinnen und Schülern aufgehen, welche Erfahrung Mose und andere Menschen mit Gott machen: Wer auf IHN hofft und IHM vertraut, wird nicht enttäuscht!

Die Schülerinnen und Schüler	Didaktik - Methoden	Medien
diskutieren und **verbalisieren** ihr **Vorwissen** zur Väter-Geschichte zur Situation der Israeliten in Ägypten	Kleingruppen Struktur-Legetechnik	Wortkarten mit Begriffen

bringen die Enttäuschung und Mutlosigkeit des Volkes in Psalmworten der Klage zum Ausdruck	Plenum Erzählrunde Psalmgebet	Psalmwortkarten
erfahren die Zuwendung und Zusage Gottes in der biblischen Erzählung vom brennenden Dornbusch, die Jonathans Vater erzählt	Lehrererzählung	Text der Lehrererzählung nach Ex 3,1-10 Evtl. Egli-Figuren Jonathan und sein Vater
vertiefen die theologische Aussage in der Bildbetrachtung und –erschließung	Bildbetrachtung	Bild: „Dornbusch“ von HaPe Eggerl
fassen die Hoffnungsbotschaft im kreativen Schreiben **zusammen**	Kreatives Schreiben	AB: „Mose schreibt einen Brief an sein Volk“

Das Vorwissen zur Vätergeschichte der Israeliten in Ägypten diskutieren und verbalisieren
Nach dem morgendlichen Begrüßungs- und Anfangsritual werden die Schülerinnen und Schüler eingeladen, sich in Gruppen zusammen zu finden. Die Lehrkraft lädt so oder ähnlich zur Gruppenarbeit ein: *Ihr kennt bereits die Struktur-Legetechnik: Jede Gruppe bekommt die gleiche Anzahl von Wortkarten mit verschiedenen Begriffen. Lest die Wortkarten durch! Besprecht, welche der Karten ihr auswählt und legt dazu ein Bild oder Symbol, mit dem ihr die wichtigsten Inhalte der letzten Stunde zusammenfassen könnt. Sprecht euch ab, wer was aus der Gruppe sagt und kommt in den Stuhlkreis!*
Im Stuhlkreis versammelt tragen die Gruppen nacheinander ihre Zusammenfassungen vor und erklären, warum sie die Wortkarten zu einem Bild gelegt haben, z.B. wie ein Zaun oder Gitter im Gefängnis.

Rettung	Ägypten	Mose	Hoffnungs-geschichte	Flucht
Unter-drückung	Arbeit	Väter-geschichte	Freiheit	Pharao
Jonathans Vater	Klage	Gott		

Die Wortkarten finden Sie auf der CD- Rom

Anmerkung zur Struktur-Legetechnik:
Die zentralen Begriffe eines Themas werden auf Kärtchen geschrieben und den Schülerinnen und Schülern ausgeteilt. Zunächst erläutern sie die einzelnen Begriffe. Anschließend sollen die Begriffe in einer sinnvollen Struktur gelegt werden, so dass inhaltliche Zusammenhänge deutlich werden. Diese Struktur wird erläutert und begründet.

Zitiert nach „Leistungsbewertung im kompetenzorientierten Unterricht. Beispiele und Denkanstöße“ von Cordula Blüml und Manuel Stinglhammer, Schulreferat Passau nach einem Modell von Hepting, Roland, Zeitgemäße Methodenkompetenz im Unterricht. Eine praxisnahe Einführung in neue Formen des Lehrens und Lernens, Bad Heilbrunn ^{2} 2008, 141-144.

Die Enttäuschung und Mutlosigkeit des Volkes in Psalmworten der Klage zum Ausdruck bringen
Die Lehrkraft führt weiter: *Ihr habt gut nacherzählt und euch erinnert, was Jonathans Vater über Mose und sein Volk in Ägypten erzählt. Er erzählt eine Hoffnungsgeschichte: Das Volk Israel und auch Mose geben die Hoffnung nicht auf. Immer wieder haben sie zu ihrem Gott gerufen …*
Die Lehrkraft legt die Psalmworte im Großformat in die Mitte zu den einzelnen Bildern. Die Schülerinnen und Schüler sind eingeladen, den Israeliten von damals und auch Jonathan und sich selbst ihre Worte zu leihen und die Worte der Klage auszusprechen/ zu rufen, z.B. „Mein Gott, mein Gott, warum hast du mich verlassen?“ …

Psalmworte der Klage und Not finden Sie auf der CD- Rom

Die Zuwendung und Zusage Gottes in der biblischen Erzählung vom brennenden Dornbusch erfahren
Die Lehrkraft knüpft daran an und führt weiter: *Ihr habt Worte der Klage gefunden, wenn man ohne Hoffnung ist. Vielleicht kommt dir auch manchmal – wie Mose – alles hoffnungslos und verloren vor. So endet aber die biblische Erzählung nicht! Hör zu, was Jonathans Vater ihm über Mose weiter erzählt!*

Die Lehrererzählung „Jonathans Vater erzählt die Mose-Geschichten von der Rettung: Mose am Dornbusch“ finden Sie auf der CD- Rom

In der Weiterführung lädt die Lehrkraft nach einer kurzen Runde der Nach- und Verständnisfragen dazu ein, die Erzählung und das; was sie für Jonathan und alle Menschen bedeuten kann, mit eigenen Worten wiederzugeben. Die Schülerinnen und Schüler dürfen dazu die (Egli-) Figur des Vaters/ Jonathans in die Hand nehmen und selbst erzählen lassen, z.B. Ich bin Jonathans Vater und erzähle meine Geschichte, weil … ich erinnere an die Vätergeschichte von Mose und seiner Flucht aus Ägypten ... inzwischen hatte er eine Familie ... er hütete die Schafe seines Schwiegervaters ... eines Tages geschah etwas Außergewöhnliches... er sah in der Wüste einen Dornbusch ... er brannte und verbrannte doch nicht ... die Väter erzählen: Mose hörte eine Stimme ... Ich bin der Ich-bin-da .... Sollte das Gott sein? Unser Gott Jahwe, der zu Mose sprach? .... Mose wurde ganz sicher: das war unser Gott! .... Er ist bei Mose und uns allen .... Er vergisst das Volk in Ägypten nicht .... Er handelt aber nicht für uns oder für mich, sondern ist mit uns, mit mir .... Er ist bei mir ...

Die theologische Aussage in der Bildbetrachtung und – erschließung vertiefen
Die Lehrkraft bittet die Schülerinnen und Schüler an die Plätze zurück und zeigt das folgende Kunstbild:

Material AUF CD-ROM

Das Kunstbild „Brennend“ von HaPe Eggerl finden Sie auf der CD- Rom

Folgende Impulse können bei der Erschießung des Bildes hilfreich sein:

- Wandere mit deinen Augen im Bild! Wo bleiben deine Blicke hängen? Was siehst du?
- Vielleicht verstehst du Teile des Bildes (noch) nicht. Welche Fragen hast du?
- Was im Bild kannst du deuten? Wozu kannst du mehr erzählen?
- Was mag sich der Künstler gedacht haben, als er das Bild so gestaltet hat? Was war ihm an der Geschichte über unseren Gott wichtig?

Abschließend kann die Lehrkraft nochmals die verschiedenen Aspekte zum Bild zusammenfassen, z.B. *Du siehst auf dem Bild zwei Teile: Auf der rechten Seite das Volk in Ägypten. Moses Volk in Ägypten. Tiere und Menschen sind eng zusammengedrängt. Ihre Gesichter, ihre Körper schreien nach Hilfe und Rettung. Die harte Arbeit drückt sie zu Boden...*
Auf der anderen Seite siehst du Mose. Er kniet vor dem Dornbusch. Hinter ihm steht ein großer Schatten – sein Schatten! Der Arm seines Schattens greift über den Busch hinweg nach Ägypten: Mose will etwas tun, will seinem Volk helfen, er hat ja schon alles probiert – aber er gibt nicht auf!

Und in der Mitte: Der Dornbusch, in dem Mose Gott selbst begegnet. Die Dornen sind spitz und verletzend, aber sie leuchten kräftig rot und orange. Sie ziehen sich von Mose bis hin in den Alltag Ägyptens. Gott nimmt diese Dornen nicht weg. Sie brennen, aber sie verbrennen nicht. Doch Gott ist auch nicht fern: Mitten in den Dornen, mitten im Leid und der Not ist er da. Ganz nah bei den Menschen, ganz nah bei Mose und macht ihm Mut: Wenn du dich aufmachst, dein Volk zu befreien, bin ich bei dir! Fürchte dich nicht!

Die Hoffnungsbotschaft im kreativen Schreiben zusammenfassen

Die Lehrkraft kann so oder ähnlich zum kreativen Schreiben überleiten: *Geh in Gedanken nochmals diese Stunde durch. Erinnere dich an die Psalmworte der Klage, die wir am Anfang nochmals wiederholt haben! Erinnere dich auch an die Erzählung von Jonathans Vater über Mose, die wir in der Bibel immer noch lesen können und an die Bildbetrachtung. Spür noch einmal nach: DU erfährst von der Hoffnungsgeschichte des Mose! Etwas hat sich verändert in seinem Denken, seinem Fühlen? Schreibe dazu drei Stichworte auf dein Blockblatt.*

Leg den Stift noch einmal weg und denke weiter: Wie geht die Vätererzählung weiter? Was muss Mose jetzt wohl unbedingt seinem Volk in Ägypten mitteilen? Wie könnte er diese Erfahrung mit Gott weitererzählen? Wie könnte er seinem Volk neuen Mut machen?

Wenn du genug Ideen hast, nimm deinen Stift in die Hand, schau noch einmal auf deine Stichworte und schreibe einen Brief, den Mose an sein Volk in Ägypten geschickt haben könnte!

Material AUF CD-ROM

Eine AB-Vorlage für einen Brief des Mose an sein Volk finden Sie auf der CD- Rom

Material AUF CD-ROM

Material auf der CD-Rom:

- Wortkarten zur Struktur-Legetechnik, Wortkarten Psalmworte groß, Lehrererzählung

- Bild „Brennend“ von HaPe Eggerl und AB „Mose schreibt einen Brief an sein Volk…“

4. Stunde: „Wie wird es weitergehen? – Was wird Mose machen?"

Im Rückgriff auf die fiktiven Briefe des Mose an sein Volk aus der letzten Stunde machen sich die Schülerinnen und Schüler nochmals die Veränderung bewusst, von der Jonathans Vater erzählt. Die Erfahrung der Begegnung mit Gott am Dornbusch hat etwas bewirkt. In verschiedenen Gruppen sammeln sie Argumente dafür, was Mose tun könnte und stellen sich diese gegenseitig vor. Der Blick in die Bibel weitet die Erzählperspektive auf die Rettung des Volkes hin, wenn die Schülerinnen und Schüler erfahren: Mose macht sich im Vertrauen auf seinen Gott Jahwe, der mitgeht, auf den Weg nach Ägypten.

Die Schülerinnen und Schüler	Didaktik - Methoden	Medien
vergegenwärtigen sich die Veränderung des Mose, Freude und neue Hoffnung, von der Jonathans Vater erzählt	Plenum Briefe vorlesen	AB: „Mose schreibt einen Brief…" Impulskarte: ? Wortkarte: Was könnte … Mose tun?
bedenken verschiedene Konsequenzen aus der Gotteserfahrung für Mose	Unterrichtsgespräch	Stifte, Plakate
sammeln Argumente für die verschiedenen Entscheidungssituationen und **präsentieren diese**	Gruppenarbeit Diskussion	
vergewissern sich der Zusage des mitgehenden Gottes in schwierigen Situationen	Litanei Gebetselement	Kunstbild „Brennend", Teelichter AB: „Meine Gott-ist-da-Litanei"

Sich die Freude und neue Hoffnung, die Mose erfüllt, vergegenwärtigen

Versammelt im Stuhlkreis lesen die Schülerinnen und Schüler ihre Briefe von Mose an sein Volk in Ägypten vor. Mit einem Impuls lädt die Lehrkraft ein, zusammenfassend die veränderte Situation und Stimmung des Mose zu verbalisieren: *Jonathans Vater erzählt davon, dass Mose eine Erfahrung gemacht hat, die sein Denken und Fühlen verändert hat!*

Verschiedene Konsequenzen aus der Gotteserfahrung für Mose bedenken

Weiterführend regt die Lehrkraft an zu überlegen, wie es wohl für Mose weiter gehen könnte: Das Fragezeichen und / oder die Wortkarte: „Was könnte jemand mit der Erfahrung von Mose nun tun?" wird in die Mitte gelegt.

Material AUF CD-ROM

Das Fragezeichen und die Wortkarte finden Sie auf der CD- Rom

Die Schülerinnen und Schüler vermuten, z.B. Er könnte sofort nach Ägypten gehen und mutig und stark mit Gottes Hilfe sein Volk befreien! ... Er sollte noch abwarten und erst einmal einen Plan schmieden, vielleicht auch Helfer finden, die mit ihm nach Ägypten gehen! ... Er kann auch einfach bleiben, wo er ist und warten, ob Gott sich noch einmal zeigt! ...

Argumente sammeln für die verschiedenen Entscheidungssituationen und diese präsentieren

Die verschiedenen Varianten werden auf DIN A 4 Blättern festgehalten und dienen den verschiedenen Kleingruppen als Diskussionsbasis. Die Lehrkraft leitet so oder ähnlich zum nächsten Schritt über: *Ihr habt verschiedene Ideen, was Mose tun könnte. Eure Aufgabe in den Gruppen ist es, zu überlegen, was das jeweils für Mose bedeuten könnte. Mit welchen Schwierigkeiten könnte er rechnen, was kann passieren? Überlegt Argumente, warum Mose so handeln könnte, wie es auf euren Blättern steht. Überlegt aber auch Argumente, die dagegen sprechen könnten! Bestimmt eine/n, der/die eure Gedanken aufschreibt und eine/n, der/die sie vorliest!*

Im anschließenden Plenum stellen die Schülerinnen und Schüler sich die Gedanken aus ihren jeweiligen Gruppen vor. Dabei sollte deutlich werden, dass JEDE Entscheidung des Mose Mut verlangt und Schwierigkeiten mit sich bringen könnte, und dass er sich dessen bewusst ist.

Sich der Zusage des mitgehenden Gottes vergewissern

Die Lehrkraft leitet nach der Präsentation der Ergebnisse zur meditativen Besinnung über: *Jonathan und sein Vater haben auch überlegt und weiter gedacht und Jonathan kann sich gut vorstellen, dass Mose – so wie ihr jetzt – lange überlegt hatte, was er nun tun sollte oder könnte und dass er vielleicht wieder ganz unsicher geworden ist – bei all den Gefahren. „Viele Gedanken und Ängste werden Mose wohl durch den Kopf gegangen sein," überlegt sich Jonathan.*
Ich lade dich ein, solche Gedanken und Ängste auszusprechen. Beginne deinen Satz mit: „Wenn ich..." und wir alle antworten: „Bist du, Gott, dann da?"

Die Schülerinnen und Schüler formulieren kleine Litaneisätze, z.B. Wenn ich mutlos werde ... Angst habe ... mich alleine fühle ... nicht mehr weiter weiß .... Und alle antworten mit „Bist du, Gott, dann da?"

Die Lehrkraft legt nach dieser Runde wieder das Kunstbild „Brennend" in die Mitte:

Material AUF CD-ROM

Das Kunstbild „Brennend" von HaPe Eggerl finden Sie auf der CD- Rom

In der Bibel wird die Geschichte von Gott und Mose am Dornbusch erzählt. Mit dieser Geschichte wird eine Antwort auf solche Fragen gegeben!

Die Schülerinnen und Schüler rekapitulieren: Gott ist da! … Immer! … Er ist der Ich-bin-da! … Sein Name ist ein Versprechen, eine Zusage für Mose … und auch für uns, mich und dich! …

Die Lehrkraft führt weiter: *So können wir unsere Litanei neu beten! Ich lade dich ein, nochmals deine Wenn… - Sätze zu formulieren und jeweils ein Teelicht dazu anzuzünden und zum Bild in unserer Mitte zu stellen. Stell dein Teelicht ruhig in die Dornen des Dornbusches hinein! Wir alle antworten „Dann bist du da!*
z.B. Wenn ich mutlos werde – dann bist du da!
Wenn ich Angst habe – dann bist du da!
Wenn ich mich alleine fühle – dann bist du da!
Wenn ich nicht mehr weiter weiß – dann bist du da!“

Die Lehrkraft schließt ab und gibt einen Ausblick auf die nächste Stunde: *Menschen erzählen seit sehr langer Zeit von dieser Geschichte und geben sie als unsere Glaubenswahrheit weiter. Sie glauben, dass Erfahrungen im Leben uns verändern können. Sie erzählen von der Erfahrung des Mose am Dornbusch, weil sie uns von Gott erzählt und davon, wie man Mut und neue Hoffnung bekommt, wenn man von unserem Gott erfährt. Die Bibel erzählt: Mose verändert sich. Er ist sich ganz sicher: Gott ist da! Bei ihm! Immer! Diese Sicherheit ganz tief in ihm gibt ihm Kraft und Mut. Mose gibt nicht auf! Er spürt: Jetzt, mit Gottes Kraft kann er zurück an den Ort seiner Niederlage und nochmals einen Versuch starten, sein Volk zu retten.*
So wie er können auch wir uns immer wieder der Nähe Gottes und der Kraft, die aus dem Glauben erwächst, vergewissern und uns zusprechen: „Dann bist du da!“
Das darfst du nun auch in deinem Heft festhalten: Klebe das Bild in die Mitte und schreibe deine eigenen Wenn – Dann Sätze um das Bild!

Material AUF CD-ROM

Material auf der CD-Rom:

- Wortkarte: Was könnte jemand mit der Erfahrung von Mose nun tun? , Karte ?

- Kunstbild „Brennend“ von HaPe Eggerl und AB: „Meine Gott-ist-da-Litanei“

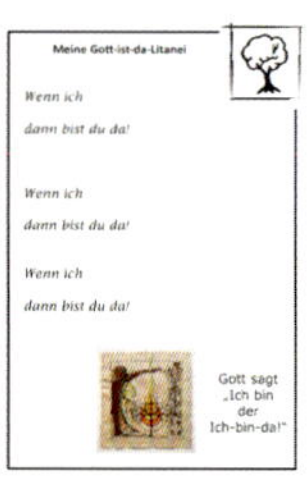

5. Stunde: „Das Volk in Ägypten vertraut auf Mose und seinem neu gewonnenen Gottesbild“

Die Schülerinnen und Schüler vergewissern sich zu Beginn der Stunde nochmals der Zusage Jahwes als dem Mitgehenden, der Mose nicht allein lässt. Im Rückgriff auf die letzte Stunde benennen sie die verschiedenen Entscheidungsmöglichkeiten des Mose und positionieren sich zu derjenigen, die sie nach allen Überlegungen favorisieren. In der Weiterführung der Lehrererzählung von Jonathans Vater, der die Hoffnungsbotschaft von Mose erzählt, hören sie von dessen Rückkehr nach Ägypten und den Diskussionen im Volk Israel, die schließlich zum Aufbruch aus Ägypten führen.

Die Schülerinnen und Schüler	Didaktik - Methoden	Medien
vergewissern sich der Zusage Jahwes als dem Mitgehenden	Plenum Gebetsritual	Kunstbild „Brennend“ von HaPe Eggerl, AB der letzten Stunde
machen sich die verschiedenen Entscheidungsmöglichkeiten des Mose nochmals **bewusst** und **positionieren sich** dazu	Präsentation der Entscheidungsmöglichkeiten Positionierung und begründetes Argumentieren	DIN A 4 Plakate der letzten Stunde (GA)
vollziehen in einer Lehrererzählung **nach,** was Jonathans Vater von Moses Mut und Begeisterung für seinen Gott erzählt	Lehrererzählung Empathieübung	Text der Lehrererzählung, evtl. Egli- Figur Mose Sprech- und Gedankenblasen
stimmen ein in die Freude und Hoffnung des Volkes, aus der Knechtschaft in Ägypten auszuziehen	Gemeinsames Singen	Liedvers „Du bist da“

Sich der Zusage Jahwes als Mitgehenden vergewissern

Die Schülerinnen und Schüler werden mit ihren Heften bzw. den Einträgen der letzten Stunde in den Stuhlkreis eingeladen. Nacheinander lesen sie nochmals ihre Litaneisätze in meditativer Atmosphäre vor und zünden dazu wieder ein Teelicht an.

Anhand eines Impulses lädt die Lehrkraft ein, kurz zu reflektieren: *Nicht nur das Bild in unserer Mitte hat sich durch diese Zusagen Jahwes verändert!* – Die Schülerinnen und Schüler vermuten, z.B. auch Mose hat sich verändert … er hat neuen Mut … jetzt muss sich etwas tun … er will und muss etwas tun …

Das Kunstbild „Brennend“ von HaPe Eggerl finden Sie auf der CD- Rom

Sich die verschiedenen Entscheidungsmöglichkeiten des Mose bewusst machen und sich dazu positionieren

Die Lehrkraft lenkt den Blick nochmals zurück auf die letzte Stunde: *Mose muss etwas tun! Er hat neuen Mut und neue Kraft! In der letzten Stunde habt ihr verschiedene Möglichkeiten bedacht, was er tatsächlich tun könnte. Ich bitte die einzelnen Gruppen, diese Möglichkeiten noch einmal vorzulesen und in die Mitte um das Bild zu legen.*

Die Schülerinnen und Schüler erläutern nochmals kurz die verschiedenen Varianten.

Danach führt die Lehrkraft weiter: *Ihr könnt euch sicher an die Diskussion in der letzten Stunde erinnern. Nun bist DU dran! Überlege, für welchen Weg DU dich entscheiden würdest, wenn du an Mose Stelle wärst! Stell dich zu dem entsprechenden Plakat und begründe deine Entscheidung!*

Die Lehrkraft kann einzelne Schülerinnen und Schüler – möglichst aus allen Gruppen – nochmals nach den Beweggründen der Entscheidung fragen…

In einer Lehrererzählung nachvollziehen, was Jonathans Vater von Moses Mut und Begeisterung für seinen Gott erzählt

So oder ähnlich kann die Lehrkraft weiterführen: *Ihr habt euch viele Gedanken gemacht, was die Begegnung des Mose mit seinem Gott im Dornbusch, aber auch dessen Zusage: Ich bin bei dir! Ich gehe mit! in Mose bewirkt hat. Nun möchte ich euch erzählen, wie es weiterging mit Mose und seinem Volk.*

Die Lehrererzählung „Jonathans Vater erzählt die Mose-Geschichten von der Rettung: Moses Erfahrung mit Gott macht Mut und begeistert“
finden Sie auf der CD- Rom

Im Anschluss an die Lehrererzählung kann die Lehrkraft diese nochmals mit einigen Impulsen, den Sprech- und Gedankenblasen nacherzählen lassen, z.B. *Die Väter erzählen von Mose, der sich alles gut überlegt und schließlich entschieden hat …. Er geht nach Ägypten … Sein Volk freut sich, Mose wieder zu sehen. Sie haben viele Fragen …. Mose erzählt, was er in der Zwischenzeit erlebt hat …. Er erzählt auch von seinem ganz besonderen Erlebnis mit Gott …. Und er schlägt seinem Volk einen Weg vor …. Wir können uns vorstellen – genauso wie Jonathan und sein Vater, dass manche, die Mose so reden hören, Bedenken haben …. Aber schließlich stimmen alle in die Freude des Volkes ein…*
111

Einstimmen in die Freude und Hoffnung des Volkes, aus der Knechtschaft in Ägypten auszuziehen

Die Lehrkraft kann die Stunde so oder ähnlich abschließen: *Wir können glauben, dass das Volk sich freut über diese Froh-Botschaft und die Hoffnung, die Mose ihnen bringt. Sie beginnen zu singen und zu tanzen. Vielleicht hast ja auch du eine Idee, was sie und was wir singen könnten?*

Das Lied „Du bist da!" finden Sie auf der CD- Rom

Material auf der CD-Rom:

- Kunstbild „Brennend“, Lehrererzählung; Sprech- und Gedankenblasen, Lied: „Du bist da!“,

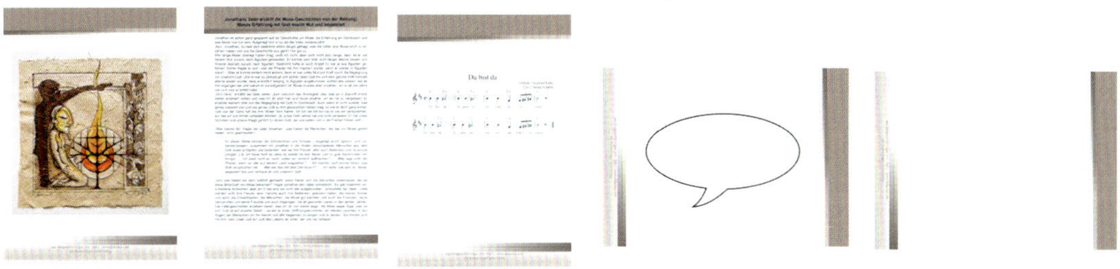

6. Stunde: „Das Volk macht sich auf den Weg und kommt an...“

Angeregt durch das gemeinsame Singen eines Befreiungsliedes sammeln die Schülerinnen und Schüler nochmals die Stimmung des Volkes Israels in der Vorfreude des Auszuges, von der Jonathan erfahren hat. Im Rückgriff auf die Wegbilder der ersten Einführungsstunden kann ihnen nochmals bewusst werden, dass beim rückblickenden Erzählen die Perspektive immer verändert wird. Sie verstehen so die verschiedenen Erzähltraditionen, die alle nur in der einen Gotteserfahrung münden: Jahwe ist mit uns auf dem Weg in die Freiheit!

Die Schülerinnen und Schüler	Didaktik - Methoden	Medien
stimmen in die Freude des Volkes Israel **ein**	Plenum Gemeinsames Singen	Liedvers „Du bist da“
benennen den Grund der Freude: die Hoffnungsbotschaft des Mose und die Zusage Jahwes, bei ihnen zu sein	Empathieübung	Sprechblasen
machen sich eigene Weg-Erfahrungen im Rückblick **bewusst** und **werden** auf eigene Deutungen **aufmerksam**	Austausch und Reflexion	Weg-Bilder

begegnen in einer perspektivischen Lehrererzählung verschiedenen Erzähltraditionen und **verstehen** die Sinnspitze aller Traditionen	Lehrererzählung PA: „Auf den Punkt gebracht“	Text der Lehrererzählung Wortkarten
gestalten ein Weg-in-die-Freiheit-Bild mit ausgewählten Psalmworten und Farben	Kreatives Gestalten	Leere Blätter/ AB Stifte Psalmverse zur Auswahl

Einstimmen in die Freude des Volkes Israel

Zu Beginn der Stunde singen die Schülerinnen und Schüler im Stuhlkreis versammelt nochmals den Liedvers „Du bist da!“

Das Lied „Du bist da!" finden Sie auf der CD- Rom

Den Grund der Freude benennen: die Hoffnungsbotschaft des Mose und die Zusage Jahwes, bei ihnen zu sein

Angeregt durch einen Impuls der Lehrkraft formulieren die Schülerinnen und Schüler Gründe des Volkes für dieses Loblied auf ihren Gott und schreiben diese auf Sprechblasen auf.

Die Lehrkraft lädt ein, dieses Lob mit dem Liedvers zu verbinden: *Ihr habt viele Gründe gefunden, warum das Volk Israel so freudig singt und seinen Gott Jahwe lobt. Wir hören uns immer zwei Aussagen/ Sprechblasen an und singen dann wieder den Liedvers „Du bist da!“*

Sich eigene Weg-Erfahrungen im Rückblick bewusst machen und auf eigene Deutungen aufmerksam werden

Die Lehrkraft kann so oder ähnlich weiterführen: *Die Vätergeschichten erzählen von den Menschen in Ägypten, die auf Befreiung hoffen. Das Volk Israel weiß noch nicht, was alles kommen wird, wie der Weg verlaufen wird, den sie zusammen mit Mose einschlagen. Vielleicht erinnerst du dich mit diesen Bildern an den Anfang des Schuljahres, als wir über unsere Lebenswege nachgedacht haben…*

Weg-Bilder finden Sie auf der CD-Rom

Die Lehrkraft legt eine Auswahl der Bilder in die Mitte des Stuhlkreises und führt weiter: *Sicher fällt dir noch einiges zu diesen Wegbildern ein.*

Die Schülerinnen und Schüler könnten sich so oder ähnlich dazu äußern, z.B. Manche Wege in meinem Leben waren ganz schön … manche Wegstrecken bin ich alleine gegangen …. Manchmal musste ich weinen … manchmal war ich froh … es gab dunkle Wege und helle Wege … mein ganzes Leben ist ein Weg, ein Unterwegssein…

Die Lehrkraft führt weiter: *Sicher erinnerst du dich auch daran, dass du manches im Rückblick auf dein Leben ganz anders gesehen hast, z.B. sind manche Wege, manche Zeiten im Leben nicht so schön gewesen, aber im Rückblick bist du stolz und froh, auch diese Wegstrecken geschafft zu haben. Vielleicht fällt dir auch dazu ein Beispiel ein?*

Die Schülerinnen und Schüler könnten evtl. erzählen, z.B. als wir umgezogen sind, war es für mich ganz schön schwer, im Kindergarten/ in der Schule neue Freunde zu finden. Viele Wochen war ich traurig, aber dann habe ich einen guten Freund/ eine gute Freundin gefunden und alles war wieder gut....

In einer perspektivischen Lehrererzählung verschiedenen Erzähltraditionen begegnen und die Sinnspitze aller Traditionen verstehen
Die Lehrkraft leitet zur biblischen Erzählung über: *Du hast dich noch einmal an deine Lebenswege erinnert und daran, dass du im Rückblick manches anders siehst, wenn du davon erzählst. Du erinnerst dich vor allem an das Schöne und an das Wichtigste, das du in dieser Situation erfahren und gelernt hast. Wenn jetzt Jonathan von seinem Vater noch mehr über Mose und den Auszug aus Ägypten erfährt und du hörst, was er erzählt hat, sollst du aufmerksam zuhören und versuchen, das Wichtigste herauszufinden, was auch wir heute unbedingt weitererzählen wollen, was bis heute noch erzählt wird, damit wir es nicht vergessen...*

Material AUF CD-ROM

Die Lehrererzählung „Jonathans Vater erzählt die Mose-Geschichten von der Rettung: Das Volk macht sich auf den Weg“ finden Sie auf der CD- Rom

Die Schülerinnen und Schüler sind nach der Lehrererzählung eingeladen, sich zu zweit oder zu dritt zu kleinen Mauschelgruppen zusammen zu setzen. Dabei sollen sie sich gegenseitig nochmals nacherzählen, was sie gehört haben, und das Wichtigste herausfinden und als Satz aufschreiben. So oder ähnlich kann die Lehrkraft dazu einladen:
Ihr dürft euch nun in Gruppen zu zweit oder zu dritt zusammensetzen!
Erzählt reihum noch einmal nach, was ihr gerade gehört habt!
Schreibt dann den wichtigsten Satz, den wichtigsten Inhalt, der nicht vergessen werden darf, auf eure Wortkarte! Bringt es auf den Punkt!
Kommt – wenn ihr fertig seid – zurück ins Plenum und lest euren wichtigsten Satz vor!

Im Anschluss stellen die Schülerinnen und Schüler ihre Ergebnisse vor, z.B. Die Menschen glauben: Gott hat sein Volk gerettet ... es spielt keine Rolle, wie alles genau passiert ist ... Gott verlässt sein Volk nicht .... Jahwe führt sein Volk wie versprochen in die Freiheit ....

Ein Weg-in-die-Freiheit-Bild mit ausgewählten Psalmworten und Farben gestalten
Die Lehrkraft schließt die Stunde wie folgt ab und leitet zur kreativen Nacharbeit über: *Ihr habt nun viel von Mose gehört, von seinen Gefühlen, seinen Ängsten und Bedenken. Ihr habt euch auch Gedanken gemacht, was die anderen in seinem Volk denken, sagen und fühlen. Jetzt wisst ihr, was das Volk erlebt hat, welche Höhen und Tiefen es durchwandert hat.*
Wähle dir nun ein passendes Psalmwort aus der Mitte aus und gestalte um das Psalmwort herum dein Weg-in-die-Freiheit-Bild. Wähle dazu die Farben, die für dich zu den Gefühlen und Erlebnissen passen!

Die Psalmworte des Lobes und Dankes finden Sie auf der CD- Rom

Material auf der CD-Rom:

- Liedvers „Du bist da“; Sprechblasen; Weg-Bilder; Lehrererzählung; Psalmverse Lob und Dank zur Auswahl, AB „Mein Psalmwort...“

Anmerkung

In der folgenden Stunde geht es uns nicht um eine genaue Erklärung des Pessachfestes für die Juden und auf keinen Fall um ein „Nachfeiern“ dieses jüdischen Festes. Vielmehr geht es darum, Verbindungen zwischen den Erinnerungen und der aktuellen Feiertradition aufscheinen zu lassen.

7. Stunde: „Wir wollen nie vergessen, dass Gott uns rettet! – Juden feiern Pessach“

Im Rückgriff auf die Erinnerungen „Was wir nie vergessen wollen“ aus der Moseerzählung rekapitulieren die Schülerinnen und Schüler nochmals die Rettungserzählung aus dem Buch Exodus und stellen im Anschluss daran Überlegungen an, was die Israeliten nicht vergessen wollen. Sie überlegen, woran man sich erinnern könnte und welchen Ausdruck die Erinnerung bekommen könnte, um anschließend die Elemente des Pessachfestes mit den eigenen Ideen zu vergleichen.

Die Schülerinnen und Schüler	Didaktik - Methoden	Medien
sammeln auf einen Impuls hin wichtige Erinnerungen des Volkes Israel	Plenum Erzählrunde	Evtl. Egli-Figur Jonathan Sprechblase: „.. woran wir uns immer erinnern wollen“
erzählen in eigenen Worten die Rettungsgeschichte Israels nach		Wortkarten leer
überlegen, wie diese wichtigen Ereignisse im Gedächtnis bleiben und tradiert werden können	Hypothesenbildung	Brief von Rebekka, versch. Gegenstände rund um Pessach
identifizieren verschiedene Erinnerungsgegenstände in der Zeremonie des Pessachfestes	Lehrervortrag Entdecken mit allen Sinnen	
stellen spielerisch den Zusammenhang zwischen der biblischen Erzählung, dem Erinnerungszeichen und der Pessachfeier **dar**	Spielerisches Rätseln	AB: Rätsel

Wichtige Erinnerungen des Volkes Israels sammeln
Die Lehrkraft lädt die Schülerinnen und Schüler zum gewohnten Anfangsritual in den Stuhlkreis ein und stellt anschließend die (Egli-) Figur Vaters von Jonathan mit der Sprechblase in die Mitte:

Die Schülerinnen und Schüler vermuten, z.B. an die schlimme Zeit in Ägypten ... an die harte Arbeit … an die Zusage Gottes … an die Rettung am Schilfmeer … an die Begleitung unseres Gottes …

Die wichtigsten Aussagen werden dabei stichpunktartig in die Mitte gelegt und anschließend geordnet.

Die Rettungsgeschichte Israels in eigenen Worten nacherzählen
Die Lehrkraft kann so oder ähnlich weiterführen: *Ihr habt euch an Vieles erinnert, was Jonathans Vater weitererzählt hat von der Rettungs-Geschichte Israels. Nicht nur Jonathans Vater, sondern viele Menschen wollten das NIE vergessen. Deshalb haben sie es weiter erzählt, weil es Mut macht und Hoffnung gibt, dass Gott allen Menschen nah ist. Später wurde es in dem Buch aufgeschrieben, das wir als Bibel kennen und so erzählen wir uns noch heute davon…*
Die Israeliten wollten und wollen diese Erfahrung mit Gott also nicht vergessen. Eine Möglichkeit, diese Erfahrungen zu bewahren, ist das Erzählen. Wer möchte, nimmt eine der Wortkarten und erzählt dazu mit eigenen Worten die Geschichte des Volkes Israels ein Stück weit nach … so lange, bis wir alle wichtigen Erfahrungen erzählt haben!

Überlegungen anstellen, wie diese wichtigen Ereignisse im Gedächtnis bleiben und tradiert werden können
Weiterführend lädt die Lehrkraft ein: *Im Erzählen der wichtigen Erfahrungen und Ereignisse im Leben des Volkes Israels wird die Geschichte wieder lebendig und bleibt in Erinnerung. So hat es das Volk Israel auch Jahr um Jahr, Jahrhundert um Jahrhundert gemacht: Die Erfahrungen mit ihrem Gott wurden vom Vater oder der Mutter dem Sohn oder der Tochter immer weiter erzählt. Doch das Erzählen alleine genügte nicht. Überlegt zu zweit oder zu dritt, wie die Geschichte noch lebendig gehalten werden kann. Sammelt eure Ideen auf weiteren Wortkarten!*

Im Anschluss an die Kleingruppenarbeit tragen die Schülerinnen und Schüler ihre Ideen im Plenum vor, z.B. man könnte Fotos machen ... man könnte an die Orte fahren und sich dort etwas erzählen lassen ... man könnte sich mit Symbolen daran erinnern ... man könnte jedes Jahr ein Fest feiern ... man könnte Lieder und Gedichte schreiben, die von der Rettung erzählen...

Verschiedene Erinnerungsgegenstände in der Zeremonie des Pessachfestes identifizieren
Die Lehrkraft führt weiter: *Tatsächlich feiern gläubige Juden jedes Jahr ein Fest, bei dem sie sich an die wichtigen Erfahrungen des Volkes Israel erinnern. Und sie feiern es so, als ob sie selbst aus Ägypten ausgezogen wären und Gott für ihre Rettung danken. Wie das Fest heißt und was genau gefeiert wird, erzählt dir Rebekka in einem Brief.*

Material AUF CD-ROM M

Den Brief von Rebekka finden Sie auf der CD- Rom

Im Anschluss an den Brief von Rebekka dürfen die Schülerinnen und Schüler zunächst eigene Nachfragen stellen, bevor sie an einen Tisch eingeladen werden, an dem bereits verschiedene Speisen, Wortkärtchen und Erklärungen bereit stehen.

Spielerisch den Zusammenhang zwischen der biblischen Erzählung, dem Erinnerungszeichen und der Pessachfeier darstellen
Die Lehrkraft lädt ein: *Ihr habt nun einiges von Rebekka gehört, wie sie die Erinnerung an die Rettung Jahwes feiern und welche Symbole sie dazu verwenden. Ich habe dir einige mitgebracht. Versucht nun gemeinsam, jeweils eine Speise, einen Begriff und eine Erklärung richtig zuzuordnen.*

Die Bilder, Wortkarten
und erklärenden Texte finden Sie auf der CD- Rom

Als Weiterführung stellen die Schülerinnen und Schüler die gemeinsam gefundenen Zuordnungen nochmals auf ihrem Arbeitsblatt nach.

Material auf der CD-Rom:

- Sprechblase, Brief von Rebekka, AB „ Juden feiern Pessach" mit Ausschneideblatt

- Bilder versch. Gegenstände/ Begriffe und Erklärungen rund um Pessach

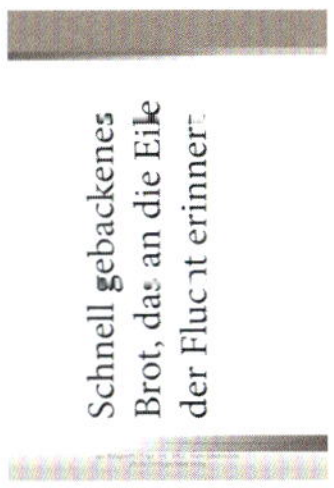

...

8. Stunde: „Das Volk stimmt in das Lob des Mose ein: Wir sind frei!"

Die Schülerinnen und Schüler knüpfen mit den Psalmworten des Lobes und Dankes nochmals an die Rettungserfahrung des Volkes Israel an und stimmen ein in das Lob des Mose. In der Auseinandersetzung mit Begriffen und Impulsen rund um „Freiheit“ erspüren sie, was Freiheit bedeuten kann, wo die eigene Freiheit beginnt und endet. Das kann sie sensibilisieren für die Notwendigkeit, zwischenmenschliches Leben zu regeln.

Die Schülerinnen und Schüler	Didaktik - Methoden	Medien
sprechen in meditativer Weise die Lob- und Dankpsalmworte der vorletzten Stunde **aus**	Plenum, Gebetsritual,	AB „Mein Psalmwort und Bild zum Weg-in-die-Freiheit“

stimmen ein in das Lob des Mose und **bringen** dies singend und betend **zum Ausdruck**	gemeinsames Lied	Lied: „Du bist da“ Text des Moseliedes Ex 15,1-2
assoziieren zu den Begriffen „Freiheit“ und „frei sein“ ihr Vorwissen und ihre Erfahrungen	Gruppenarbeit Brainstorming/ Schreibgespräch	Plakate mit Begriffen und Impulsen
tauschen sich über die verschiedenen Gedanken **aus**	Austausch im Plenum	Thesen zur Positionierung
positionieren sich zu unterschiedlichen Statements und begründen ihre Position	Positionierung mit Begründung	

Lob- und Dankpsalmworte meditativ aussprechen
Die Schülerinnen und Schüler werden in den Stuhlkreis eingeladen, wo sie ihre Weg-in-die-Freiheit-Bilder in die Mitte legen. Die Lehrkraft lädt ein, nochmals den Dank und das Lob des Volkes Israel zu vergegenwärtigen, indem alle ihr ausgewähltes Psalmwort vorlesen und danach eine kurze Stille halten.

Betend und singend einstimmen in das Lob des Mose
So oder ähnlich kann die Lehrkraft zum Loblied des Mose überleiten: *Jonathans Vater erzählt schließlich das glückliche Ende der Befreiungs- und Exodus-Geschichte:*

Material AUF CD-ROM M

Die Erzählung über das glückliche Ende
der Befreiungs- und Exodus-Geschichte finden Sie auf der CD-Rom

Wie die Menschen in all den vielen Jahrhunderten vor uns wollen auch wir einstimmen in den Dank und das Lob Gottes; denn er ist auch bei uns, Tag für Tag, und geht alle Wege mit!

Material AUF CD-ROM M

Das Lied „Du bist da“ finden Sie auf der CD- Rom

Zu den Begriffen „Freiheit“ und „frei sein“ Vorwissen und eigene Erfahrungen assoziieren
So kann die Lehrkraft weiterführen: *In euren Bildern habt ihr dem Weg und dem Gefühl der Freiheit schon Ausdruck gegeben. Doch: Was ist Freiheit? Was stellst DU dir darunter vor? Wie kannst du deine Freiheit erfahren und nutzen? Wo beginnt und wo endet deine Freiheit? – All diesen Fragen dürft ihr nun in kleinen Gruppen zu viert nachgehen.*

Die Arbeitsaufträge und die Plakate mit den Impulsen
rund um Freiheit finden Sie auf der CD- Rom

Sich austauschen über die verschiedenen Gedanken
Nach der Kleingruppenarbeit kommen die Schülerinnen und Schüler wieder im Plenum zusammen und lesen sowohl ihren Impuls des Plakates als auch die Ergebnisse und Fragen der Wortkarten vor.

Sich positionieren zu unterschiedlichen Statements und diese begründen
Zum Ende der Stunde haben die Schülerinnen und Schüler nochmals die Möglichkeit, sich ganz persönlich zu positionieren. Dabei sollen sie ihre Entscheidung auch begründen können – nicht nur eine Antwort ist „richtig“!

Positionierung.
Du hast dir viele Gedanken zur Freiheit gemacht und mit deinen Mitschülerinnen und Mitschülern diskutiert. Höre dir nun die folgenden Aussagen an und stelle dich in die Ecke zu der Antwort, die du für richtig hältst!

Die Buchstaben A, B, C, D
und die Thesen zur Positionierung finden Sie auf der CD- Rom

Material auf der CD-Rom:

- Lied: „Du bist da“, Plakate, Erzählung über das glückliche Ende

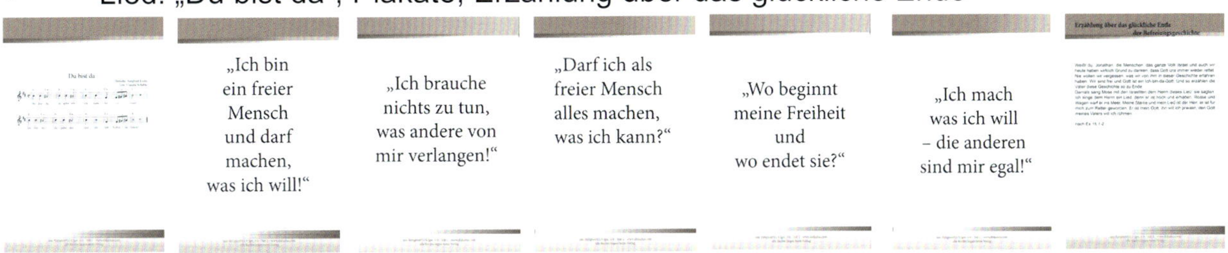

- Arbeitsaufträge für die Gruppenarbeit, Buchstaben und Thesen zur Positionierung

9. Stunde: „Wir sind frei! - Und jetzt?"

Durch ein Rätsel motiviert halten die Schülerinnen und Schüler die zentralen Begriffe der letzten Stunden fest: Freiheit und Rettung. In der Weiterführung setzen sie sich nochmals ganz persönlich mit dem Begriff „Freiheit" auseinander und philosophieren, was für sie Freiheit bedeuten kann und wie sie diese nutzen (würden). Im abschließenden Plenum wird durch die Vorstellung der eigenen Gedanken die Problematik der Freiheit nochmals deutlich.

Die Schülerinnen und Schüler	Didaktik - Methoden	Medien
entdecken im spielerischen Rätseln die zentralen Begriffe „Freiheit" und „Rettung" und **erzählen** dazu	Einzelarbeit Spielerisches Rätseln	AB: Rätsel
machen sich eigene **Gedanken** zu ihrer Vorstellung von Freiheit	Fantasiereise	Meditative Musik Text Fantasiereise: „Freiheit"
geben ihren **Gedanken Ausdruck** im kreativen Schreiben und/ Gestalten	Kreatives Gestalten	Lerntheke mit verschiedenen ABs
diskutieren die eigenen und andere Ideen rund um „Freiheit" und **nehmen kritisch** dazu **Stellung**	Plenum Diskussion	

Die zentralen Begriffe „Freiheit" und „Rettung" entdecken und dazu erzählen
Die Schülerinnen und Schüler gehen nach dem Anfangsritual im Stuhlkreis auf ihre Plätze zurück und erhalten ein AB mit einem Rätsel. So oder ähnlich kann die Lehrkraft einladen, dieses zu lösen: *Ich habe dir ein Rätsel mitgebracht, das noch einmal das Wichtigste von dem zusammenfasst, was Jonathan von seinem Vater erzählt bekam, was dieser schon von seinem Vater und Großvater hörte und was Menschen bis heute in der Bibel lesen können. Wenn du die Aufgaben richtig beantwortest und die entsprechenden Buchstaben zusammensetzt, hast du die beiden Begriffe schnell herausgefunden!*

Material AUF CD-ROM

Das Rätsel finden Sie auf der CD- Rom

Nachdem die Schülerinnen und Schüler die beiden Begriffe „Freiheit" und „Rettung" herausgefunden haben, sind sie eingeladen, nochmals kurz davon zu erzählen, z.B. das Volk Israel will nicht vergessen, dass ihr Gott sie gerettet hat … er hat sie aus Ägypten befreit … sie erinnern sich an diese Rettung und feiern die gewonnene Freiheit jedes Jahr im Pessachfest … Menschen erzählen die Geschichte von Gott und der Rettung bis heute weiter… alle Juden feiern noch heute, als ob sie selbst aus Ägypten ausgezogen wären … verschiedene Speisen erinnern an die Geschichte Israels ….

Sich eigene Gedanken zu ihrer Vorstellung von Freiheit machen
Die Lehrkraft kann so oder ähnlich weiterführen: *Ihr habt nochmals erzählt, was ´Freiheit´ für das Volk Israel bedeutet hat und auch heute noch bedeutet. Vielleicht hast du dir schon einmal Gedanken gemacht, was Freiheit für dich bedeutet – vielleicht ist sie auch ganz selbstverständlich für dich? – Heute nehmen wir uns Zeit, darüber nachzudenken. Lege dazu deinen Kopf auf die Bank und setze dich so hin, dass du ein paar Minuten gut sitzen kannst. Ich lade dich zu einer Gedankenreise ein…*

Material AUF CD-ROM

Die Fantasiereise „Freiheit" finden Sie auf der CD- Rom

Den Gedanken im kreativen Schreiben und/ oder Gestalten Ausdruck geben
Die Lehrkraft leitet zum kreativen Arbeiten über: *Ihr habt euch verschiedene Gedanken gemacht, was Freiheit für euch bedeuten kann und wie ihr euch dieses Land der großen Freiheit vorstellt. Nun habt ihr die Möglichkeit, euch an der Lerntheke ein oder mehrere Arbeitsblätter auszusuchen, mit denen ihr weiterarbeiten wollt. Such dir aus, was dir gefällt und nimm das entsprechende Blatt mit an deinen Platz. Ich lasse die Musik wieder laufen – jeder arbeitet für sich.*

Folgende Arbeitsblätter liegen an der Lerntheke:

- Bilderrahmen zum freien Gestalten des Landes der großen Freiheit
- Bilderrahmen und Textzeilen zum Gestalten und Beschreiben der eigenen Vorstellung
- Tagebucheintrag „Stell dir vor, wo ich heute war…!"
- Satzgerüst mit Satzanfängen: „Freiheit, die ich meine…"

Material AUF CD-ROM

Die Arbeitsblätter für die Lerntheke finden Sie auf der CD- Rom

Eigene und andere Ideen rund um „Freiheit" diskutieren und dazu kritisch Stellung nehmen
Im Anschluss an die Einzelarbeit und das Philosophieren zur „Freiheit" lädt die Lehrkraft in den Stuhlkreis ein. Die Schülerinnen und Schüler stellen nacheinander ihre Vorstellungen und Ideen, aber auch (An-)Fragen vor. Die Lehrkraft kann z.B. mit folgendem Impuls zur kritischen Diskussion überleiten: *Eine Lehrkraft hat mir von einer seltsamen Frage erzählt: Einer ihrer Schüler fragte sie: Müssen wir heute wieder tun, was wir selbst wollen oder dürfen wir tun, was Sie uns sagen?" – Was sagst du zu dieser Frage?*

Die Schülerinnen und Schüler könnten möglicherweise folgende Diskussionsbeiträge liefern, z.B. Manchmal ist es ganz gut, wenn auch etwas geregelt ist und man sich nicht immer alles neu überlegen muss …. große Freiheit ist sicher schön, aber ob sie auch nach Wochen noch schön ist … wenn Schule ist, nervt sie mich, aber in den großen Ferien freue ich mich auch wieder auf die Schule … nicht alle Regelungen sind schlecht, manche Regeln tun richtig gut …

Die Lehrkraft kann die Stunde mit einem zusammenfassenden Gebet abschließen, z.B.

Guter Gott!
Wir alle wollen frei sein und du bist ein Gott,
der uns Freiheit schenkt!
Für diese Freiheit danken wir dir.
Wir ahnen aber auch, dass unsere Freiheit Grenzen hat.
Hilf uns, damit gut umzugehen,
um anderen nicht durch unser Verhalten
ihre Freiheit zu nehmen.
Darum bitten wir dich!

Amen.

Material AUF CD-ROM

Material auf der CD-Rom:

- AB: Rätsel, Text Fantasiereise: „Freiheit", Lerntheke mit verschiedenen ABs

10. Stunde: „Menschliches Zusammenleben braucht Regeln!"

Im Rückgriff auf ihre Gestaltungen der letzten Stunde bringen die Schülerinnen und Schüler nochmals das für sie Wesentliche zum Thema „Freiheit" auf den Punkt. In der Erzählung von dem Land ohne Regeln werden sie aufmerksam, wie schwierig es sein kann, ohne Regeln auszukommen und erspüren die Notwendigkeit von Regeln für menschliches Zusammenleben. Die Aufstellung erster gemeinsamer Regeln, die sie für unverzichtbar halten, beendet die Stunde und bereitet die Auseinandersetzung mit dem Dekalog in der kommenden Stunde vor.

Die Schülerinnen und Schüler	Didaktik - Methoden	Medien
verbalisieren ihre Vorstellung von Freiheit	Plenum Erzählrunde	Arbeitsblätter der letzten Stunde Wortkarte „Freiheit ist für mich…“
setzen sich mit der Konsequenz eines Lebens in Freiheit und ohne Regeln **auseinander**	Lehrervortrag Diskussion	Text „Das Königreich „Aberdoch“ ohne Regeln“
erspüren die Notwendigkeit von Regeln für das menschliche Zusammenleben		leere Wortkarten
formulieren aus ihrer Sicht unverzichtbare Grundregeln für menschliches Zusammenleben und **präsentieren** diese	Gruppenarbeit Vorstellung im Plenum	„Diese Regeln halten wir für sinnvoll“ „Diese Regeln sind verzichtbar“

Die eigene Vorstellung von Freiheit verbalisieren
Versammelt im Stuhlkreis präsentieren die Schülerinnen und Schüler nochmals ihre Arbeiten der letzten Stunde. Die Lehrkraft kann so oder ähnlich zu einer Zusammenfassung einladen: *Nimm dir noch einmal kurz Zeit, auf dein Bild oder deinen Text zu schauen. Versuche dann, den Satz weiter zu formulieren: Freiheit ist für mich…!*

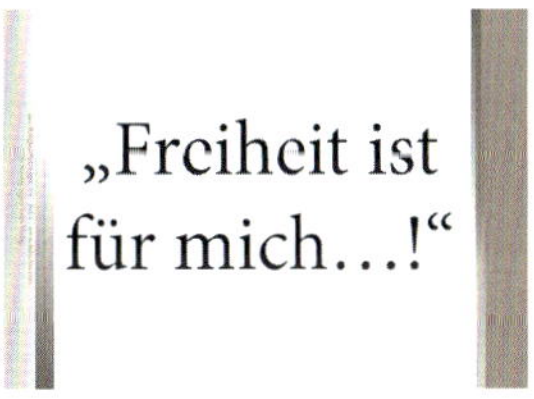

Material AUF CD-ROM

Die Wortkarte finden Sie auf der CD- Rom

Sich mit der Konsequenz eines Lebens in Freiheit und ohne Regeln auseinandersetzen
Die Lehrkraft leitet über zur Erzählung: *Auf den ersten Blick scheint Freiheit wunderbar! Grenzenlose Freiheit, alles tun und lassen dürfen! Aber: Ist es wirklich so? Ich habe euch eine Geschichte mitgebracht vom Königreich Aberdoch. Hört doch mal zu!*

Material AUF CD-ROM

Die Erzählung „Das Königreich „Aberdoch“ ohne Regeln“ finden Sie auf der CD- Rom

Im Anschluss an die Erzählung fassen die Schülerinnen und Schüler nochmals alle Regeln zusammen, die im Königreich Aberdoch zunächst galten und abgeschafft wurden. Diese werden auf Wortkarten festgehalten und zur Visualisierung in die Stuhlkreismitte gelegt.

Die Notwendigkeit von Regeln für das menschliche Zusammenleben erspüren
Die Lehrkraft führt weiter: *In der Geschichte gibt es Regeln, die den Menschen helfen, ihre Freiheit zu bewahren. Ich lade euch nun ein, selbst zu überlegen: Welche Regeln sollten bleiben oder müssten neu erfunden werden? Und welche Regeln haltet auch ihr für sinnlos und würdet sie am liebsten abschaffen? Wähle dir dazu jeweils eine Regel aus und ordne sie zu – begründe aber deine Entscheidung!*

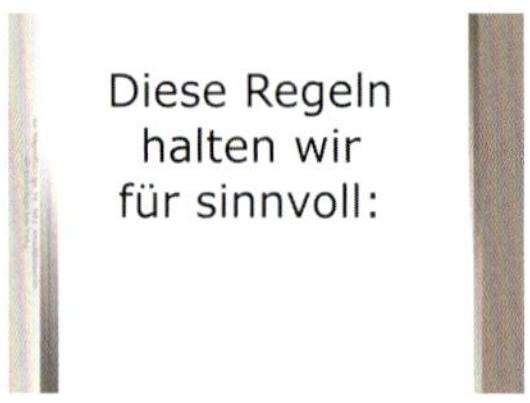

Die Wortkarten finden Sie auf der CD- Rom

Unverzichtbare Grundregeln für menschliches Zusammenleben formulieren und präsentieren
Die Lehrkraft fasst zusammen: *Wenn ihr in unsere Mitte schaut, findet ihr viele Regeln, die ihr als wenig sinnvoll eingestuft und begründet habt; es sind aber auch noch Regeln geblieben, die ihr für sinnvoll haltet. Eure Aufgabe ist es nun, in Kleingruppen zu überlegen, ob es denn noch weitere ganz wichtige und grundlegende Regeln für menschliches Zusammenleben gibt, die ihr ergänzen wollt.*

Die Schülerinnen und Schüler sammeln in Kleingruppen weitere Ideen und präsentieren sie anschließend im Plenum. Die Sammlung der für die Religionsgruppe wichtigsten Regeln menschlichen Zusammenlebens wird ins Heft übertragen.

Material auf der CD-Rom:

- Wortkarte „Freiheit ist für mich…“, Lehrererzählung: „Das Königreich „Aberdoch“...“, Wortkarten: „Diese Regeln halten wir für sinnvoll“ „Diese Regeln sind verzichtbar“

11. Stunde: „Der Dekalog: Ich bin der Herr, der dich aus Ägypten herausgeführt hat...!“

Die Schülerinnen und Schüler vergegenwärtigen sich nochmals anhand wichtiger Begriffe die Geschichte Israels und stellen sie in Verbindung mit der Fragestellung nach Regeln und Geboten für das Volk. Sie hören in einer Paraphrase vom Dekalog als Weisung zum Leben und erspüren, dass dieser ein Leben in Freiheit erst ermöglicht. Das kann ihre Perspektive auf den Dekalog verändern – weg von einem Gebotskatalog hin zu Weisungen für gelingendes Leben.

Die Schülerinnen und Schüler	Didaktik - Methoden	Medien
vergegenwärtigen sich anhand verschiedener Begriffe die Geschichte Israels und setzen sie in Verbindung mit der Frage nach Regeln und Geboten	Plenum Erzählrunde	Wortkarten „Unterdrückung“, „Ägypten“, „Rettung“, Freiheit“, „Regeln?“, Gebote“
begegnen dem biblischen Dekalog in einer Paraphrase	Lehrererzählung	Text der Lehrererzählung zum „Dekalog"
erspüren, dass die biblischen Weisungen ein Leben in Freiheit ermöglichen	Diskussion	
verstehen den Dekalog als Chance für ein gelingendes Leben		
gestalten ein Plakat mit „Werbung“ für die neue Sicht auf den Dekalog und präsentieren dieses	Kreatives Schreiben Präsentation	leere Plakate

Die Geschichte Israels vergegenwärtigen und in Verbindung mit der Frage nach Regeln und Geboten setzen

Die Schülerinnen und Schüler versammeln sich zum Anfangsritual im Stuhlkreis und nehmen daran anschließend verschiedene Wortkarten mit Begriffen wahr. Die Lehrkraft kann durch einen stummen Impuls zum Erzählen einladen.

Mögliche Äußerungen der Schülerinnen und Schüler, z.B. die verschiedenen Wortkarten erzählen vom Volk Israel und dem, was sie erlebt haben .... Die Begriffe „Regeln“ erinnern mich an die letzte Stunde und das Land ohne Regeln ... Was das mit dem Volk Israel zu tun hat? ... Vielleicht brauchen sie auch Regeln? .... Unsere wichtigsten Regeln waren: ...

Material AUF CD-ROM M

Die Wortkarten finden Sie auf der CD- Rom

Dem biblischen Dekalog in einer Paraphrase begegnen
Die Lehrkraft kann so oder ähnlich weiterführen: *Ihr habt selbst die Frage gestellt, ob auch das Volk Israel Regeln für das Zusammenleben braucht. In der Bibel geht die Erzählung vom Volk Israel noch weiter. Ich möchte dir erzählen, was die Menschen sich weitererzählt und am Ende aufgeschrieben haben, weil sie auch diese Geschichte – nach der Rettung – für ganz besonders wichtig für alle Menschen halten. Und, weil es auch in dieser Geschichte um Gott und um die Freiheit geht…*

Material AUF CD-ROM M

Die Paraphrase zum Dekalog finden Sie auf der CD- Rom

Erspüren, dass die biblischen Weisungen ein Leben in Freiheit erst ermöglichen
Die Lehrkraft kann nach der Lehrererzählung diese nochmals mit Impulsen abrufen und dann zum nächsten Schritt überleiten: *Das Volk Israel hat verschiedene Erfahrungen gemacht. Versucht in einer Gruppe, diese Erfahrungen und Notsituationen zu benennen, die schließlich zu den Weisungen und Regeln des Zusammenlebens führten. Die andere Gruppe überlegt, welches Gottesbild die Erzählung von den Geboten widerspiegelt und warum das Volk Israel gerade diese Erzählung immer wieder weitererzählt hat.*

Nach der Diskussion in den Gruppen könnten die Schülerinnen und Schüler möglicherweise folgende Ergebnisse ins Plenum einbringen, z.B. das Volk Israel hat – wie wir auch! – erkannt, dass es ohne Regeln nicht geht .... Sie mussten Ordnung in ihr Chaos bringen, um die Freiheit der Einzelnen zu garantieren und zu sichern .... Über Gott sagt die Erzählung aus, dass er die Freiheit des Menschen möchte und schenkt ...

Den Dekalog als Chance für ein gelingendes Leben verstehen
In der Weiterführung lädt die Lehrkraft ein, nochmals die eigenen Regeln fürs Zusammenleben mit den Regeln des Dekaloges zu vergleichen im Blick auf gelingendes Leben. Der Satzanfang: „Wenn unser Leben gelingen soll, dann…" kann dazu helfen.

Ein Plakat mit „Werbung" für die neue Sicht auf den Dekalog gestalten und präsentieren
Die verschiedenen Ideen und Zugänge zu Regeln und auch zu den Geboten stellen die Schülerinnen und Schüler abschließend auf einem Werbeplakat dar, das eher den Freiheitsaspekt in den Blick nimmt als die Reglementierung der Gebote, ausgedrückt im „Du sollst!". Die Lehrkraft kann so oder ähnlich dazu anleiten: *Ihr habt euch intensiv mit der Frage nach dem Sinn von Regeln und Geboten auseinander gesetzt und erspürt, dass Menschen diese Regeln brauchen für ihr Zusammenleben. Stell dir vor, alle Menschen auf der Welt würden sich an die Zehn Gebote halten! Dann gäbe es keinen Mord und keinen Diebstahl mehr – die Welt wäre ein Stück besser! Versuche, auf einem Werbeplakat für die Einhaltung der Gebote zu werben! Lass dir ruhig etwas einfallen, das originell oder witzig ist!*

Die Präsentation der Ergebnisse schließt die Stunde ab.

Material auf der CD-Rom:

- Text der Paraphrase zum Dekalog, Wortkarten „Unterdrückung“, „Ägypten“, „Rettung“...

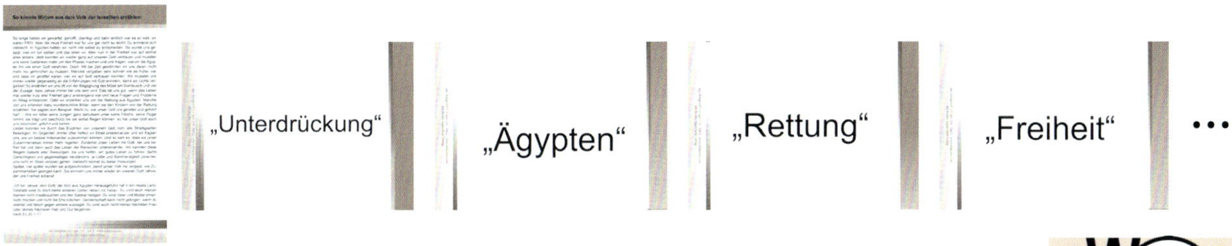

12. Stunde: „Gebote für uns – auch heute wichtig? - „Du sollst nicht lügen!“

Angeregt durch ein Kunstbild verbalisieren die Schülerinnen und Schüler nochmals die Erkenntnisse der letzten Stunde im Blick auf das Gottesbild und die Situation der Menschen, die sich aus dem Dekalog ableiten lassen. In den nächsten Stunden tritt der gesamte Dekalog in den Hintergrund, um den Blick gezielt auf zwei Gebote zu richten, die für die Schülerinnen und Schüler Relevanz haben – zunächst das Gebot der Wahrhaftigkeit. Dabei setzen sie sich mit einer Fallgeschichte auseinander und erarbeiten sich die Bedeutung der Wahrhaftigkeit für das eigene Leben.

Die Schülerinnen und Schüler	Didaktik - Methoden	Medien
betrachten ein Kunstbild und **setzen** es mit ihrem Vorwissen zu den Geboten **in Verbindung**	Plenum Bildbetrachtung	Kunstbild „Am Horeb Herz oder Gesetz“ von HaPe Eggerl
werden aufmerksam auf ein ausgewähltes Gebot durch die Beschreibung im „Tabu“- Spiel	Gemeinsames Ratespiel	Tabukarte
erfahren von einer Situation, in Vanessa sich Gedanken zur Wahrhaftigkeit macht und **suchen** gemeinsam **nach Lösungen**	Lehrervortrag Kleingruppenarbeit	Text der Lehrererzählung „Vanessa und die Wahrheit…“
halten im kreativen Schreiben **fest**, wie wichtig für sie selbst Vertrauen und Ehrlichkeit in ihren Freundschaften sind	Kreatives Schreiben	AB - Kreatives Schreiben: Satzanfänge oder Brief an Marie und Vanessa

Ein Kunstbild betrachten und es mit dem Vorwissen zu den Geboten in Verbindung setzen
Versammelt im Stuhlkreis verteilt die Lehrkraft nach dem gemeinsamen Anfangsritual kleine Kopien des Kunstbildes „Am Horeb Herz oder Gesetz“ von HaPe Eggerl und lädt die Schülerinnen und Schüler ein: *Nimm dir Zeit, dieses Bild zu betrachten. Erzähle dann zunächst, was du siehst bevor du es mit dem in Verbindung bringst, was du schon weißt!*

Material AUF CD-ROM

Das Bild „Am Horeb Herz oder Gesetz“ finden Sie auf der CD- Rom

Die Schülerinnen und Schüler könnten vermuten, z.B. da ist ein Mann auf dem Berg … er scheint etwas mit Gott zu tun zu haben… es könnte Mose sein … ich sehe ein großes Herz … es hat etwas mit Liebe zu tun … was schenkt Gott aus lauter Liebe zu den Menschen ? …. Gebote? ….

So oder ähnlich könnte nochmals das Thema der letzten Stunde fokussiert werden, z.B. *Die Erzählung vom Dekalog, den Zehn Weisungen, sagt einiges über die Menschen und deren Zusammenleben, aber auch über Gott aus!*

Die Schülerinnen und Schüler fassen nochmals zusammen, z.B. Gott will den Menschen Freiheit schenken … die Gebote sollen die Menschen nicht in starre Regeln zwängen …. die Gebote regeln das Zusammenleben … sie machen es erst schön und möglich …. Gott ist ein Gott der Freiheit … er geht liebevoll mit den Menschen um, die auf ihn vertrauen und seine Rettung preisen…

Anmerkung:
An dieser Stelle könnte bei mehr Zeit auch intensiver mit dem Bild gearbeitet werden.

Material AUF CD-ROM

Als Anregung zur gelenkten Bildbetrachtung und – kommentierung
finden Sie ein Arbeitsblatt auf der CD-Rom.

Aufmerksam werden auf ein ausgewähltes Gebot
Die Lehrkraft kann so oder ähnlich weiterführen: *Im Dekalog, dem sogenannten Zehnwort der Bibel, sind wichtige Regeln zusammengefasst. Einige sind für euch weniger bedeutsam, andere mehr. Ich möchte mit euch das Spiel „Tabu“ spielen, bei dem ihr eines der Gebote erraten sollt. Ich beschreibe es!*

Material AUF CD-ROM

Die Tabukarte finden Sie auf der CD- Rom

Von einer Situation im Blick auf Wahrhaftigkeit erfahren und gemeinsam nach Lösungen suchen

Die Lehrkraft führt weiter: *Ihr habt richtig erraten. Es geht heute um das Gebot der Wahrhaftigkeit, d.h. „Du sollst nicht lügen!“ Sicher habt ihr damit auch schon Erfahrungen gemacht …*

An dieser Stelle können die Schülerinnen und Schüler kurz und prägnant eigene Erfahrungen einbringen…

Ich möchte euch heute eine Geschichte von Vanessa und Marie erzählen. Die beiden kennt ihr ja bereits!

Die Geschichte „Vanessa und die Wahrheit“ finden Sie auf der CD- Rom

Nach der Erzählung sind die Schülerinnen und Schüler eingeladen, diese nochmals in eigenen Worten wiederzugeben und setzen sich dann in vier Kleingruppen mit möglichen Konsequenzen und Folgen auseinander, indem sie sich mit vier verschiedenen Varianten des Endes der Geschichte beschäftigen.

Die vier Lösungsvarianten und Arbeitsaufträge für die Kleingruppe finden Sie auf der CD- Rom

Im kreativen Schreiben die Bedeutung von Vertrauen und Ehrlichkeit in ihren Freundschaften festhalten

Die Lehrkraft lädt abschließend zum kreativen Schreiben ein: *Ihr habt an der Geschichte von Vanessa und Marie gesehen, dass es sich auf eine Freundschaft auswirkt, wenn jemand nicht ehrlich ist oder sich nicht ehrlich zu sein traut. Echte Freundschaft verträgt die Wahrheit und lebt davon, dass man einander vertraut! Versucht nun alleine für euch, das, was euch wichtig geworden ist und was ihr an der Geschichte erkannt habt, im kreativen Schreiben auszudrücken. Ihr habt dazu verschiedene Möglichkeiten!*

Die Schülerinnen und Schüler wählen sich entweder ein Briefformular aus und schreiben einen Brief an die beiden oder vervollständigen die Satzanfänge.

Ein Arbeitsblatt für einen Brief und Satzanfänge finden Sie auf der CD- Rom

Material auf der CD-Rom:

- Kunstbild „Am Horeb..., Tabukarte, Lehrererzählung, AB Lösungen mit Arbeitsaufträgen

- ABs: Kreatives Schreiben mit Satzanfängen/ Brief, AB Kunstbildbetrachtung

13. Stunde: „Gebote für uns – auch heute wichtig? - „Du sollst nicht stehlen!"

Anknüpfend an die letzte Stunde lesen die Schülerinnen und Schüle ihre Ergebnisse des kreativen Schreibens vor und machen sich nochmals bewusst, wie gut es ist, in Freundschaften einander vertrauen zu können und ehrlich miteinander umzugehen. In der Weiterführung spielen sie selbst das Tabuspiel und erraten ein weiteres für sie relevantes Gebot – das Eigentumsgebot. In der Fortsetzung der Geschichte von Vanessa und Marie wird ihnen bewusst, wie wichtig es ist, eigenes und fremdes Eigentum zu schützen.

Die Schülerinnen und Schüler	Didaktik - Methoden	Medien
tragen ihre Ergebnisse des kreativen Schreibens im Plenum **vor** und knüpfen an die letzte Stunde an	Plenum Ergebnispräsentation	Hefteintrag der letzten Stunde
erraten spielerisch ein weiteres Gebot – das Gebot des Eigentums	Spielerisches Raten	Tabukarte
hören in der Erzählung von Vanessa und Marie von den Folgen eines Diebstahls und **bedenken** diese	Lehrervortrag	Text zur Lehrererzählung: „Der Geldbeutel ist weg!"
schreiben das Gebot in eigenen Worten **um** und **erklären** damit seine Bedeutung	Kreatives Schreiben	AB mit Vorlage zum Schreiben eines Raps

Mit den Ergebnissen des kreativen Schreibens an die letzte Stunde anknüpfen
Die Schülerinnen und Schüler tragen versammelt im Stuhlkreis ihre Ergebnisse des kreativen Schreibens, einen Brief an Vanessa und Marie oder das weitergeschriebene Satzgerüst, im Plenum vor. Darin bringen sie nochmals zum Ausdruck, wie wichtig ihnen dieses Gebot der Wahrhaftigkeit für die Gestaltung ihrer Freundschaften ist.

Spielerisch ein weiteres Gebot – das Gebot des Eigentums - erraten
Weiterführend knüpft die Lehrkraft an die letzte Stunde an: *In der letzten Stunde haben wir beim Tabuspiel bereits ein Gebot erraten. Ich habe für diese Stunde wieder eines ausgesucht. Aber dieses Mal darf jemand von euch es beschreiben…*

Die Tabukarte finden Sie auf der CD- Rom

Ein ausgewählter Schüler/ eine Schülerin könnte so beschreiben, z.B. Bei diesem Gebot geht es darum, Achtung vor etwas zu haben. Nicht alles kann ich haben...

Von den Folgen eines Diebstahles hören und diese bedenken

Die Lehrkraft leitet so oder ähnlich zu Erzählung über: *Ihr habt richtig erraten: Heute geht es um das Gebot: Du sollst nicht stehlen. Die Geschichte von Vanessa und Marie geht noch weiter. Hört gut zu!*

Die Erzählung „Der Geldbeutel ist weg!“ finden Sie auf der CD- Rom

Die Schülerinnen und Schüler sind nun eingeladen, in Partnerarbeit weiter über die Erzählung nachzudenken. Folgende Impulse der Lehrkraft können dazu hilfreich sein: *Überlegt gemeinsam, welche Folgen es für die Klasse hat, wenn der Dieb nicht gefunden wird! Sucht auch nach möglichen Lösungen, wie der Dieb den Diebstahl wieder regeln kann, so dass die Klasse ins Schullandheim fahren darf!*

Nach der Partnerarbeit setzen sich die Schülerinnen und Schüler im Plenum zusammen und diskutieren ihre Ideen und Vorschläge. Die Lehrkraft kann so oder ähnlich zusammenfassen: *Wenn jemand fremdes Eigentum wegnimmt, hat dies weitreichende Folgen. Ihr habt viele verschiedene davon überlegt und nach Lösungen gesucht. Weil es so wichtig ist, sich aufeinander, auf die eigene und fremde Ehrlichkeit verlassen zu können, dürft ihr nun dazu noch kreativ weiterarbeiten.*

Das Gebot in eigenen Worten umschreiben und damit die Bedeutung erklären

Die Lehrkraft lädt wie folgt dazu ein: *Ihr kennt sicherlich die Liedform des Raps. In halb gesungenen, halb gesprochenen Texten wird dort eine Geschichte erzählt. Das ist jetzt eure Aufgabe. Erzählt die Geschichte von Maries Schulklasse oder eine andere passende Geschichte zum Gebot „Du sollst nicht stehlen!“ Wer will, darf seinen Rap (oder seine Geschichte) nachher vortragen!*

Material auf der CD-Rom:

- Tabukarte; Lehrererzählung: „Der Geldbeutel ist weg!“; AB „Der Geldbeutel ist weg!“

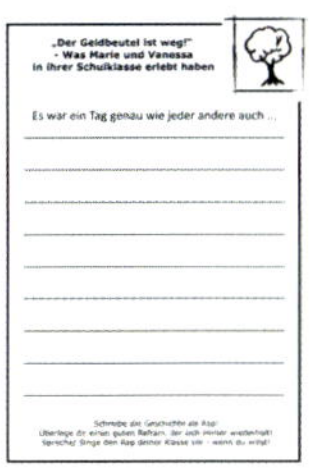

14. Stunde: „Immer wieder können Menschen nicht glauben, dass Gott sie begleitet – Jesus erinnert sie daran mit seiner Botschaft und seinem Tun"

Im Rückgriff auf die bereits bekannten Psalmworte der Klage sammeln Schülerinnen und Schüler menschliche Situationen, in denen solche Klageworte passen. Nachdem sie festgestellt haben, dass es solche Situationen der Not und Gottferne sowohl in der Vergangenheit als auch in der Gegenwart gibt, richten sie ihren Blick auf die Situation zur Zeit Jesu, in der die Menschen sich auch von ihrem Gott verlassen gefühlt haben. Sie spüren der Hoffnung nach, die Jesu Botschaft und Jesu Tun den Menschen damals machte.

Die Schülerinnen und Schüler	Didaktik - Methoden	Medien
begegnen Psalmworten der Klage und **beschreiben** Situationen, in denen Menschen solche Worte sprechen	Plenum Austauschrunde	Wortkarten: Psalmworte der Klage (in groß)
fühlen sich in verschiedene Personen **ein** und **benennen** deren Zweifel, ob Gott in diesen Situationen (noch) bei ihnen ist	Empathieübung	aktuelle Bilder von Menschen in Notsituationen (Zeitung), Bilder Israel Wortkarte „GOTT?"
hören in einer Lehrererzählung von der Situation der Menschen zur Zeit Jesu	Lehrervortrag	Text Lehrererzählung: „Jonathan erzählt von seinem Leben in Israel zur Zeit Jesu“
sammeln Jesusworte und –taten, die den Menschen neue Hoffnung machen	Gruppenarbeit Präsentation	Vorlage Sprechblasen, Wortkarten Egli-Figur Jesus
bringen die Hoffnung auf die Nähe Gottes im gemeinsamen Lied **zum Ausdruck**	Gemeinsames Singen	Liedvers: „Du bist da“

Psalmworte der Klage begegnen und Situationen beschreiben, in denen Menschen solche Worte sprechen

Die Schülerinnen und Schüler versammeln sich zu Stundenbeginn mit dem eingeführten Ankommritual und entdecken dann die zunächst noch umgedrehten Psalmworte der Klage auf Wortkarten.

Die Lehrkraft kann so oder ähnlich zum Austausch einladen: *Ihr kennt diese Psalmworte bereits und könnt verschiedene Situationen benennen, in denen Menschen solche Klageworte aussprechen…*

Material AUF CD-ROM

Die Psalmworte der Klage finden Sie auf der CD- Rom

Die Schülerinnen und Schüler vermuten zunächst, z.B. Wenn eine Freundschaft zerbrochen ist … wenn jemand unschuldig verdächtig wird … wenn jemand sich belogen fühlt … wenn jemand gelogen hat und sich schlecht fühlt … aber auch: damals das Volk Israel in Ägypten … Menschen, die schweres Leid ertragen müssen … Menschen, die gefangen sind … Menschen, die krank und alleine sind …

Sich in verschiedene Personen einfühlen und deren Zweifel an der Nähe Gottes benennen
Die Lehrkraft führt so oder ähnlich weiter: *Menschen zu unterschiedlichen Zeiten hatten Grund zur Klage. Ich habe dir verschiedene Bilder mitgebracht. Suche dir eines davon aus und erzähle dazu!*

Die Schülerinnen und Schüler wählen Bilder aus und erzählen, z.B. Menschen in Kriegsgebieten … Menschen auf der Flucht …

Die Lehrkraft legt zum Nachdenken die Wortkarte: GOTT ? in die Mitte.

Die Wortkarte Gott ? finden Sie auf der CD- Rom

Die Schülerinnen und Schüler vermuten, z.B. wer sich so schlecht fühlt, fühlt sich auch von Gott verlassen … kann jemand, der leidet, glauben, dass Gott wirklich bei ihm ist ….

Von der Situation der Menschen zur Zeit Jesu hören

Die Bilder vom Leben in Israel zur Zeit Jesu finden Sie auf der CD- Rom

Zur Weiterarbeit legt die Lehrkraft selbst Bilder aus der Zeit Jesu in die Mitte zu den Klageworten und lässt zunächst die Schülerinnen und Schüler dazu ihr Vorwissen erzählen, z.B. Menschen mussten hart arbeiten – in der Landwirtschaft – und bekamen nicht viel Geld für ihre Waren … sie mussten Zoll zahlen … die Römer unterdrückten das Volk Israel … manche Menschen wurden ausgestoßen, z.B. Kranke und Bettler … über sie wurde geredet, sie galten als Sünder, die Gott vergessen hat und straft …
Die Lehrkraft leitet zur Erzählung über: *Ihr konntet euch gut erinnern! Auch die Menschen zur Zeit Jesu, das Volk Israel, leidet - viele Jahre nach dem Auszug aus Ägypten und der Befreiung aus der Knechtschaft leben sie wieder unterdrückt und unfrei. Hör gut zu!*

Den Text „Jonathan erzählt von seinem Leben in Israel zur Zeit Jesu“
finden Sie auf der CD- Rom

Die Lehrkraft lädt ein, die Erzählung nochmals in eigenen Worten wiederzugeben und auch die Sorgen und Fragen der Menschen zu verbalisieren: *Du weißt nun eine ganze Menge vom Volk Israel zur Zeit Jesu. Erzähle von den Sorgen und Nöten, den Fragen der Menschen, aber auch von ihren Hoffnungen und Träumen!*
Die Schülerinnen und Schüler erzählen, z.B. Das Volk wird von den Römern unterdrückt … sie müssen hart arbeiten und Steuern zahlen … sie fragen sich: Hat unser Gott Jahwe uns vergessen? …. Steht er nicht mehr zu seinem Wort und Versprechen? … Wann kommt er und befreit uns? … Schickt er endlich den Messias, den er uns verheißen hat? ….

Jesusworte und – taten sammeln, die den Menschen neue Hoffnung machen
Die Lehrkraft führt weiter: *Ich habe dir schon erzählt: Jonathan lebt zur Zeit Jesu. Aber er ist ihm noch nicht begegnet. Welche Worte Jesu und welche Taten Jesu würden ihm Mut machen und neue Hoffnung schenken, dass Gott sie nicht verlassen hat? – Sammle deine Ideen mit deinem Nachbarn und schreibe sie auf kleine Sprechblasen!*

Material AUF CD-ROM

Die Kopiervorlage für kleine Sprechblasen finden Sie auf der CD- Rom

Die Schülerinnen und Schüler tragen ihre Ergebnisse zusammen und legen die Sprechblasen um eine Egli-Jesus-Figur in die Mitte zwischen die Klagepsalmen. Mögliche Antworten könnten sein, z.B. Jesus macht den Menschen Mut, die sich klein und mickrig vorkommen … Jesus erzählt die Hoffnungsgeschichte vom Senfkorn … Jesus heilt Menschen … Jesus sagt: Stell dich in die Mitte! …. Jesus erzählt: Gott liebt jeden Menschen! …

Die Hoffnung auf die Nähe Gottes im gemeinsamen Lied zum Ausdruck bringen
Die Lehrkraft leitet zur letzten Runde im Stuhlkreis über: *Wir singen zum Abschluss nochmals unser Lied „Du bist da". Jeder und jede von euch darf dazwischen seinen Jesus-Satz vorlesen oder einen kleinen Dankruf formulieren, z.B. Ich danke dir, dass du uns Hoffnung schenkst! …*

Material AUF CD-ROM

Material auf der CD-Rom:

- Wortkarten Psalmworte, Lehrererzählung, Vorlage Sprechblasen, Liedvers: „Du bist da"

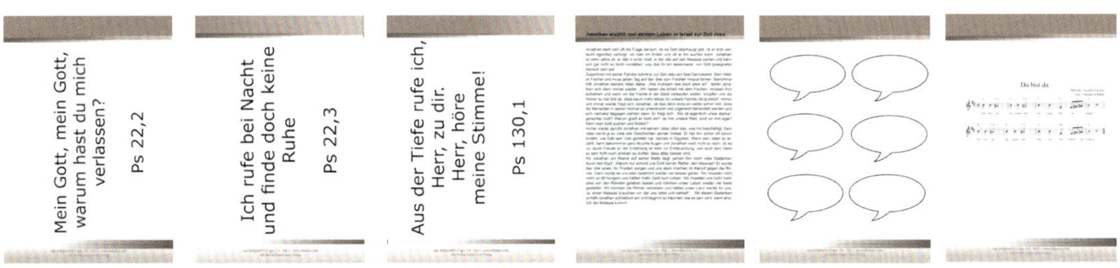

• Wortkarte „Gott ?", Bildkarten „Das Leben zur Zeit Jesu"

GOTT ?

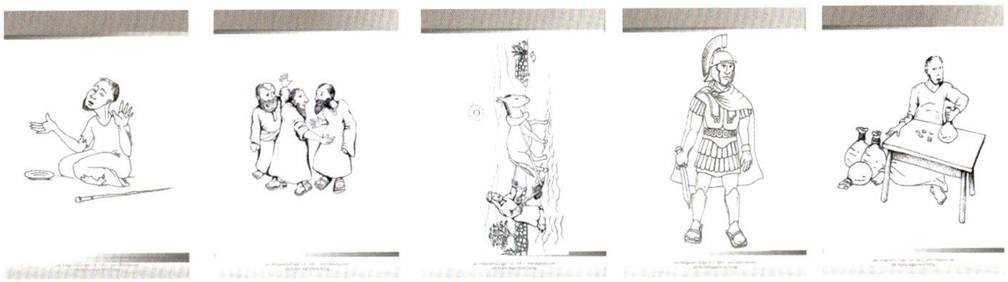

15. Stunde: „ Sturm des Lebens auf der Suche nach Halt"

Durch verschiedene Begriffe erinnern sich die Schülerinnen und Schüler an die Jonathanerzählung der letzten Stunde. Im Nacherzählen machen sie sich nochmals die Sorgen und Unsicherheiten der Menschen zur damaligen Zeit bewusst. In der Weiterführung erinnern sie verschiedene belastende und problematische Lebenssituationen, die sie selbst wie alle Menschen auch heute immer wieder erleben und benennen diese. Dazu erschließen sie sich die Metapher „Sturm des Lebens". Zudem gehen sie der Frage nach, was in diesen Krisensituationen stabilisiert und Sicherheit gibt und geben diesen Erfahrungen Ausdruck in einem Bodenbild (Blätter – Sturm und Stamm, der Halt gibt).

Die Schülerinnen und Schüler	Didaktik - Methoden	Medien
puzzlen verschiedene Wortteile zusammen und **erzählen** zu diesen	Plenum Spielerisches Rätseln Brainstorming	Puzzleteile: Jonathan – Unterdrückung – Not – Vater – Römer - Messias – Rettung
erinnern eigene/ aktuelle Lebenssituationen, die belastend und problematisch sind, **benennen** diese und **halten** sie **fest**	Einzelarbeit	Meditative Musik
gestalten gemeinsam ein Bodenbild zur Metapher „Sturm des Lebens"	Bodenbildgestaltung	Kopiervorlage: Baumblätter,Tücher grün und hellbraun, Wortkarten
benennen verschiedene Aspekte und Erfahrungen, die ihnen in Sturmsituationen Halt geben	Plenumsgespräch	
gestalten ihren eigenen „Baum", der ihnen im Sturm des Lebens Halt geben kann	Gemeinschaftsarbeit	
bringen eigene Erfahrungen, Nöte und Hoffnungen in der kreativen Heftgestaltung **zum Ausdruck**	Kreatives Gestalten Einzelarbeit	AB: „Im Sturm des Lebens…"

Verschiedene Wortteile zusammenpuzzlen und dazu erzählen
Im Stuhlkreis versammelt beginnen die Schülerinnen und Schüler die Stunde mit dem gemeinsamen Anfangsritual. Danach legt die Lehrkraft verschiedene Puzzleteile in die Mitte und lädt ein, diese – möglichst ohne zu sprechen – sinnvoll zusammenzusetzen:

Die Wortpuzzleteile finden Sie auf der CD- Rom

Wenn die Schülerinnen und Schüler die verschiedenen Worte zusammengesetzt haben, lädt die Lehrkraft so oder ähnlich dazu ein, von der letzten Stunde zu erzählen, z.B. *Zu diesen Begriffen müsste euch eine ganze Menge einfallen!*

Die Schülerinnen und Schüler erzählen z.B. von Jonathan und seinem Vater, der Hoffnung auf einen Messias und die damit verbundene Sehnsucht, endlich von der römischen Herrschaft befreit zu werden …

Eigene/ aktuelle Lebenssituationen, die belastend und problematisch sind, erinnern, benennen und festhalten
Weiterführend lädt die Lehrkraft ein, sich ähnlich belastende Lebenssituationen aus der Gegenwart vorzustellen, z.B. *Auch heute noch gibt es Situationen im Leben, die jeder von uns kennt. Manchmal haben wir Angst, manchmal wissen wir nicht, wie es weiter geht, manchmal können wir niemanden finden, der uns versteht. Solche Situationen sind belastend und schwierig – ganz ähnlich wie die von Jonathan. Jeder Mensch kennt sie – auch du und ich! Ich lade dich deshalb ein, dir Zeit zum Nachdenken zu nehmen…*

Die Lehrkraft kann an dieser Stelle meditative Musik einspielen, um die Schülerinnen und Schüler beim Nachdenken zu unterstützen.

Nach der Einzelarbeit kann die Lehrkraft so oder ähnlich einladen, die eigenen Gedanken zur Sprache zu bringen: *Du hast nachgedacht und sicher sind dir verschiedene Situationen eingefallen, die dich belasten und durcheinander bringen. Vielleicht magst du davon erzählen!*

Die Schülerinnen und Schüler könnten erzählen, z.B. Ich habe nachts immer Angst, wenn es dunkel ist … ich fürchte mich vor Hunden … ich bin traurig, weil mein Papa ausgezogen ist …meine Oma ist krank … hoffentlich schaffe ich das Schuljahr …

Die Lehrkraft leitet zur Einzelarbeit über: *Solche Situationen machen uns ganz wirr und bringen uns oft durcheinander. Sie können uns hin und her wirbeln wie ein Blatt im Sturm. Und wir haben Angst, den Halt zu verlieren. Ich habe dir Blätter kopiert. Schreibe darauf jeweils in einem Satz eine schwierige Situation, die du gut kennst und komm damit in den Stuhlkreis!*

Die Kopiervorlage Baumblatt finden Sie auf der CD- Rom

Gemeinsam ein Bodenbild zur Metapher „Sturm des Lebens“ gestalten
Versammelt im Stuhlkreis sind die Schülerinnen und Schüler eingeladen, diese Situationen zu benennen und auf grüne Tücher in Form einer Baumkrone zu legen. So kann die Lehrkraft dazu einladen: *Du hast dir eine oder mehrere Situationen aufgeschrieben, die für dich schwierig sind und dein Leben durcheinander wirbeln. Suche dir eine davon aus, lese sie vor und lege sie zusammen mit deinen anderen Blättern in die Mitte auf die grünen Tücher!*

Verschiedene Aspekte und Erfahrungen, die ihnen in Sturmsituationen Halt geben, benennen
Anhand eines Impulses lädt die Lehrkraft zum Weiterdenken ein: *Unsere Mitte ist unvollständig! Die Schülerinnen und Schüler vermuten, z.B. die Blätter sehen aus wie eine Baumkrone ... dem Baum fehlen die Äste und der Stamm ...*
Die Lehrkraft führt weiter: *Der Stamm gibt den Blättern Halt. Sie werden nicht leicht vom Sturm davon geweht. Der Stamm trägt und hält – auch im Sturm. Auch für deine „Blätter“ gibt es einen Stamm, also etwas, das dir Sicherheit und Halt gibt....*

Die Schülerinnen und Schüler sammeln und beschriften Wortkarten, die als Stamm auf einem braunen Tuch abgelegt werden, mit Begriffen, die ihnen Halt bieten, z.B. meine Familie ... Eltern ... Freunde ... Großeltern ... Gott ... eigene Fähigkeiten ... mein Haustier ...

Den eigenen Baum, der ihnen im Sturm des Lebens Halt geben kann, gestalten
Die Lehrkraft fasst zusammen und lädt zum kreativen Gestalten des Hefteintrages ein: *Wir haben zusammen viele Situationen benannt, die wie Stürme unseres Lebens alles durcheinander bringen können. Du hast deine Erfahrungen auf Blätter geschrieben. Wir haben aber auch gesammelt, was uns – was dir – Halt im Leben geben kann, was dich trägt und woran du dich festmachen kannst. Nimm nun deine Blätter mit an deinen Platz und gestalte daraus deinen eigenen Baum, der dich in den Stürmen des Lebens trägt und hält!*

Material auf der CD-Rom:

- Wortpuzzleteile, Kopiervorlage Baumblatt, AB: „Im Sturm des Lebens...“

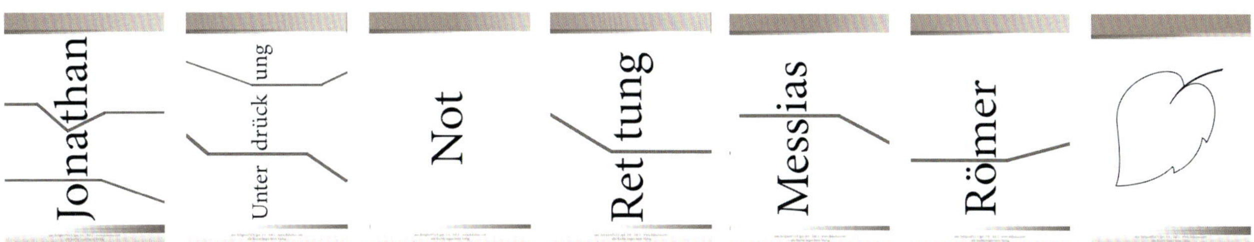

16.+17. Stunde: „Exkurs Ästhetisches Lernen mit Bildern"

Nachdem die Schülerinnen und Schüler bereits in mehreren vorangegangen Unterrichtseinheiten Erfahrungen mit Bildern in rezeptiver und kreativer Bearbeitung gemacht haben, soll nun in den nächsten drei Stunden ein Vertiefen und Konsolidieren ästhetischen Lernens anhand von Bildern gezielt (weiter-)verfolgt werden, die sich mit der neutestamentlichen Seesturmperikope auseinandersetzen: Angst haben, Hilfe suchen, gerettet werden. Hierbei entwickeln die Schülerinnen und Schüler Teilkompetenzen (weiter), sich mit Bildern wahrnehmungs-, erfahrungs-, interessen- und überzeugungsgeleitet, also individualisiert auseinander zu setzen.

Die Schülerinnen und Schüler	Didaktik - Methoden	Medien
vergegenwärtigen sich mithilfe der eigenen Baumgestaltungen der letzten Stunde, was im Leben in den Sturm geraten kann und was Halt gibt	Plenumsrunde	Heft AB der letzten Stunde
imaginieren zunächst das Bild „Sturm auf dem See (2001)" und **identifizieren** bei der visuellen Präsentation die Baumsymbolik aufgrund der eigenen Bildgestaltung der letzten Stunde	Bilddiktat Bildbetrachtung	Bild „Sturm auf dem See (2001)" Text der Lehrererzählung nach Mk 4,35-41 nach den Synoptikern
entwickeln Ideen zum Aufbau des Bildes und der Aussageabsicht des Künstlers in der Verbindung von Baum und biblischer Szene	Partnerarbeit	
begegnen der Bibelstelle von der Stillung des Seesturms in Mt 8,23-27/Mk 4,35-41/ Lk 8,22-25 in einer Lehrererzählung	Lehrervortrag	
rekapitulieren ihre Eindrücke und Ergebnisse der Bildbetrachtung zum Bild „Sturm auf dem See (2001)" und dessen biblischen Bezug zu Mk 4,35-41	Brainstorming	Bild „Sturm auf dem See (2001)" von HaPe Eggerl

setzen sich inhaltlich mit dem Bildmotiv **auseinander** anhand der biblischen Erzählung vom Sturm auf dem See	L-Erzählung, L-S-Gespräch	AB: Text der Lehrererzählung zu Mk 4,35-41 und Umriss Kunstbild
erschließen sich wahrnehmend und betrachtend Aussagen aus einem Kunstbild.	„Guckloch-Methode" im Plenum	Ruhige Musik, Bildfolie, Guckloch-Blatt,
verstehen, wie durch Formen und Gestaltungen Inhalte einer biblischen Perikope ausgedrückt werden können	Einzelarbeit mit AB, Partnergespräch	AB. Brief des Künstlers

Sich mithilfe der eigenen Baumgestaltungen vergegenwärtigen, was im Leben in den Sturm geraten kann und was Halt gibt

Die Schülerinnen und Schüler versammeln sich im Stuhlkreis und präsentieren sich ihre kreativen Gestaltungen der letzten Stunde aus ihrem Hefteintrag.

Das Bild „Sturm auf dem See (2001)" imaginieren

Anschließend kündigt die Lehrkraft die Arbeit mit einem Kunstbild an und bittet einen Schüler/ eine Schülerin mittels „Bilddiktat", der Lerngruppe das Bild verbal zu präsentieren (ohne es zu zeigen!). Danach äußern die Mitschülerinnen und Mitschüler ihre Vorstellung zum beschriebenen Bild.

Bilddiktat

... ist eine weitere Methode zur Steigerung der Sehgeduld. Durch eine rein verbale Beschreibung (ausgeführt durch die Lehrkraft oder einen Schüler/eine Schülerin) soll das Bild zunächst in der Vorstellung der Schülerinnen und Schüler entstehen, bevor es tatsächlich visuell präsentiert wird. Durch den dabei evozierten Abgleich von Imagination und visueller Präsentation entstehen Wahrnehmungseindrücke, die ein vertiefteres Betrachten und ein unmittelbareres individuelles Beurteilen des Bildes wahrscheinlich werden lassen.
Beim vorliegenden Bild („Sturm auf dem See", 2001) wird empfohlen, vor der eigentlichen Beschreibung den beschreibenden Schüler/der Schülerin zu bitten, auf folgende drei Fragen zu antworten:

1. **Aus wie vielen Farben (>> Farbfamilien) besteht das Bild und aus welchen?**
2. **Wie ist die Grundform des Bildes?**
3. **Welchen Gesamteindruck macht das Bild?**

Der Schüler/ die Schülerin (oder die Lehrkraft) könnte evtl. so beginnen, z.B. Das Bild besteht hauptsächlich aus grau-blau-schwarz Tönen und hat unten viel gelb und orange („1. Aus wie vielen Farben (>> Farbfamilien) besteht das Bild und aus welchen?")
Die Grundform des Bildes erinnert mich an unseren Baum der letzten Stunde („2. Wie ist die Grundform des Bildes?")
Das Bild wirkt auf mich lebendig, aufregend und wild... („3. Welchen Gesamteindruck macht das Bild?")

Anschließend geht der Schüler/ die Schüler dazu über, die Details des Bildes zu beschreiben, z.B. Das Bild hat einen oberen und einen unteren Teil. Oben ist es dunkel, fahrig und zerfetzt. Durch die Farben Blau und Grau erinnert es mich an Wasser und Wellen, an einen stürmischen Himmel wie bei einem Gewitter. Wenn ich genau hinsehe, kann ich in der Mitte des Bildes Menschen erkennen. Sie sitzen in einem kleinen Boot. Augen und Mund haben sie weit aufgerissen. Sie schauen alle voller Entsetzen, was mit ihnen passiert.
Am anderen Teil des Bootes ist eine einzelne Figur, die Augen und Mund geschlossen hat. Der Kopf liegt friedlich auf dem Arm, als ob diese Person schlafen würde. Im Gegensatz zu den anderen Personen ist sie gelb gemalt. Eine Farbe, die sich nach unten durch den angedeuteten Stamm und die Wurzeln des Baumes hindurchzieht. Der Stamm des Baumes ist kräftig und geht von Gelb in ein sattes Orange über, das sich bis in die Wurzeln ausbreitet. Wie ein Standfuß scheint er dem Baum Halt zu geben.

Im Anschluss an das Bilddiktat sind die Schülerinnen und Schüler eingeladen, ihre Eindrücke zu verbalisieren, z.B. *Ihr habt beschrieben bekommen, was auf dem Bild zu sehen ist und es euch in Gedanken vorgestellt. Ich bin gespannt auf eure Eindrücke!*

Die Schülerinnen und Schüler erzählen, z.B. Es scheint ein aufregendes Bild zu sein … ich kann mir schon denken, wer da im Boot sitzt … ist Gelb nicht die Farbe für Jesus … ich war auch schon einmal auf einem See/ im Meer … ich bin gespannt, wie das Bild wirklich aussieht … darf ich das Bild endlich sehen ????

Bei der visuellen Präsentation die Baumsymbolik identifizieren
Nach dem Austausch der Eindrücke, die die Schülerinnen und Schüler von dem Bild bereits imaginiert haben, wird das Bild nun gezeigt.

Material AUF CD-ROM M

Das Bild „Sturm auf dem See (2001)“ finden Sie auf der CD- Rom

Die Schülerinnen und Schüler betrachten das Bild und ergänzen eigene Entdeckungen. Angeregt werden sie durch die drei Fragen des Bilddiktates:

- Welche Farben kannst du im Bild entdecken? Wie wirken sie auf dich?
- Was fällt dir zu der Form des Bildes ein? Woran erinnert es dich?
- Welchen Gesamteindruck macht das Bild?
- Was hat sich der Künstler dabei gedacht, die Menschen in dem Boot in diese Baumform zu malen?

Ideen entwickeln zum Aufbau des Bildes und der Aussageabsicht des Künstlers in der Verbindung von Baum und biblischer Szene
Die Schülerinnen und Schüler werden aufgefordert, sich in Partnerarbeit Gedanken zu machen, was die Grundform eines Baumes ausdrücken könnte.

Als Hilfestellung können folgende Satzanfänge – an die Tafel geschrieben - helfen, weiterführende Gedanken zu finden:

- „Ein Baum gilt eigentlich als …"
- „Ein Baum ist …"
- „Der Stamm eines Baumes ist …"
- „Die Baumkrone …"
- „Die Wurzeln eines Baumes sind …"
- „Wenn der Künstler als Grundform für sein Bild einen Baum wählt, dann könnte er vielleicht damit ausdrücken wollen …"

So oder ähnlich kann die Lehrkraft im Anschluss an die Auswertung der Partnerarbeit im Plenum zusammenfassen: *Ein Baum hat festen Stand durch die Kraft der Wurzeln und den Stamm. Die Baumkrone ist im Sturm wild und unruhig und wirkt eher unsicher. Der Stamm gibt Sicherheit und Stabilität. Eine Person aus der Mitte des Bildes ist farblich mit dem Stamm verbunden als ob auch sie Sicherheit und Stabilität gibt. Die anderen Personen im Boot sind mit der Baumkrone verbunden, die im Sturm hin und her gewirbelt wird. Sie wirken unsicher, panisch, aufgebracht. Haben sie vergessen, dass der Stamm Sicherheit und Halt bietet?*

Der Bibelstelle von der Stillung des Seesturms in Mt 8,23-27/ Mk 4,35-4/ Lk 8,22- 25 in einer Lehrererzählung begegnen
Abschließend erzählt die Lehrkraft die Bibelstelle, zu der der Künstler dieses Bild gestaltet hat:

Die Erzählung „Der Sturm auf dem See" finden Sie auf der CD- Rom

Eigene Eindrücke und Ergebnisse der Bildbetrachtung und deren biblischen Bezug rekapitulieren
Die Schülerinnen und Schüler versammeln sich im Stuhlkreis. Die Lehrkraft lädt so oder ähnlich ein: *In der letzten Stunde haben wir uns mit einem Bild und einem Bibeltext beschäftigt. Ich bin gespannt, was euch dazu noch einfällt!*
Die Schülerinnen und Schüler rekapitulieren, z.B. Da sitzen Menschen im Boot … alle haben Angst vor einem Sturm und dessen Bedrohung … nur einer ist ruhig … Jesus ist auch im Boot … Jesus rettet die Menschen im Boot … Er macht, dass der Sturm aufhört und das Wasser sich beruhigt …

Sich inhaltlich auseinandersetzen mit dem Bildmotiv anhand der biblischen Erzählung
In der Weiterführung erhalten die Schülerinnen und Schüler den Erzähltext der Lehrererzählung zusammen mit dem Umrissbild des Baumes auf einem Arbeitsblatt.

Das Umrissbild „Baum" und den Erzähltext der Lehrererzählung finden Sie auf der CD- Rom

So oder ähnlich kann die Lehrkraft zum nächsten Schritt überleiten: *Ihr habt den Text der biblischen Erzählung nochmals vor euch liegen. Lest ihn zunächst still für euch durch und unterstreicht beim zweiten Durchlesen, welche „Stürme" die Jünger erleben, wovor sie Angst haben, welche Gefühle der Bedrohung sie erleben. Unterstreicht mit einer hellen Farbe, was ihnen Sicherheit und Halt gibt, was ihre Angst nehmen könnte. Besprecht euch dann mit eurem Nachbarn und tragt die Begriffe an der entsprechenden Stelle des Umrissbildes ein!*
Die Ergebnisse aus der Partnerarbeit werden im Plenum zusammengetragen.

Sich wahrnehmend und betrachtend ein weiteres Kunstbild erschließen
Anschließend leitet die Lehrkraft so oder ähnlich zum nächsten Schritt über, z.B. Vom gleichen Künstler gibt es noch ein anderes Bild vom Seesturm. Ich lade euch ein, dieses Bild in kleinen Schritten zu entdecken und wahrzunehmen mit einem Gucklochmethode.

Material AUF CD-ROM

Das Bild „Seesturm (1994)" finden Sie auf der CD- Rom

Mittels Guckloch-Methode wird der Lerngruppe das Bild („Seesturm", 1994) präsentiert. Nach dem Äußern von ersten ungelenkten Kommentaren wird zur vertiefenden Betrachtung ein Arbeitsblatt zur Bearbeitung in Einzelarbeit ausgeteilt. Anschließend kommunizieren die Schülerinnen und Schüler in Partnerarbeit über ihre Wahrnehmungen und kreativen Bildinterpretationen.

Die Guckloch-Methode

... ist eine Methode zur Steigerung der Sehgeduld. Auf einem Overhead-Projektor wird die Bildfolie (>> hier „Seesturm", 1994) aufgelegt. Darauf wird ein größerformatiges, undurchsichtiges Papier gelegt, in das mittig ein Guckloch (ca. 1cm Durchmesser) geschnitten ist. Nun erst wird der Projektor eingeschaltet; zuvor sollen die Schülerinnen und Schüler das Bildmotiv nicht sehen können.
Ein Schüler/eine Schülerin wird eingeladen zum Projektor zu kommen und das Guckloch (bzw. das undurchsichtige Papier) ganz langsam über die Folie so zu bewegen, dass der restlichen Klasse ein Einblick ins Bild gelingt. Nach dem Bewegen des Gucklochs möge der Schüler/die Schülerin das Guckloch auf einer motivstarken Stelle „parken" und einen weiteren Schüler/eine Schülerin aufrufen, seinerseits/ihrerseits das Guckloch in dieser Weise zu bewegen. Nach 4 bis 5 Durchgängen wird das Bild aufgedeckt und die Lerngruppe erhält die Möglichkeit, sich frei zu äußern.
Ähnliches kann per Powerpoint-Präsentation realisiert werden. Hier allerdings bleibt das Öffnen von Bildstellen aus technischen Gründen der Lehrkraft vorbehalten (>> sog. „Dalli-Klick-Methode").

Verstehen, wie durch Formen und Gestaltungen Inhalte einer biblischen Perikope ausgedrückt werden können
Nach der ausführlichen Bildbetrachtung und Erschließung lädt die Lehrkraft die Schülerinnen und Schüler zum Nachdenken über dieses zweite Bild ein: *Ihr kennt nun zwei Bilder eines Künstlers zum gleichen Thema. Was hat ihn wohl veranlasst, zwei verschiedene Bilder zu malen? Welche*

Idee, welche Aussage der biblischen Erzählung wollte er deiner Meinung nach möglicherweise in diesem zweiten Bild ausdrücken? Besprich dich mit deinem Nachbarn!

Im Anschluss an die Partnerarbeit stellen die Schülerinnen und Schüler ihre Überlegungen vor, z.B. Vielleicht war ihm das Thema einfach so wichtig, dass er noch ein Bild malen wollte … er wollte vielleicht noch mehr die Angst und Not der Situation ausdrücken … hier ist der Sturm noch viel deutlicher dargestellt… ich glaube, da oben ist noch eine Schlange oder ein Ungeheuer …

Nach den Vermutungen der Schülerinnen und Schüler präsentiert die Lehrkraft zum Ende der Stunde eine Antwort des Künstlers selbst in Form eines Briefes an die Klasse:

Den Brief des Künstlers finden Sie auf der CD- Rom

Material auf der CD-Rom:

- Bild „Sturm auf dem See (2001)“ , Synoptischer Vergleich, Umrissbilder „Baum"

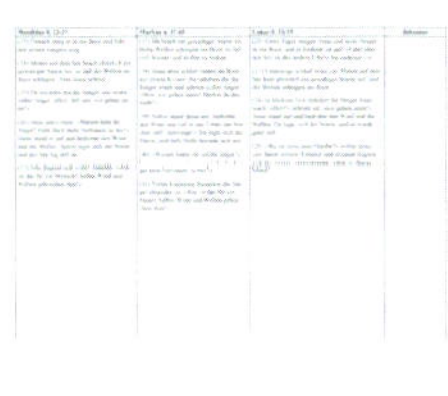

- Lehrererzählung, Bild „Sturm auf dem See (1994)“, Brief des Künstlers

18. Stunde: „Auch Menschen heute erleben Angst, Leid und Not“

In der Begegnung und Auseinandersetzung mit der Perikope vom Seesturm haben die Schülerinnen und Schüler bereits eigene Situationen von Angst und Not identifiziert. Not, Leid und Tod begegnen den Schülerinnen und Schülern in vielfältiger Weise: In den Medien, aber auch im Alltag der eigenen Familie oder in Begegnungen in ihrem Lebensumfeld. Angeregt durch Bilder aus den täglichen Medien und Zeitschriften erzählen die Schülerinnen und Schüler sich gegenseitig von Leidsituationen, die sie persönlich bereits erfahren oder von denen sie gehört haben und bringen dadurch ausgelöste Gedanken und Fragen in einer Sprechblase zu dem ausgewählten Bild zur Sprache.

Die Schülerinnen und Schüler	Didaktik - Methoden	Medien
setzen sich mit einem spontan ausgewählten Bild **auseinander**, **beschreiben** dieses und **identifizieren** darin eine „Seesturmsituation“ **benennen** die Notsituation, die sich ihnen auf dem Bild darstellt	Gallerywalk Stuhlkreis Spontaner Austausch Bildbetrachtung Empathieübung	Meditative Musik Aktuelle Zeitungsbilder zur Auswahl
versetzen sich empathisch in die Person auf dem Bild und **formulieren** deren Fragen, Sorgen und Nöte	Kreatives Schreiben Präsentation	Gestaltete Mitte: Wellen AB: Sprechblase

Anmerkung

Im Blick auf die kommenden Stunden ist es wichtig, sich für diese Stunde genug Zeit zu nehmen und den Schülerinnen und Schülern Raum zu geben, um eigene Erfahrungen und evtl. auch damit verbundene Fragestellungen zu äußern. Dies ist unbedingt notwendig, um beim Thema „Leid und Tod“ Zugänge, Vorerfahrungen und evtl. auch schwierige Situationen der Schülerinnen und Schüler besser einschätzen und dadurch auch darauf eingehen zu können.

Sich mit einem Bild auseinandersetzen, es beschreiben und darin eine „Seesturmsituation“ identifizieren

Die Schülerinnen und Schüler werden zunächst bei meditativer Musik eingeladen, sich langsam und leise im Klassenzimmer zu bewegen und die auf einem Gallerywalk ausgelegten Bilder zu betrachten. So oder ähnlich kann die Lehrkraft dazu einladen:

Ich schalte Musik an. Bleib noch einen Moment sitzen und nimm dir dann Zeit, in Ruhe die Bilder anzusehen, die ich aus Zeitungen ausgeschnitten und mitgebracht habe. Sieh dir erst alle Bilder an und wähle dann das Bild aus, das dich am meisten berührt oder an eine Situation erinnert, die du kennst. Komm dann mit deinem Bild in den Stuhlkreis!

Versammelt im Stuhlkreis legen die Schülerinnen und Schüler ihre Bilder in die Mitte und assoziieren dazu, z.B. das sind genau solche Situationen wie in der letzten Stunde … Sturmsituationen unseres Alltags, unseres Lebens, der Menschen auf dieser Welt …

Die Notsituation des Bildes benennen

Die Lehrkraft führt weiter: *Schau noch einmal auf dein Bild. Es gibt einen Grund, dass du gerade dieses Bild ausgewählt hast. Versuche, in einem Satz die Situation des Bildes zu benennen oder die Situation, an die dich dieses Bild erinnert hat!*

Sich empathisch in die Person auf dem Bild versetzen und deren Fragen, Sorgen und Nöte formulieren

Nach der Runde, in der die Schülerinnen und Schüler ihre Bilder kurz vorgestellt haben, führt die

Lehrkraft weiter: *Du hast nun Zeit, dich noch intensiver mit deinem Bild zu beschäftigen! Überlege dir: Wie geht es dieser Person auf dem Bild? Was hat sie wohl erlebt? Welche Fragen hat sie? Welche Sorgen und Nöte beschäftigen sie? Schreibe alles, was dir einfällt, in diese Sprechblase! Es kann eine ganze Geschichte sein, die der Mensch auf deinem Bild erzählt oder einzelne Gedanken und Fragen!*

Die Vorlage einer Sprechblase finden Sie auf der CD- Rom

Wenn die Schülerinnen und Schüler fertig sind, kommen sie nochmals im Stuhlkreis zusammen und tragen ihre Fragen und Gedanken vor. Wichtig ist dabei, dass jeder und jede zu Wort kommt und auch die eigenen Fragen, Sorgen und Nöte einbringen kann.

Ein von der Lehrkraft foormuliertes Gebet kann die Stunde abschließen, z.B. *Guter Gott, auf unserer Welt geschieht so viel Schlimmes: Kinder leiden, Menschen sterben, Bilder von Leid und Not in Nachrichten machen uns traurig. Manchmal fällt es schwer zu glauben, dass du trotz allem mitten unter uns bist. Wir bitten dich: Sei du bei uns, wenn das Leben schwer wird und wir traurig sind! Geh du mit uns auf unseren Wegen, wenn wir Schlimmes aushalten müssen! Amen.*

Das ausgewählte Bild und die beschriftete Sprechblase werden abschließend ins Heft geklebt.

Material auf der CD-Rom:

- AB: Sprechblase

19. Stunde: „Not und Verzweiflung vor Gott bringen – Arbeit mit Psalmworten"

In der Auseinandersetzung mit Bildern aus den Zeitschriften haben die Schülerinnen und Schüler verschiedene Situationen von Leid, Not und Tod kennen gelernt. Oft machen uns solche Nachrichten und Schlagzeilen sprachlos. Die bildhafte Sprache der Psalmen dagegen bietet Worte für unterschiedlichste Leid- und Notsituationen des täglichen Lebens. Indem die Schülerinnen und Schüler sich mit Psalmworten auseinander setzen und eine Geschichte zu einem ausgewählten Psalmwort schreiben, erspüren sie die Tiefe, die in der metaphorischen Sprache der Psalmen liegt und eine Möglichkeit bietet, das eigene Leben in allen Lebenslagen vor Gott zu bringen.

Die Schülerinnen und Schüler	Didaktik - Methoden	Medien
positionieren sich zu einem Bild, das ein Gefühl ausdrückt, in dem sie sich wiederfinden können	Stuhlkreis Bildbetrachtung	4 Bilder zu verschiedenen Gefühlssituationen
begründen ihre Positionierung mit einem kurzen Satz zu ihrem aktuellen Befinden	Positionierung	Muggelsteine
setzen sich in der Gruppe mit Psalmworten zu ihrem Thema **auseinander**	Gruppenarbeit	Psalmworte als Kopiervorlage
wählen ein Psalmwort, das sie persönlich anspricht und **beschäftigen sich** kreativ damit	Einzelarbeit Kreatives Gestalten	AB zur kreativen Arbeit
stellen ihre Arbeitsergebnisse in der Gruppe **vor**	Präsentation	

Sich zu einem Bild einer bestimmten Gefühlslage positionieren

Im Stuhlkreis versammelt werden die Schülerinnen und Schüler auf die kommende Stunde durch verschiedene Bilder eingestimmt. Sie benennen die unterschiedlichen Gefühle und Situationen, die dargestellt sind: Sich einsam fühlen und klagen – sich geborgen fühlen und danken – Traurig sein und bitten – Zufrieden sein und loben.

Die Lehrkraft kann so oder ähnlich einladen, sich zu positionieren, z.B. *Du hast die verschiedenen Bilder schon betrachtet und erkannt, dass sie Gefühle ausdrücken: Ein Kind ist traurig, eines einsam, eines fühlt sich ganz zufrieden und das vierte ist froh. Du kennst alle diese Gefühle. Überlege dir für dich: Wie geht es dir heute, gerade jetzt? Lege dann deinen Muggelstein auf das Bild, das zu deiner heutigen Stimmung und deinen Gefühlen passt!*

Material AUF CD-ROM

Die Gefühlebilder finden Sie auf der CD- Rom

Die eigene Positionierung begründen

Die Lehrkraft kann so oder ähnlich weitermachen, wenn die Schülerinnen und Schüler alle ihre Muggelsteine und damit sich selbst positioniert haben, z.B. *Du hast dich für eines der Bilder, für ein Gefühl entschieden, das heute zu dir passt. Wir haben noch keine Ankommrunde gemacht – dafür hast du jetzt Zeit, kurz zu erzählen, wie es dir heute geht und warum, z.B. Ich bin heute traurig, weil mein Hund krank ist … oder: ich freue mich, weil ich heute nachmittag zu meiner Freundin darf…*

Sich in der Gruppe mit Psalmworten zum ausgewählten Thema auseinandersetzen
Die Lehrkraft leitet zur Gruppenarbeit über: *Ihr habt schon gesehen: Mehrere Muggelsteine liegen auf einem Bild, bei einem Gefühl. Alle Schülerinnen und Schüler versammeln sich nun um das Bild, das sie sich ausgewählt haben, an einem der Gruppentische. Dort findet ihr auch noch kleine Kärtchen mit Psalmworten, die zu dem Bild passen. Lest nacheinander die Psalmworte vor und besprecht sie: Welches Wort gefällt euch? Was fällt euch dazu ein? Was versteht ihr nicht? Ihr habt dazu 5 Minuten Zeit!*

Ein persönliches Psalmwort auswählen und sich damit kreativ beschäftigen
Nach etwa 5 Minuten leitet die Lehrkraft zur nächsten Arbeitsphase über: *Ihr habt euch alle Psalmworte angesehen und sie miteinander besprochen. Sicher gefällt dir ein Psalmwort besser als die anderen! Nimm dieses Psalmwort mit an deinen Platz! Entscheide dann, ob du malen oder schreiben möchtest und hole dir ein entsprechendes Arbeitsblatt am Pult. Darauf kannst du dein Psalmwort kleben und weiter malen oder schreiben. Male oder schreibe alles, was dir zu deinem Psalmwort einfällt. Das kann ein ganzer Text, eine Geschichte sein oder einfach nur Gedanken und Fragen. Du kannst auch ein großes Bild dazu malen oder eine Bildergeschichte mit mehreren kleineren Bildern.*

Material AUF CD-ROM

Die verschiedenen Arbeitsblätter finden Sie auf der CD- Rom

Die Arbeitsergebnisse in der Gruppe vorstellen
Am Ende der Stunde sind alle Schülerinnen und Schüler nochmals eingeladen, ihre Arbeiten im Stuhlkreis vorzustellen.

Material AUF CD-ROM

Material auf der CD-Rom:

- Gefühle-Bilder, Deckblätter zu den verschiedenen Kategorien der Psalmworte

- Psalmworte als Kopiervorlage, Vorlagen Arbeitsblätter

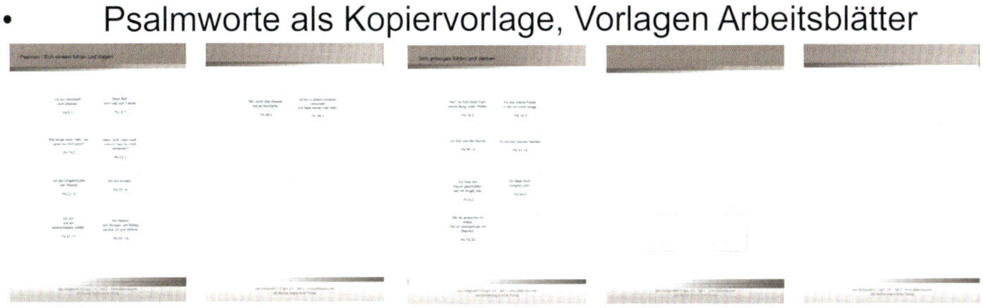

20.-24. Stunde: „Vanessas Oma ist tot“ (Lernaufgabe)

Anknüpfend an die Vorstunden bringen die Schülerinnen und Schüler ein ausgewähltes Psalmwort in Verbindung mit einem Bildimpuls. In der Weiterführung hören sie in einer Lehrererzählung, dass Vanessas Oma gestorben ist. Die Erzählung selbst, aber auch ihre eigenen Gedanken und Fragen führen zur Entwicklung einer Lernaufgabe, in der die Schülerinnen und Schüler die Möglichkeit haben, diesen nachzugehen und mögliche Antworten zu suchen.

Die Schülerinnen und Schüler	Didaktik - Methoden	Medien
erarbeiten möglichst **selbstständig** Informationen zum Thema Tod	Informations-beschaffung, - bewertung und Darstellung in selbsttätiger Arbeit	Arbeitsblätter, Bücher, evtl. Filme, Internetrecherche, NT, Gotteslob …
tauschen sich zu zweit oder in der Gruppe über ihre Gedanken **aus**		Lehrererzählung: „Vanessas Oma ist tot!“
stellen die wichtigsten Aspekte der Einzel- oder Gruppenarbeit **anschaulich dar** und **präsentieren** diese		
positionieren sich mit ihren eigenen Arbeitsergebnissen und zu den Ergebnissen der anderen Gruppen		Mögliche Aufgabenstellungen

A. Vorbereitung der Lernaufgabe

Lehrkraft:

- Vorüberlegungen zur Verortung der Lernaufgabe innerhalb der Sequenzplanung: Die Lernaufgabe ist an der Schnittstelle zwischen menschlichen Leiderfahrungen und Leben bzw. Leidensweg Jesu.
- Blick auf die wesentliche Kompetenzerwartung der Sequenz; Schwerpunktsetzung: Welche Prozessbezogenen Kompetenzen werden besonders gefördert? Es geht zum einen um einen erfahrungsbezogenen Zugang zu Sterben und Tod mit allen Ritualen und Bräuchen, die dazu gehören. Es geht aber auch darum, einen Raum für die eigenen offenen Fragen der Schülerinnen und Schüler zu schaffen und dadurch auch Ängste ab- und eine Hoffnungsperspektive aufzubauen.

Grundlegende Kompetenz Jesus Christus

Die Schülerinnen und Schüler verstehen Jesu Handeln im Zusammenhang mit seiner Botschaft vom Reich Gottes. Sie stellen dar, wie Menschen aller Zeiten dem Beispiel Jesu folgen und entdecken darin Leitimpulse für ihr eigenes Handeln. Sie setzen sich mit Erfahrungen und Fragen nach Leid und Tod auseinander und entdecken im Glauben an die Auferweckung Jesu Christi Hoffnungsperspektiven für ihr Leben.

Lernbereich 8. Jesus, der Christus – Leben, Leiden, Tod und Auferstehung
Kompetenzerwartungen:
Die Schülerinnen und Schüler

- stellen Fragen nach Leid und Tod und diskutieren unterschiedliche Antwortversuche (V, K)
- verstehen, dass das Glaubenszeugnis von Leben, Tod und Auferweckung Jesu für Christen der Grund ihrer Hoffnung und Zuversicht ist (W, V, K)
- nehmen christliche Bilder und Symbole der Zuversicht wahr und gestalten ihre Hoffnungsvorstellungen in eigenen Ausdrucksformen (W, U, G, K, T)

B. Konstitution der Lernaufgabe
Lehrkraft:
Vorüberlegungen:

- Mit welchem Impuls kann ich SuS zum Fragen anregen? Welche Fragen haben SuS? Eine Todesanzeige aus der Tageszeitung oder das Bild eines Grabes kann die Schülerinnen und Schüler zum Fragen und Erzählen anregen.
- Welche Unterstützung brauchen sie? Viele verschiedene Materialien zur Recherche (Bilderbücher, Bibeln, Gotteslob, Religionsbücher, Internet...)

SchülerInnen:

1. Auseinandersetzung z.B. mit dem Bild eines Grabes, Erzählung „Vanessas Oma ist tot“

Die Lehrererzählung „Vanessas Oma ist tot“ finden Sie auf der CD- Rom

2. Vorwissen einbringen, Assoziationen, Ideen und Vorstellungen sammeln und ordnen (z.B. Cluster: Wer stirbt alles ... warum stirbt ein Mensch/ ein Tier ... was passiert nach dem Tod .... wie läuft eine Beerdigung ab .... warum haben wir Friedhöfe ...)
3. Fragestellungen, Problemanzeigen, Themen (Warum haben Menschen Angst vor dem Tod? Was kann die Angst nehmen? Wie gehen wir mit dem Tod/ mit toten Menschen um? ...) usw. herausarbeiten
4. Entwicklung verschiedener Themenfelder bzw. Bearbeitungsbereiche unter Berücksichtigung möglichst vieler Prozessbezogener Kompetenzen (**Wahrnehmen:** Wie trauern Menschen? Wie zeigt sich die Trauer? **Verstehen:** Was passiert nach dem Tod mit den Menschen? Gibt es ein Leben nach dem Tod? **Urteilen:** Wie denken Menschen über ein Leben nach dem Tod? Wieso denken sie so? Haben unterschiedliche Religionen unterschiedliche Vorstellungen vom Leben nach dem Tod? **Gestalten:** Wie kann ich Trauernden Hoffnung machen/ eine Trostkarte gestalten? Wie kann ein hoffnungsvoller Grabstein aussehen? **Teilhabe:** Was gehört zu einer Beerdigungsfeier? Welche Texte und Lieder eignen sich dafür oder auch für die Todesanzeige?)

C. Durchführung der Lernaufgabe

Lehrkraft:

Vorüberlegungen:

- Welche Themen können bearbeitet werden? Es sollten vor allen die Themen und Fragestellungen der Schülerinnen und Schüler im Mittelpunkt stehen.
- Welche Lernwege werden beschritten? Welche Sozialformen werden gewählt? Die Schülerinnen und Schüler wählen sich selbst die Sozialform und den Lernweg.
- Welche Materialien müssen zur Verfügung gestellt werden? Welche Unterstützung/ Anleitung brauchen die SuS? (z.B. DVD „Willi will´s wissen: Wie ist das mit dem Tod?“, Bilderbücher zum Tod, Bibeln, Gotteslob, Schülerbücher, Zeitschriften, Internetrecherche, ...)
- Soll es Pflichtaufgaben geben, die alle SuS bearbeiten müssen? Der Schwerpunkt liegt hier auf der individuellen Fragstellung, die den einzelnen Schüler beschäftigt!

Schülerinnen und Schüler:

5. Einzel-, Partner- oder Gruppenarbeit an einer ausgewählten Fragestellung/ einem Thema
6. Dokumentation der Arbeitsergebnisse
7. Entwicklung einer Präsentation, z.B. als Plakat/ Folie mit einem vorgegebenen Raster

D. Präsentation und Lernzuwachs

Lehrkraft:

Vorüberlegungen:

- Was wird als Ergebnis präsentiert? Alle Schülerinnen und Schüler präsentieren ihre Frage(n) und die Antwort(en), die sie gefunden haben.
- Wie werden die Ergebnisse präsentiert? Welche Ergebnissicherung wird den anderen SuS ermöglicht? Eine Ausstellung der Ergebnisse im Schulgang bzw. die Sammlung der Frage(n) und Antwort(en) der Schülerinnen und Schüler in einem gemeinsamen Ordner/ Buch

Schülerinnen und Schüler:

8. Präsentation der Arbeitsergebnisse, Diskussion und Auswertung in der Religionsgruppe
9. Bewusstmachen des neu Erlernten bzw. des Lernzuwachses – welches Ergebnis meiner EA oder PA oder anderer Gruppen hat mich am meisten beeindruckt bzw. ist eine wertvolle Ergänzung für meine Ergebnisse? (Prinzip: Eindruck – Ausdruck – Austausch)
10. Verknüpfung der neuen Lernergebnisse mit Anwendungsmöglichkeiten und alltagstauglichen realistischen Umsetzungsideen – Bei der nächsten Beerdigung ...

E. Reflexion des Lernprozesses

Lehrkraft:

- Vorüberlegungen zur Reflexion des Lernprozesses: Welcher Lernzuwachs in der Religionsgruppe/ bei einzelnen SuS ist mir aufgefallen? Wie war die Zusammenarbeit in den Gruppen? Wie haben die einzelnen SuS gearbeitet? Welche inhaltlichen/ methodischen Schwierigkeiten gab es? Wie kann die Sequenz andocken?

Schülerinnen und Schüler:

11. Bewusst machen des neu Erlernten bzw. des Lernzuwachses – welches Ergebnis meiner Arbeit hat mich am meisten beeindruckt?
12. Reflexion des Lernprozesses (Lerndesign, Gruppenprozesse, Lernwege, Methoden, Qualität der Arbeitsergebnisse…) Was hat mir gut gefallen? Wie möchte ich nochmals arbeiten? Wo habe ich viel gelernt? …
13. Wertschätzung des eigenen Lernweges („Lernen lernen“) Was habe ich neu gelernt?
14. Ggf. Anwendung auf weitere Beispiele
15. Ggf. Sammeln und Beachten offen gebliebener Fragestellungen für eigenständiges Weiterarbeiten

Wahrscheinlich ist es nicht möglich, in der ersten Stunde über Schritt 5 hinaus zu kommen, das schafft aber auch Zeit für die Lehrkraft, auf die Fragen und Themen der Schülerinnen und Schüler einzugehen und entsprechende Materialien zu suchen bzw. zu erarbeiten.
Zur Ideensammlung und besseren Strukturierung der Planung einer Lernaufgabe kann der Kompetenzstern bzw. das Planungsschema für eine Lernaufgabe (s. Vorwort) hilfreich sein.

Generell sollten die Themengebiete so weit gefasst sein, dass die Schülerinnen und Schüler wirklich selbststeuernd lernen können. Die Lehrkraft behält dabei die unterschiedlichen Prozessbezogenen Kompetenzen im Blick und unterstützt die Lernwege der Schülerinnen und Schüler. Nachdem diese wahrscheinlich unterschiedlich selbstständig arbeiten können, ist es sinnvoll, konkrete Arbeitsaufträge bereitzustellen. Diese sind aber nur als Hilfestellung und Ergänzung zu verstehen und sollen die Fragestellungen der Schülerinnen und Schüler nicht einengen.

Mögliche Aufgabenstellungen finden Sie auf der CD-Rom. Die Schülerinnen und Schüler sollen aufgefordert werden, sich aus den Aufgabenstellungen zwei oder drei auszuwählen, die sie bearbeiten wollen.

Mögliche Aufgabenstellungen finden Sie auf der CD- Rom

Material auf der CD-Rom:

- Lehrererzählung: „Vanessas Oma ist tot!“ und mögliche Aufgabenstellungen zur Lernaufgabe

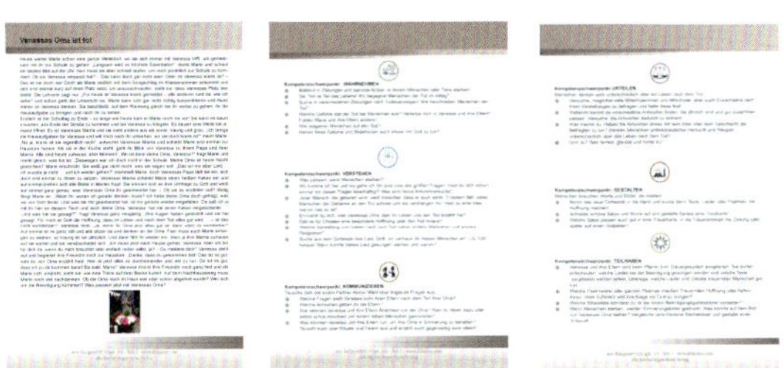

25. Stunde: „Warum lässt Gott das Leid zu? – die Theodizeefrage“

In der Lernaufgabe haben sich die Schülerinnen und Schüler intensiv mit der Frage nach dem Tod beschäftigt. Dabei war der Zugang durch den Tod einer alten Frau für die Schülerinnen und Schüler leichter nachvollziehbar. Beim Blick in unsere Welt jedoch stellt sich in vielen Bereichen die Theodizeefrage: Warum lässt der gute Gott all dieses Leid zu? In der Auseinandersetzung mit dieser Frage und den Epikuräischen Antwortversuchen erspüren die Schülerinnen und Schüler ihre eigene Verantwortung für das Leid in der Welt und erahnen die Konsequenz der Freiheit, die Gott den Menschen lässt.

Die Schülerinnen und Schüler	Didaktik - Methoden	Medien
erinnern ihre eigenen Fragestellungen zu Bildern von Leid und Notsituationen	Plenum Erzählrunde	Hefteintrag mit Bildern und Sprechblasen zu Leid und Not
stellen einen **Zusammenhang her** zwischen menschlicher Not und der Frage nach Gott	Hypothesenbildung	Wortkarte: „Und Gott?“
setzen sich mit den epikuräischen Antwortversuchen **auseinander** und **hinterfragen** diese auf ihr jeweiliges Gottesbild	Textarbeit	AB: Die epikuräischen Antwortversuche
positionieren sich zu einem der Antwortversuche Epikurs und **begründen** ihre Entscheidung	Positionierung und Begründung	Thesen zur Positionierung
wenden sich im Gebet vertrauensvoll **an Gott**, der mit uns durch das Leid geht	Gemeinsames Beten	Gebetstext

Eigene Fragestellungen zu Bildern von Leid und Notsituationen erinnern

Die Schülerinnen und Schüler kommen mit den Heften in den Stuhlkreis. Nach dem Anfangsritual lädt die Lehrkraft ein, die Hefte mit den Bildern von Leid und Not und der Sprechblase aufzuschlagen und einzelne Beispiele vorzulesen bzw. in die Mitte zu legen.
Zusammenfassend kann die Lehrkraft überleiten: *Ihr erinnert euch an viele verschiedene Situationen, in denen Menschen Leid und Not aushalten müssen und fragen: Warum? Sie fragen aber nicht nur nach dem Sinn von Leid, Not und Tod. Sie fragen meist noch mehr …*

Einen Zusammenhang herstellen zwischen menschlicher Not und der Frage nach Gott
Die Lehrkraft legt die Wortkarte „Und Gott?“ als Impuls zu den Bildern und Sprechblasen in die Mitte.

Die Wortkarte „Und Gott?“ finden Sie auf der CD- Rom

Die Schülerinnen und Schüler vermuten, z.B. Menschen fragen sich: Warum lässt Gott das zu? … Sieht Gott all das Leid nicht? … Will er es nicht sehen?... Ist es ihm egal?... Sind wir Menschen ihm egal? …

Sich mit den epikuräischen Antwortversuchen auseinandersetzen und diese auf ihr Gottesbild hinterfragen
Die Lehrkraft führt weiter: *Solche und ähnliche Fragen stellen sich Menschen immer wieder. Einer davon war Epikur, der vor vielen hundert Jahren gelebt hat. Seine Überlegungen möchte ich euch vorstellen:*

Sich begründet zu einem der Antwortversuche Epikurs positionieren
Die Schülerinnen und Schüler sind nun eingeladen, sich selbst mit diesen Thesen zu beschäftigen. Folgende Ergebnisse sind vorstellbar, z.B.

Die Lehrkraft kann so oder ähnlich weiterführen: Epikur hat sich Verschiedenes überlegt und keine richtige Antwort gefunden. Überlege für dich selbst: Was würdest du antworten?
Die Schülerinnen und Schüler könnten evtl. darauf antworten: Gott macht das schon richtig! … Er ist gerecht zu den Menschen… Manchmal mischt er sich nicht ein – er kann ja auch nicht überall sein …

Weiterführen kann die Lehrkraft so oder ähnlich: Neben Epikur haben sich noch andere Menschen auf die Suche nach Antworten gemacht und folgende Antworten gefunden:

Thesen zur Positionierung finden Sie auf der CD-Rom

Die Lehrkraft leitet zur Positionierung ein: *Ihr habt die verschiedenen Aussagen gehört. Stell dich nun zu der Aussage, die deiner Meinung am ehesten entspricht und begründe deine Wahl!*

Generell sollten die Themengebiete so weit gefasst sein, dass die Schülerinnen und Schüler wirklich selbststeuernd lernen können. Die Lehrkraft behält dabei die unterschiedlichen Prozessbezogenen Kompetenzen im Blick und unterstützt die Lernwege der Schülerinnen und Schüler. Nachdem diese wahrscheinlich unterschiedlich selbstständig arbeiten können, ist es sinnvoll, konkrete Arbeitsaufträge bereitzustellen. Diese sind aber nur als Hilfestellung und Ergänzung zu verstehen und sollen die Fragestellungen der Schülerinnen und Schüler nicht einengen.

Sich im Gebet vertrauensvoll an Gott wenden, der mit uns durch das Leid geht
Die Lehrkraft kann die Stunde so oder ähnlich abschließen: *Am Ende der Stunde möchte ich gerne ein Gebet sprechen, das mir im Blick auf Not und Leid immer gut tut:*

Das Gebet finden Sie auf der CD- Rom

Material auf der CD-Rom:

- Gebetstext; AB: Die epikuräischen Antwortversuche; Antworten auf die Theodizeefrage

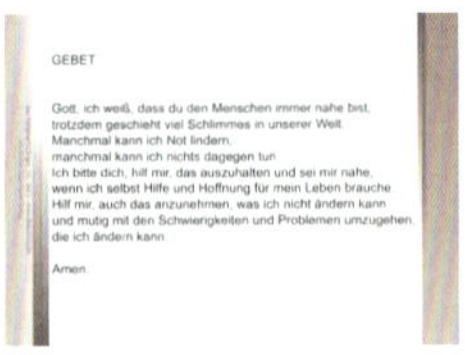

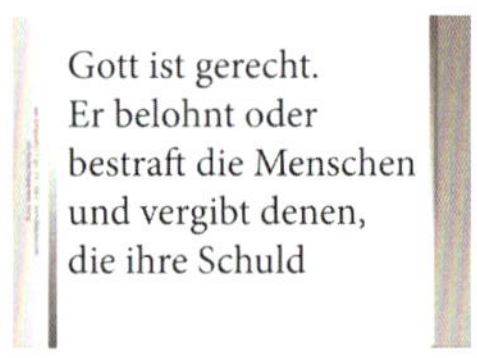

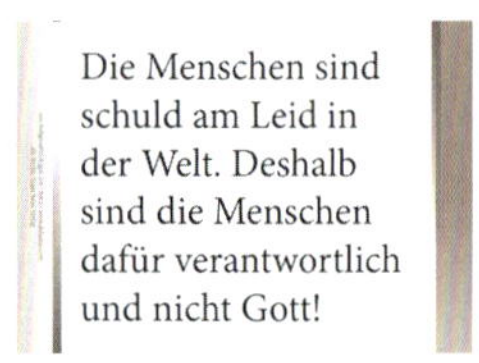

26. Stunde: „Jesus zeigt: Gott steht auf der Seite der Leidenden – die Heilung eines Aussätzigen (Lk 5,12-14)"

In Erinnerung an das Gebet der letzten Stunde machen sich die Schülerinnen und Schüler nochmals bewusst, dass jede und jeder selbst aufgerufen ist, sich für Gerechtigkeit und die Beseitigung von Leid und Not einzusetzen. Auch zur Zeit Jesu gab es Not und Leid. Beides wurde damals manchmal als Strafe Gottes gedeutet, was Jesus in seinem Reden und Handeln eindeutig verneint. Auch die Schülerinnen und Schüler haben sich bereits mit dieser These auseinander gesetzt. In der Erzählung von der Heilung eines Aussätzigen hören sie nun von Gott als einem, der auf der Seite der Leidenden steht. In Jesus zeigt er zeichenhaft, dass er nicht will, dass Menschen leiden und schenkt in der Begegnung mit ihm Hoffnung und Rettung

Die Schülerinnen und Schüler	Didaktik - Methoden	Medien
machen sich im gemeinsamen Gebet die eigene Verantwortung und Herausforderung zum Engagement **bewusst**	Gemeinsames Gebet	Gebet
rekapitulieren ihr **Vorwissen** zum Kausalzusammenhang von Sünde und Krankheit zur Zeit Jesu	Plenumsgespräch	Wortkarte „Sünde" und „Krankheit"

erfahren von der heilsamen Begegnung Jesu mit einem Aussätzigen	Lehrererzählung	Text zur Lehrererzählung „Heilung eines Aussätzigen“ nach Lk 5, 12-14
deuten das Handeln Jesu am Aussätzigen als Hoffnungszeichen dafür, dass Gott auf der Seite der Leidenden steht	Gruppenarbeit	Vorlage Placemat mit verschiedenen Thesen
bringen im kreativen Schreiben die Freude über die neue Lebenschance des Aussätzigen **zum Ausdruck**	Kreatives Schreiben Präsentation	AB: Tagebucheintrag des Aussätzigen

Sich im gemeinsamen Gebet die eigene Verantwortung und Herausforderung zum Engagement bewusst machen

Die Schülerinnen und Schüler versammeln sich im Stuhlkreis und beten nach dem Anfangsritual das Gebet der letzten Stunde:

Das Gebet finden Sie auf der CD- Rom

Die Lehrkraft lädt die Schülerinnen und Schüler ein, sich Gedanken zu diesem Gebet zu machen, z.B. *Manchmal ist es gar nicht so leicht, das Richtige zu erkennen und dann auch noch zu tun!*

Die Schülerinnen und Schüler vermuten, z.B. wenn alle gegen einen sind … wenn es uncool ist, sich für einen Schwachen einzusetzen … wenn man riskiert, selbst ausgegrenzt zu werden…

Vorwissen zum Kausalzusammenhang von Sünde und Krankheit zur Zeit Jesu rekapitulieren

Die Lehrkraft führt weiter: *Ich möchte euch heute von solch einer Situation erzählen. Aber zunächst interessiert mich, was euch zu diesen beiden Begriffen einfällt!*

Die Lehrkraft legt die beiden Wortkarten „Sünde“ und „Krankheit“ in die Mitte.

Die beiden Wortkarten finden Sie auf der CD- Rom

Die Schülerinnen und Schüler erzählen, z.B. *Es gab zur Zeit Jesu Menschen, die glaubten: Gott straft die Menschen, die Böses tun, mit Krankheit … Kranke waren also selbst schuld daran, dass es ihnen schlecht ging … mit kranken Menschen wollte niemand etwas zu tun oder Kontakt haben … der Kontakt mit Kranken machte unrein…*

Von der heilsamen Begegnung Jesu mit einem Aussätzigen erfahren
So oder ähnlich leitet die Lehrkraft zur Lehrererzählung über: *Ihr habt euch gut erinnert. Das ist für die Menschen wirklich schlimm, wenn sie abgestempelt sind und niemand etwas mit ihnen zu tun haben will oder gar Mitleid mit ihnen und ihrer Situation hat. Vielleicht würden sie ihre Krankheit gut ertragen, wenn sie nur auch zu den anderen gehörten und nicht ausgestoßen würden. Menschen, die so denken, haben sich an eine Geschichte von Jesus erinnert, in der deutlich wird, dass man anders mit Kranken und Ausgestoßenen umgeht, wenn man glaubt, dass Gott diese Menschen besonders mag …*

Die Erzählung von der Heilung eines Aussätzigen finden Sie auf der CD- Rom

Im Anschluss an die Erzählung haben die Schülerinnen und Schüler die Möglichkeit, Rückfragen zu stellen bevor sie in die Kleingruppen gehen.

Das Handeln Jesu am Aussätzigen als Hoffnungszeichen dafür deuten, dass Gott auf der Seite der Leidenden steht
Die Lehrkraft leitet so oder ähnlich zur Kleingruppenarbeit über, z.B. *Als die Menschen, die wie Jonathan, wieder zurück an ihre Stände gegangen sind, mussten sie noch über Vieles nachdenken. Sie fragten sich: Was hat das alles zu bedeuten? – Auch ihr dürft nun gemeinsam nachdenken in Kleingruppen. Dazu bekommt jede Gruppe ein Placemat mit einem Impuls.*

Fragen für die Placemat
- Wenn Jesus auf den Aussätzigen zugeht, dann zeigt er ….
- Wenn Jesus Kranke heilt, dann zeigt er …
- Wenn Jesus von Gott erzählt, wird deutlich …
- Wenn Jesus die Leidenden sieht, erfahren sie …

Mögliche Antworten:
- Wenn Jesus auf den Aussätzigen zugeht, dann zeigt er … dass für ihn alle Menschen gleich sind/ dass er keine Vorurteile hat/ dass er alle Menschen liebt …
- Wenn Jesus Kranke heilt, dann zeigt er … dass Gott nicht will, dass Menschen leiden und krank sind/ dass Krankheit keine Strafe Gottes ist ….
- Wenn Jesus von Gott erzählt, wird deutlich …dass Gott auf der Seite der Menschen ist/ dass durch Jesu Tun Gott für die Menschen erfahrbar wird …
- Wenn Jesus die Leidenden sieht, erfahren sie … dass Jesus sie liebt und wertschätzt/ dass sie nicht ausgegrenzt sind …

Die Kopiervorlagen zur Placemat finden Sie auf der CD- Rom

Im kreativen Schreiben die Freude über die neue Lebenschance des Aussätzigen zum Ausdruck bringen

Die Lehrkraft leitet den letzten Schritt an: *Ihr habt euch viele gute Gedanken gemacht, was die Menschen erfahren und erkannt haben könnten, die beobachtet haben, wie Jesus dem Aussätzigen begegnet. Nun dürft ihr auch überlegen, was der Aussätzige wohl fühlt! Überlegt, was er an diesem Abend den anderen Kranken erzählt, die wie er als Ausgestoßene draußen vor der Stadt leben, was es für ihn bedeutet, wieder dazu gehören zu dürfen … und schreibt dies in euer Heft!*

Material AUF CD-ROM

Material auf der CD-Rom:

- Gebet, Wortkarte „Sünde“ und „Krankheit“, Text zur Lehrererzählung „Heilung eines Aussätzigen“ nach Lk 5, 12-14

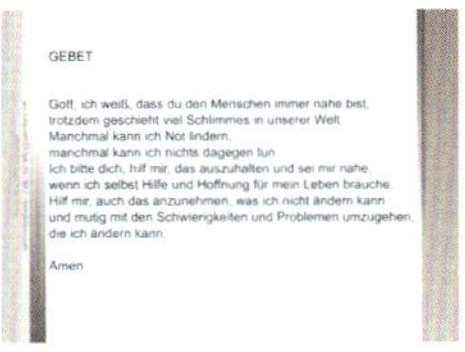
GEBET

Gott, ich weiß, dass du den Menschen immer nahe bist,
trotzdem geschieht viel Schlimmes in unserer Welt
Manchmal kann ich Not lindern,
manchmal kann ich nichts dagegen tun
Ich bitte dich, hilf mir, das auszuhalten und sei mir nahe,
wenn ich selbst Hilfe und Hoffnung für mein Leben brauche.
Hilf mir, auch das anzunehmen, was ich nicht ändern kann
und mutig mit den Schwierigkeiten und Problemen umzugehen,
die ich ändern kann.

Amen

Die Heilung eines Aussätzigen

- Vorlage Placemat mit verschiedenen Thesen, AB: Tagebucheintrag des Aussätzigen

Der Aussätzige, der Jesus begegnet ist, schreibt am Abend in sein Tagebuch...

27. Stunde: „Jesus hält Leid aus und überwindet es – er vertraut auf Gott“

Mit einer Positionierung knüpfen die Schülerinnen und Schüler an die Problematik des Handelns Jesu an und spüren nach, dass er bereit war - im Vertrauen auf Gott - seinen Weg der Liebe zu den Menschen bis zum Ende zu gehen. Diesen Weg der letzten Tage Jesu bis zu Kreuz und Auferstehung legen und erzählen die Schülerinnen und Schüler eigenständig nach. Sie stimmen ein in die Freude darüber, dass Jesus mit seiner Auferstehung Leid und Tod überwunden hat.

Die Schülerinnen und Schüler	Didaktik - Methoden	Medien
positionieren sich zu verschiedenen Aussagen rund um Taten und Worte Jesu	Plenum Positionierung	Wortkarten „Ja“, „Nein“, „Vielleicht“
spüren nach, dass Jesus bereit war, den Weg der Liebe bis zum Ende zu gehen	Diskussion	Positionierungsfragen

erschließen sich und den anderen die verschiedenen letzten Stationen des Lebens Jesu bis hin zur Auferstehung	Gruppenarbeit Präsentation	Materialien: Bibeltext, Symbol, Tuch, Liedvers zu jeder Station
stimmen ein in die Freude darüber, dass Jesus Leid und Tod überwunden hat und lebt	Gemeinsames Singen	Lied: „Halleluja“

Sich zu verschiedenen Aussagen rund um Taten und Worte Jesu positionieren
Die Lehrkraft lädt die Schülerinnen und Schüler zu Beginn der Stunde ein, aufzustehen und sich bei den entsprechenden Fragen zu positionieren

Die Wortkarten finden Sie auf der CD- Rom

Am Ende der Erzählung von der Heilung des Aussätzigen denken viele Menschen noch lange nach. Nicht alle sind begeistert von dem, was Jesus tut und sagt. Auch wenn du längst weißt, wie Jesu Lebensweg weiter gegangen ist, möchte ich, dass du ein wenig darüber nachdenkst und versuchst, die Fragen für dich zu beantworten. Wenn du „Ja“ sagst, gehst du ganz ans obere Ende des Klassenzimmers, ist deine Antwort „Nein“, gehst du ganz ans untere Ende des Klassenzimmers, bist du dir nicht sicher und denkst „Vielleicht“ stellst du dich in die Mitte“ .

(Anmerkung: Zur Erleichterung könnten drei Wortkarten mit JA – NEIN – VIELLEICHT im Klassenzimmer ausgelegt werden. Nach jeder Positionierungsfrage können Schülerinnen und Schüler aus jeder Gruppe kurz erzählen, was sie sich gedacht haben als sie sich hier positioniert haben).

Überlege dir nun jeweils deine Antwort auf meine Frage und stelle dich dorthin, wo du meinst!
Positionierungsfragen:

1. Jesus merkt, dass manche Menschen über ihn schimpfen. Hört er deshalb auf, auf Menschen zuzugehen? Ja – Nein - Vielleicht?
2. Manche Juden sind von Jesu Handeln überrascht. Möchten sie, dass Jesus so mit den Menschen umgeht und von Gott spricht? Ja – Nein - Vielleicht?
3. Jesus hört, wie manche Pharisäer ihn endgültig loswerden wollen. Redet er weiter von Gott als dem guten Vater? Ja – Nein - Vielleicht?
4. Jesus weiß, dass Gott ihn beschützt vor der Wut der Menschen, die ihn ablehnen. Ja – Nein - Vielleicht?
5. Jesus sieht, wie manche Menschen die Fäuste ballen, wenn er sich Kranken zuwendet. Sagt er trotzdem: Krankheit ist keine Sünde und Strafe Gottes? Ja – Nein - Vielleicht?

Nachspüren, dass Jesus bereit war, den Weg der Liebe bis zum Ende zu gehen
Die Lehrkraft kann die Stunde so zusammenfassen und die Schülerinnen und Schüler einladen,

ein eigenes Resümee zu ziehen: *Manche Menschen sind für Jesus, andere sind gegen ihn. Die Menschen, die für ihn sind, freuen sich über Jesu Worte und sein Verhalten, weil er ihnen Mut macht. Die Menschen, die gegen Jesus sind, ärgern sich darüber, dass er anders über Gott spricht und sich nicht an die Gesetze hält. Und Jesus? …*

Die Schülerinnen und Schüler vermuten, z.B. Er geht seinen Weg weiter, er bleibt sich treu …

Sich und den anderen die verschiedenen letzten Stationen des Lebens Jesu bis hin zur Auferstehung erschließen
Die Lehrkraft leitet die Schülerinnen und Schüler zur Gruppenarbeit an, bei der sie den Weg Jesu eigenständig rekonstruieren und den anderen Gruppen erzählend vorstellen, z.B. *Ihr kennt den Weg Jesu bis zum Kreuz. Wir bilden nun Gruppen und jede Gruppe sucht sich zunächst ein Symbol aus und überlegt, welche Tuchfarbe dazu passt. Anschließend sucht ihr euch passend zu eurem Symbol die richtige Bibelstelle und den passenden Liedvers. Bereitet in der Gruppe alles so vor, dass ihr den Weg an der passenden Stelle weitergestalten und dazu erzählen könnt!*

Palmsonntag: rotes Tuch, Krone, Bibelstelle und Liedvers

Gründonnerstag: weißes Tuch, Brot und Weinkelch, Bibelstelle und Liedvers

Nacht zum Karfreitag – Getsemani: schwarzes Tuch, Strick, Bibelstelle und Liedvers

Karfreitag: schwarzes Tuch, Kreuz, Bibelstelle und Liedvers

Osternacht: weißes Tuch, Osterkerze, Bibelstelle und Liedvers

Die Liedverse und Bibelstelle finden Sie auf der CD- Rom

Die Schülerinnen und Schüler präsentieren nacheinander ihre einzelnen Stationen auf dem Weg Jesu.

Einstimmen in die Freude darüber, dass Jesus Leid und Tod überwunden hat und lebt
Zum Abschluss kann die Lehrkraft nochmals einladen, das Halleluja mitzusingen und zu benennen, was der Grund der Freude ist, z.B. *Der Tod ist besiegt, Jesus lebt! …. Wir haben neue Hoffnung! …*

Material auf der CD-Rom:

- Wortkarten „Ja“, „Nein“, „Vielleicht“, Bibelstellen und Liedvers zu jeder Station

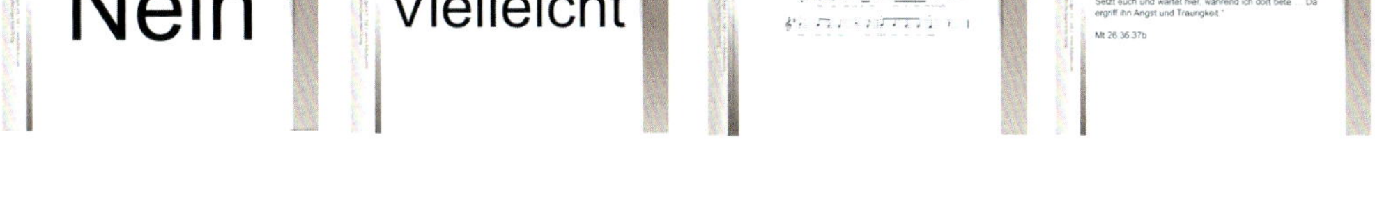

28. Stunde: „Im Hause meines Vaters gibt es viele Wohnungen"

Zu Beginn der Stunde stimmen die Schülerinnen und Schüler nochmals in die Freude der Auferstehung Jesu mit dem österlichen Halleluja ein. Anschließend gehen sie der Frage nach, wo sich diese Freude ausdrückt und welche Bilder der christliche Glaube vom neuen Leben nach dem Tod hat. Dazu recherchieren sie in verschiedenen Quellen und stellen ihre Ergebnisse einander vor. Diese bilden die Grundlage für kreatives Gestalten eigener Hoffnungssteine.

Die Schülerinnen und Schüler	Didaktik - Methoden	Medien
stimmen in die Freude über die Auferstehung Jesu **ein**	Plenum Gemeinsames Singen	Lied „Halleluja"
recherchieren nach Spuren der Auferstehungshoffnung in christlichen Bildern und Texten	Gruppenarbeit Recherche	Versch. Arbeitsbücher, Internet, Gotteslob
präsentieren ihre Arbeitsergebnisse im Plenum	Präsentation	
gestalten einen eigenen Hoffnungsstein	Kreatives Gestalten	

In die Freude über die Auferstehung Jesu einstimmen

Versammelt im Stuhlkreis beginnt der Unterricht mit dem eingeführten Ritual. Anschließend singen die Schülerinnen und Schüler nochmals das Auferstehungslied aus der letzten Stunde: „Halleluja". Die Lehrkraft führt weiter: *Manche Menschen werfen uns Christen vor, wir müssten hoffnungsvoller aussehen! Hast du eine Idee, wo wir nach Spuren der Freude über unsere Hoffnung suchen könnten?*

Die Schülerinnen und Schüler stellen ihre Vermutungen an, z.B. in Auferstehungsbildern…

Nach Spuren der Auferstehungshoffnung in christlichen Bildern und Texten recherchieren

Die Lehrkraft lädt zur Weiterarbeit in Gruppen ein: *Ich habe euch verschiedene Texte mitgebracht und Bücher, in denen ihr selbst auf die Suche gehen könnt. Findet Sätze oder Bilder/ Symbole, die Hoffnungszeichen für ein Leben nach dem Tod sind! Stellt eure Ergebnisse nachher im Plenum vor!*

Arbeitsergebnisse im Plenum präsentieren

Mögliche Ergebnisse könnten sein:

- Kerzen auf Grabsteinen, Blumen auf den Gräbern…
- Texte aus dem NT: Ein Haus mit vielen Wohnungen, der Weg zum Vater, das himmlische Jerusalem …

- Lied: „Gott, wir vertraun dir diesen Menschen an“ GL 506
- Bild: In Gottes Hand geborgen
- …

Die Texte finden Sie auf der CD- Rom

Einen eigenen Hoffnungsstein gestalten

Zum Ende der Stunde kann die Lehrkraft einladen, einen eigenen Hoffnungsstein zu gestalten: *Ihr erinnert euch an den Anfang der Stunde? – Die Christen müssten hoffnungsvoller aussehen! Ein Hoffnungszeichen des neuen Lebens können auch Hoffnungssteine am Friedhof sein. Ich lade dich ein, einen solchen Stein zu gestalten. Verwende dazu Symbole und Worte aus den Präsentationen.*

Die Ideen und Bilder der Schülerinnen und Schüler können am Ende der Stunde noch vorgestellt werden.

Material auf der CD-Rom:

- Lied „Halleluja“, Verschiedene Bibeltexte

29. Stunde: „evtl. Friedhofsexkursion"

Nachdem die Schülerinnen und Schüler sich in der letzten Stunde mit Hoffnungszeichen und – texten beschäftigt haben, wäre es abschließend schön, mit ihnen auf den Friedhof zu gehen und nach solchen Zeichen zu suchen. Alternativ könnte eine Powerpointpräsentation Hoffnungssteine des Friedhofes im Klassenzimmer präsent machen…

Material auf der CD-Rom:

- Diese und weitere Friedhofsbilder

30.+31. Stunde: „Hoffnungsbilder gestalten" (Projekt)

Die Schülerinnen und Schüler haben in der Auseinandersetzung mit Grabsteinen verschiedene Hoffnungszeichen und Symbole entdeckt. Daran anknüpfend unternimmt die Lerngruppe ein Kreativitätsspiel, in dem die Spieler bestimmten Begriffen gewisse Farben und Formen zuweisen sollen. Die Farb- und Formauswahl muss begründet werden. Eine sog. Bewertungsgruppe verteilt Punkte aufgrund der Faktoren „Nachvollziehbarkeit" und „Stimmigkeit der Begründung".

Konkret:
Die Klasse wird in 2 Gruppen geteilt: „Spieler" (bestehend aus mehreren Teams von jeweils 2 oder 3 Schülerinnen und Schülern) und „Bewerter" (bestehend aus dem Rest der Klasse; bzw. aus Teams, die aus dem Rest der Klasse gebildet werden).
Die Lehrkraft gibt bestimmte Begriffe (per Tafelanschrieb oder Wortkarte) vor. In 1 Minute Bedenk- und Beratungszeit müssen die einzelnen Teams dem Begriff eine passende Farbe und eine Form zuweisen und sich eine kurze, aber treffende Begründung überlegen.
Nach der Bedenkzeit, werden die Auswahl von Farbe und Form, sowie die kurze Begründung vorgetragen. Die „Bewerter" verteilen hierzu Punkte (1-10 Pkte.). Auch die „Bewerter" haben kurz Zeit, sich zu beraten und begründen ihr Votum.

Mögliche Begriffe:

„Hoffnung" „Lebendigkeit" „ Glaube" „Liebe" „Erinnerung" „Grabstein"

„Vergänglichkeit" „Tod" „Auferstehung" …

Material AUF CD-ROM

Die Wortkarten und die Farb-Formkarten finden Sie auf der CD- Rom

Reflexion des Spiels in Form eines U-Gesprächs
Aspekte hierzu:
Es gibt kein generelles „richtig" und „falsch"; die Begründung ist entscheidend; manches ist gut nachvollziehbar, manches weniger; es gibt passendere und unpassendere Vorschläge; …

Bewusste Bildkonzeption initiieren
Die Schülerinnen und Schüler werden angehalten, sich vorweg angesichts folgender Fragen für ein bewusst inhaltsorientiertes Bildkonzept zu entscheiden und ihre Entscheidung schriftlich zu fixieren:

1. Was soll der inhaltliche Schwerpunkt meines Bildes sein?
2. Welches Format soll mein Bild haben, damit es möglichst gut meinen inhaltlichen Schwerpunkt zum Ausdruck bringt?
3. Welche Grundform(en) möchte ich im Bild platzieren oder einbauen, damit es möglichst gut meinen inhaltlichen Schwerpunkt zum Ausdruck bringt?
4. Welche 2 Hauptfarben soll mein Bild bekommen, damit es möglichst gut meinen inhaltlichen Schwerpunkt zum Ausdruck bringt?

Bevor die Phase der Gestaltung beginnt, erhalten die Schülerinnen und Schüler die Möglichkeit, ihre Gedanken zur Bildkonzeption (>>Thema, Format, Grundform, Farbe) begründend zu präsentieren. Anschließend haben sie genug Zeit zur kreativen Gestaltung eines eigenen Hoffnungsbildes.

Folgende Möglichkeiten der kreativen Gestaltung bieten sich an:

- DIN A 3 Papier und Farbkasten
- DIN A 3 Papier und Wachsmalkreide
- DIN A 3 Papier und Pastellkreide – Fixierung mit Haarspray
- Leinwand und Acrylfarben
- Reißbilder oder Collage

Eine Phase der Präsentation schließt das Projekt ab.

Material AUF CD-ROM

Material auf der CD-Rom:

- Wortkarten, Farb-Form-Karten

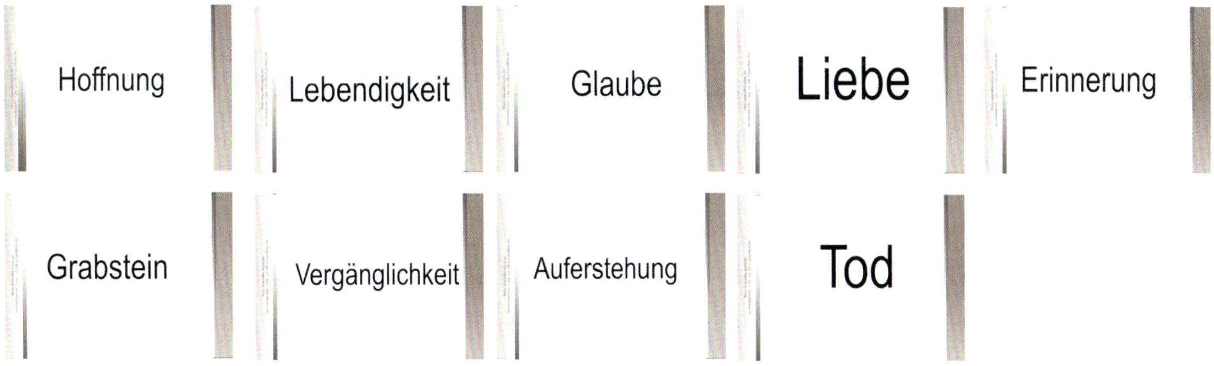

Lernarrangement 3 (KG, RW)

Grundlegende Kompetenz Gegenstandsbereich „Kirche und Gemeinde"

Die Schülerinnen und Schüler beschreiben, wie Christen von Anfang an im Geist Jesu Christi ihr Leben und Zusammenleben gestalten, und benennen Grunddienste christlichen Gemeindelebens. Feste im Kirchenjahr verbinden sie mit dem Heilswirken Jesu Christi und deuten die Eucharistie als Höhepunkt der Begegnung mit ihm und als Mittelpunkt christlichen Lebens. Sie erklären konfessionelle Ausprägungen sowie Gemeinsam-keiten im Leben evangelischer und katholischer Gemeinden.

Lernbereich 9. In der Gemeinde leben – zur katholischen Kirche gehören

Kompetenzerwartungen:
Die Schülerinnen und Schüler

- erklären die Verbreitung der Frohen Botschaft sowie die Entstehung der frühen Gemeinden aus dem Glauben an die Auferweckung Jesu und der pfingstlichen Geisterfahrung der Jünger (W, V)
- vergleichen das Glaubensleben und die Aktivitäten der frühen Christengemeinden mit den Grunddiensten und Aufgaben der Kirche heute (V, U, K)
- vergleichen das Gemeindeleben in verschiedenen Konfessionen und stellen Gemeinsamkeiten und Unterschiede dar (V, U, G, K)

Grundlegende Kompetenz Gegenstandsbereich „Religionen und Weltanschauungen"

Die Schülerinnen und Schüler nehmen ihren eigenen Glauben im Kontext anderer Konfessionen und Religionen wahr und geben darüber Auskunft, was Christsein ausmacht. Sie begegnen vor dem Hintergrund eigenen Suchens und Fragens Menschen mit anderen Überzeugungen mit Achtung und Respekt. Sie beschreiben in Grundzügen, wie Juden und Muslime ihren Glauben leben, sind sich dabei der christlichen Sicht bewusst und zeigen Offenheit im Sinne eines friedlichen Miteinanders der Religionen.

Lernbereich 11. Christ sein – im Austausch mit anderen

Kompetenzerwartungen:
Die Schülerinnen und Schüler

- nehmen die Vielfalt und Verschiedenheit menschlicher Überzeugungen und Haltungen als mögliche Verunsicherung, aber auch als Bereicherung wahr (W, U)
- stellen wesentliche Merkmale ihres eigenen Glaubens zusammen und geben darüber Auskunft
- beschreiben unterschiedliche Ausdrucksformen evangelischen und katholischen Glaubens und diskutieren darüber, was allen Christen wichtig ist (K, V)
- begegnen den Christen anderer Konfessionen aufgeschlossen und benennen Beispiele gelebter Ökumene (K, U, T)

Didaktische Grundlegung

Begründung des inhaltlichen Vorgehens im Lernarrangement 3:

Nachdem sich die Schülerinnen und Schüler vor Ostern mit Hoffnungen und Symbolen im Zusammenhang mit der Auferweckung Jesu beschäftigt haben, können sie dies mit den ersten Erfahrungen der Jünger zur Auferweckungshoffnung verbinden (Lk 24,1-12). Aus der sich langsam ausbreitenden Gewissheit „Jesus lebt! Gott hat ihn auferweckt!", entwickeln sich erste Zusammenkünfte, die im weiteren Verlauf zu den so genannten Urgemeinden der Christen werden. In diesem Zusammenhang ist das Pfingstfest eine entscheidende Erzählung, in der Schülerinnen und Schüler den Ursprung der ersten Gemeinden anfangshaft und in ihrer symbolischen Bedeutung nachvollziehen können (Apg 2). Die Schülerinnen und Schüler können drei Schwerpunkte der anfänglichen Gemeindebildung benennen und verstehen: Erinnerung an Jesu Tun, die Rede Jesu vom Vater und seine Auferweckung, sowie die Weitergabc des Evangeliums an andere und das dadurch von der Botschaft Jesu geprägte Leben in den ersten Gemeinden.
Aus der Sicht der ersten Christen soll die Attraktivität von Glauben und Leben in den christlichen Gemeinden nachvollziehbar werden, ebenso wie die Werte, Lebensperspektiven und Hoffnungen, die Menschen auch heute noch - so wie damals - zu christlichen Gemeinden zusammenfinden lassen.
Vor diesem Hintergrund können die Schülerinnen und Schüler Auskunft darüber geben, dass in ihrem Umfeld unterschiedliche Kirchen bzw. Konfessionen an die christlichen Ursprünge anknüpfen. Dabei sollen Unterschiede, insbesondere aber Gemeinsamkeiten identifiziert und wahrgenommen werden. Es kann deutlich werden, wie auf je eigene Weise versucht wird, heute aus christlichem Glauben zu leben. Durch die Erschließung verschiedener Kirchenräume, die Gottesdienstgestaltung, Bräuche und gemeinsame Feste katholischer und evangelischer (gegebenenfalls orthodoxer) Christen können die Bedeutung Luthers, seine berechtigte Kritik an den Verhältnissen seiner Zeit und die daraus erwachsenen Konsequenzen anfangshaft und exemplarisch aufscheinen. Zentral sind dabei die Gemeinsamkeiten der beiden Kirchen in Deutschland und der Glaube an Gott und Jesus Christus, der uns in den Offenbarungsschriften überliefert ist.
Die Schülerinnen und Schüler sollen in diesem Lernarrangement exemplarisch die Vielfalt und Verschiedenheit christlicher Überzeugungen und Haltungen nicht als Verunsicherung, sondern als Bereicherung wahrnehmen, indem sie immer wieder Bezüge zur eigenen Konfessionalität herstellen und über Merkmale und Grundlagen Auskunft geben. Auf diese Weise werden sie fähig, unterschiedliche Ausdrucksformen evangelischen und katholischen Glaubens zu diskutieren und darzustellen, was allen Christen wichtig ist. Sie sollen mit der Freude an der Vielfalt gelebten Christentums anderen Konfessionen aufgeschlossen begegnen und Beispiele gelebter Ökumene aus dem Alltag benennen können.
Gegen Ende des Schuljahres werden im Rahmen einer Lernaufgabe Unterrichtgänge in verschiedene Kirchen, kirchlich-konfessionelle Institutionen und/ oder Begegnungen in Pfarrgemeinden sinnfälliger Ausdruck der zuvor eingeleiteten Überlegungen und Fragestellungen.

1. Stunde: „Symbole für Ostern und Auferweckung – was wir Ostern feiern" W,V

Die Schülerinnen und Schüler haben sich vor den Osterferien mit dem Leidensweg Jesu, aber auch mit Worten und Symbolen der Hoffnung auf Auferstehung auseinander gesetzt. Anknüpfend an die eigenen Osterfeiern und – bräuche, die sie daheim in der Familie erlebt und mitgefeiert haben, erschließen sie sich die Bedeutung verschiedener Osterbräuche und - symbole und setzen sie in Verbindung zur Auferweckung Jesu. Das kann ihnen helfen, christliches Brauchtum besser zu verstehen und intensiver zu gestalten.

2. Stunde: „Osterfrühstück" T,V

In der letzten Stunde haben die Schülerinnen und Schüler sich die Bedeutung verschiedener Symbole und Osterbräuche erarbeitet, u.a. auch „Osterlamm" und „Osterei". In der Weiterführung bereiten sie sich gegenseitig ein Osterfrühstück aus den mitgebrachten Speisen, greifen so ein weiteres Brauchtum auf und setzen es praktisch um.

3. Stunde: „Wie haben die Jünger angefangen, Ostern zu feiern?" V,K

Im Stuhlkreis versammelt vergegenwärtigen sich die Schülerinnen und Schüler nochmals die Erfahrungen des gemeinsamen Osterfrühstücks bevor sie der Frage nach dem Beginn der Osterfeiern nachgehen. Dazu stellen sie in zwei arbeitsgleichen Gruppen ihre eigenen Vermutungen an, vergleichen diese mit Schritten der Entwicklung auf vorgegebenen Wortkarten und bringen sie in eine für sie selbst sinnvolle Reihenfolge, aus der heraus sich ihrer Meinung nach die Feier des Osterfestes entwickelt haben könnte. Im Austausch mit der anderen Gruppe stellen sie Gemeinsamkeiten, aber auch Unterschiede fest und bleiben der Frage auf der Spur, der sie in den nächsten Stunden schrittweise nachgehen werden.

4. Stunde: „Die Freunde Jesu begegnen ihrer Furcht und Verzweiflung – Lk 24,1-12" K,V,G

Im Rückgriff auf die letzte Stunde skizzieren die Schülerinnen und Schüler nochmals ihre Gedanken, wie die Jünger Jesu dazu kamen, Ostern zu feiern. Die anschließende Lehrererzählung führt sie zurück in die Tage nach Jesu Tod, die von Furcht und Verzweiflung geprägt waren, lässt aber auch gleichzeitig Hoffnung aufkeimen durch die Botschaft vom leeren Grab. Den Gefühlen der Freunde Jesu (Frauen und Männer) spüren sie in der Auswahl und Gestaltung von Psalmworten nach.

5. Stunde: „Die Jünger und Jüngerinnen erfahren: Jesus lebt! Gott hat ihn auferweckt!" V,G

Die Schülerinnen und Schüler haben sich in der letzten Stunde intensiv mit den Gefühlen der Jünger und Jüngerinnen Jesu beschäftigt, sich in diese eingefühlt und sie verbal und kreativ zum Ausdruck gebracht. Dabei haben sie erahnt, dass sich am Ostertag bereits eine Wende im Leben und Erleben der Jünger und Jüngerinnen andeutet: „Jesus lebt! Gott hat ihn auferweckt!" ist eine Hoffnungsbotschaft, die sie wieder aufleben lässt und Jesu Worte und Taten bestätigt. Aus der Sicht Maria Magdalenas tauchen sie in diese Hoffnungsperspektive der Jünger und Jüngerinnen ein und bringen diese kreativ zum Ausdruck.

6. Stunde: „So lebten die ersten Christen" G, V

Anknüpfend an die Erzählung aus der letzten Stunde legen die Schülerinnen und Schüler mithilfe der Struktur-Legetechnik aus verschiedenen Wortkarten ein Symbol und erzählen dazu von den Erfahrungen und Gefühlen Maria Magdalenas. In der Weiterführung erarbeiten sie in einem Stationenlauf verschiedene Aspekte, die für die Treffen der ersten Christen wichtig waren und tragen diese im Plenum zusammen. Das gemeinsame Singen und Beten schließt die Stunde ab und greift nochmals wichtige Aspekte der Erarbeitung praktisch auf.

7. Stunde: „Die ersten Christen benutzen Geheimzeichen: ICHTHYS" K, V, G

In der letzten Stunde haben sich die Schülerinnen und Schüler mit der Situation der ersten Christen beschäftigt und erahnt, dass es für diese nicht leicht war, an ihrem Glauben festzuhalten. In der Weiterführung der perspektivischen Erzählung von Maria Magdalena hören sie von dem Versuch, ein Geheimzeichen zu entwickeln, das gleichzeitig ein Bekenntnis für Jesus Christus darstellt und verstehen, was die ersten Christen mit dem Fisch als Zeichen an den Häusern verbunden haben: Das Bekenntnis zu Jesus Christus, Gottes Sohn, Erlöser.

8. Stunde: „Die ersten Bilder und Darstellungen von Jesus: Der gute Hirte" W,V

Die Schülerinnen und Schüler wissen um die bedrohliche Situation der ersten Christen und kennen den Fisch als Geheimzeichen für ihren Glauben an Jesus Christus. Ein Blick in die Gemeinschaft der ersten Christen kann ihr Verständnis dafür wecken, dass sie Jesus auch bildhaft vor sich haben wollten. Sie verstehen, dass in den Geschichten, in denen von Jesus als dem guten Hirten gesprochen wird, etwas zum Ausdruck kommt, was sie als Bild für Jesu Tun und Botschaft darstellen können. Hier finden sie in Erinnerung an Jesus und als Hoffnung über den Tod hinaus wieder, was für sie das Wichtigste in seiner Nachfolge wird: Jesus sorgt für uns. Jesus ist bei uns. Jesus gibt uns Hoffnung und Zukunft.

9. Stunde: „Was für die ersten Christen wichtig ist: Glaube – Hoffnung - Liebe" K,V

Betend erinnern sich die Schülerinnen und Schüler an ein frühes Jesusbild Jesus als der gute Hirte. In diesem Psalm verbinden sich drei wesentliche Elemente der frühen Christengemeinden: Der Glaube an Jesus, der mit ihnen durchs Leben geht, die Hoffnung auch inmitten von Angst und Hoffnungslosigkeit und die Erfahrung der liebevollen Sorge des Hirten für die Seinen. Diesen drei Begriffen kommen die Schülerinnen und Schüler anschließend auf die Spur. Dazu arbeiten sie in Kleingruppen und assoziieren ihr Vorwissen zu den drei Begriffen, um sie für sich selbst mit Bildern und Vorstellungen zu füllen.

10. Stunde: „Die ersten Christen werden mutig und zeigen ihren Glauben" K,V,G

Im Rückgriff auf die letzte Stunde tauschen sich die Schülerinnen und Schüler zunächst über die Symbole Kreuz, Anker und Herz aus bevor sie deren Bedeutung für die ersten Christen anhand von Satzanfängen fantasieren. Dabei wird deutlich, dass die ersten Christen nicht von Anfang an und nicht immer so mutig und hoffnungsvoll aufgetreten sind. In einer perspektivischen Erzählung des Pfingstereignisses begegnen sie zunächst nur den veränderten Gefühlen der Jüngerinnen und Jünger bevor sie sich mit den Symbolen der biblischen Erzählung beschäftigen. Die wesentliche Veränderung „von der Furcht zum Mut" halten sie im kreativen Schreiben fest.

11. Stunde: „Erste Gemeinden entstehen - welche WERTE den ersten Christen wichtig waren" K,G

Anknüpfend an ihre selbst geschriebenen Texte vergegenwärtigen sich die Schülerinnen und

Schüler nochmals das veränderte Selbstbewusstsein und Auftreten der ersten Christen nach dem so genannten Pfingstereignis. Sie gehen mit Josua auf die Suche nach dem, was diesen ersten Christen wichtig ist und entdecken, dass sie ganz anders leben als die Menschen in ihrer Umwelt und dass sie ganz andere Werte in ihrem gemeinschaftlichen Leben verwirklichen. Diese neuen Entdeckungen halten sie in einem Text fest, der in den nächsten Stunden ergänzt wird und später die Grundlage für die Vergleiche mit den heutigen Christen darstellt.

12. Stunde: „Erste Gemeinden entstehen - welche PERSPEKTIVEN die ersten Christen hatten" K,V,U

Die Schülerinnen und Schüler knüpfen an ihre Überlegungen der letzten Stunde an und vergegenwärtigen sich dabei das Leben der ersten Christen, die alles miteinander teilten. Im Unterrichtsgespräch gehen sie der Frage nach, ob ein solches Leben tragfähig ist und suchen eigene Begründungen für die Lebensweise und Werte der ersten Christen. In der Fortsetzung der perspektivischen Erzählung erfahren sie aus der Sicht Maria Magdalenas, dass sie in der Nachfolge Jesu so handeln und zusammenleben, um seine Botschaft umzusetzen. Auch diese neuen Entdeckungen halten die Schülerinnen und Schüler wieder schriftlich fest.

13. Stunde: „Erste Gemeinden entstehen - welche HOFFNUNG über den Tod hinaus die ersten Christen hatten" K,V,G

In den letzten Stunden haben die Schülerinnen und Schüler sich zusammen mit Josua, dem Freund Maria Magdalenas, auf die Spur der ersten Christen gemacht und ihre Eindrücke und Informationen festgehalten. Diese lesen sie zu Beginn der Stunde vor, um an die letzte Stunde anzuknüpfen, bevor sie der Frage nachgehen, welche Hoffnung die Christen erfüllt. Auch dazu hören sie die Fortsetzung der perspektivischen Erzählung von Maria Magdalena und erfahren, dass gerade der Tod und die Auferstehung Jesu eine große Hoffnungsquelle für die ersten Christen sind, die sich in ihrem Leben auch dadurch bestärkt fühlen, dass sie überzeugt sind, dass Jesus auch diese Welt bald retten und verändern wird. Diese neuen Entdeckungen halten die Schülerinnen und Schüler in einem weiteren Text fest.

14. Stunde: „Christen kommen auch heute noch zusammen!" K,U

In den letzten Stunden haben sich die Schülerinnen und Schüler intensiv mit dem Leben, den Werten, Perspektiven und auch der Hoffnung der ersten Christen auseinander gesetzt und versucht, diese in ihren eigenen Worten wiederzugeben. Daran anknüpfend vergegenwärtigen sie sich nochmals die Inhalte der letzten drei Stunden und nehmen diese als Basis für den Vergleich mit Christen, die sich heute treffen, um ihren Glauben zu feiern und zu leben. Dabei soll der erste Zugriff über den gottesdienstlichen Raum und die Grundfunktionen von Kirche versucht werden, so dass die Schülerinnen und Schüler grundlegende Parallelen zwischen den ersten Christen damals und dem Christentum heute feststellen können.

15. – 17. Stunde: „Wie leben, feiern Christen heute?" (Lernaufgabe) W,V,U,K,G,T

In den letzten Stunden haben sich die Schülerinnen und Schüler intensiv mit dem Leben und Glauben der ersten Christen beschäftigt und bei einer Kirchenerkundung anhand verschiedener Orte in der Kirche Unterschiede und Gemeinsamkeiten zwischen Christen damals und heute festgestellt. In der Weiterführung setzen sie sich in dieser Lernaufgabe mit konkreten christlichen Gemeinden heute auseinander und recherchieren Fragestellungen, die sie persönlich interessieren. Dabei ist es wichtig, möglichst konkrete Gemeinden in den Blick zu nehmen, zu denen die Schülerinnen und Schüler entweder selbst gehören oder die in der Nähe der Schule liegen.

18.+ 19. Stunde: „Wir entdecken unsere Kirche – besondere Orte, besondere Figuren" W,V
Nachdem die Schülerinnen und Schüler vor der Lernaufgabe schon einmal in der Kirche auf der Suche nach Spuren gelebten Christentums waren, sollen sie in den kommenden Stunden dazu nochmals explizit Zeit bekommen. In einem ersten Schritt erkunden sie den Kirchenraum in Ruhe und Stille für sich selbst und suchen sich einen Ort oder Gegenstand aus, zu dem sie sich weitere Informationen wünschen oder zu dem sie bereits etwas sagen können. Zurück im Klassenzimmer bereiten sie eine kleine Präsentation vor. Sie soll später Teil eines Kirchenrundganges bzw. einer Kirchenführung für die Mitschülerinnen und Mitschüler der katholischen, aber auch der evangelischen Religionsgruppe sein.

20. + 21. Stunde: „Komm, ich zeig dir meine Kirche!" (Kirchenerkundung evangelische und katholische Kirche) G,W
Die Schülerinnen und Schüler der katholischen und evangelischen Religionsgruppe haben sich bereits unabhängig voneinander mit ihrer jeweiligen Pfarrkirche auseinander gesetzt und Informationen zu einzelnen Gegenständen und Orten erarbeitet, die sie jetzt präsentieren. Auf Einladung der Schülerinnen und Schüler der evangelischen Religionsgruppe lassen sie sich zunächst durch deren Kirche führen und zeigen ihnen in einer weiteren Stunde die katholische Kirche. Dadurch können sie feststellen, dass es Unterschiede und Gemeinsamkeiten zwischen evangelischen und katholischen Kirchenräumen gibt.

22. Stunde: „Ich erzähl dir von meinem Glauben!" (Gespräch mit den evangelischen Mitschülerinnen und Mitschülern) K,W
Die Schülerinnen und Schüler sowohl der evangelischen, als auch der katholischen Religionsgruppe haben bei den Kirchenführungen der Mitschülerinnen und Mitschüler Unterschiede und Gemeinsamkeiten im Kirchenraum festgestellt. Das kann Fragen nach deren Bedeutung aufwerfen. Hinweise auf mögliche Unterschiede zwischen den Konfessionen können angesprochen werden.

23. Stunde: „Wer war Martin Luther?" V
In den letzten Stunden haben sich die Schülerinnen und Schüler mit den Mitschülerinnen und Mitschülern aus der evangelischen Religionsgruppe ausgetauscht, die beiden Kirchenräume besucht, sich gegenseitig erklärt und eigene Fragen gestellt und nach Möglichkeit beantwortet. Sicherlich ist dabei von evangelischer Seite der Name „Martin Luther" im Gespräch gefallen und hat die Schülerinnen und Schüler neugierig gemacht auf die Person, die für die evangelische Kirche wesentlich ist. In einem Stationenlauf haben sie die Gelegenheit, sich mit wichtigen Daten aus dem Lebenslauf Martin Luthers zu beschäftigen und diese für sich festzuhalten. Dadurch wird für sie die Fragestellung der nächsten Stunde verständlicher.

24. Stunde: „Eine drängende Frage: Wie finde ich einen gnädigen Gott?" V,U,G
Durch die Stationenarbeit zum Leben Martin Luthers haben die Schülerinnen und Schüler einen ersten Einblick gewonnen in dessen Lebensumfeld und eine erste Ahnung bekommen, welche Frage Martin Luther sein Leben lang bedrängt hat: Wie finde ich einen gnädigen Gott? Dieser Frage gehen sie nun nach, um zu verstehen, dass Martin Luther dadurch in der Kirchengeschichte viel ins Rollen gebracht hat.

25. Stunde: „Verschiedene Konfessionen – EIN Glaube?“ V,K

Im Rückgriff auf die letzte Stunde lesen die Schülerinnen und Schüler nochmals ihre Glaubenssätze im Blick auf Gott als „Glaubensbekenntnis“ vor. Weiterführend setzen sie sich mit dem Begriff Konfession auseinander und erkennen, dass damit nichts anderes als ein spezifisches Bekenntnis gemeint ist. Die kreative Auseinandersetzung mit Etappen und Jahreszahlen der Kirchengeschichte hilft ihnen, ein grundlegendes Verständnis dafür zu entwickeln, dass es drei christliche Konfessionen gibt, die zu unterschiedlichen Zeiten entstanden sind. Der Blick auf das Gemeinsame aller drei christlichen Konfessionen schließt die Stunde ab.

26. – 27. Stunde: „Wir feiern den Abschluss von der Grundschule“ - Vorbereitung und Durchführung einer ökumenischen Feier T

Nach mehreren Stunden der konfessionellen Kooperation soll am Ende des Schuljahres die Möglichkeit zu einer klasseninternen Abschlussfeier bestehen. Dabei ist es schön, wenn alle konfessionellen Gruppen zusammen zurückblicken auf vier Grundschuljahre und zuversichtlich vorausblicken auf das, was in der Zukunft sein wird.

1. Stunde: „Symbole für Ostern und Auferweckung – was wir Ostern feiern“

Die Schülerinnen und Schüler haben sich vor den Osterferien mit dem Leidensweg Jesu, aber auch mit Worten und Symbolen der Hoffnung auf Auferstehung auseinander gesetzt. Anknüpfend an die eigenen Osterfeiern und – bräuche, die sie daheim in der Familie erlebt und mitgefeiert haben, erschließen sie sich die Bedeutung verschiedener Osterbräuche und - symbole und setzen sie in Verbindung zur Auferweckung Jesu. Das kann ihnen helfen, christliches Brauchtum besser zu verstehen und intensiver zu gestalten.

Die Schülerinnen und Schüler	Didaktik - Methoden	Medien
reflektieren die eigenen Ostererinnerungen und erzählen einander davon	Einzelarbeit: Kreatives Schreiben	AB: Gedicht mit allen Sinnen, Wortkarten
erarbeiten arbeitsteilig verschiedene Osterbräuche	Plenum: Erzählrunde arbeitsteilige Gruppenarbeit - Texterschließung, Präsentation	Infotexte zu den Osterbräuchen
stellen diese jeweils mit einem Plakat den anderen **vor**		Plakate und Stifte
stimmen ein in das österliche Halleluja	gemeinsames Singen	Lied: Halleluja
sammeln Aspekte, die bei einem gemeinsamen Osterfrühstück wichtig sind und **planen** diese	Plenumsdiskussion	AB: „Symbole für Ostern…“

Eigene Ostererinnerungen reflektieren und einander davon erzählen
Die Lehrkraft begrüßt die Schülerinnen und Schüler nach den Ferien und lädt sie ein, über ihre Ostererlebnisse nachzudenken, z.B. *In den Ferien haben wir das größte Fest der Christen gefeiert – das Osterfest. Sicherlich erinnerst du dich an viele schöne Kleinigkeiten. Ich lade dich ein, dazu ein Gedicht mit allen Sinnen zu schreiben. Mit diesem Gedicht kommst du dann in den Morgenkreis!*

Die Kopiervorlage und ein Beispiel für ein Gedicht mit allen Sinnen finden Sie auf der CD- Rom

Versammelt im Morgenkreis lesen die Schülerinnen und Schüler ihre Gedichte mit allen Sinnen zum Thema „Ostern" vor und erzählen evtl. dazu.

Verschiedene Osterbräuche erarbeiten
Die Lehrkraft kann so oder ähnlich zum nächsten Schritt überleiten, z.B. *In euren Gedichten habt ihr schon einige Erfahrungen mit Ostern angesprochen, die mit Osterbräuchen zu tun haben. Diese Bräuche wollen wir jetzt zusammen tragen und auf Wortkarten schreiben, die wir um unsere Osterkerze in der Mitte legen. Anschließend könnt ihr in Gruppen zu den verschiedenen Osterbräuchen arbeiten. Für manche habe ich euch Informationstexte mitgebracht, aber vielleicht findet ihr noch andere Bräuche, an die ich nicht gedacht habe – zu diesen könnt ihr dann im Internet recherchieren.*

Nachdem die Schülerinnen und Schüler verschiedene Osterbräuche gesammelt haben, erarbeiten sie in arbeitsteiliger Gruppenarbeit deren Bedeutung.

Die Infotexte zum Osterbrauchtum finden Sie auf der CD- Rom

Osterbräuche den anderen Gruppen vorstellen
Nachdem die Schülerinnen und Schüler in den unterschiedlichen Gruppen zu den verschiedenen Bräuchen recherchiert haben, stellen sie ihre Ergebnisse im Plenum vor und können weitere evtl. auftretende Fragen klären.

Einstimmen in das österliche Halleluja
So oder ähnlich kann die Lehrkraft überleiten, z.B. *Ihr habt viele verschiedene Bräuche beschrieben, die alle die Freude über die Auferstehung und das neue Leben im Frühjahr, aber auch im Blick auf Jesus zeigen. In der Kirche kennen wir dazu einen Liedruf, das österliche Halleluja, das in der ganzen Fastenzeit nicht gesungen wird. Wir singen es erst wieder am Ostersonntag nach dem Evangelium von der Auferstehung Jesu…*

Den Liedtext und die Noten des Halleluja finden Sie auf der CD- Rom
Alle Lieder gibt es auch auf der Musik-CD mit booklet „Du bist da“ von didactus

Aspekte sammeln, die bei einem gemeinsamen Osterfrühstück wichtig sind und dieses planen

Die Lehrkraft schließt ab: *Wir haben uns mit verschiedenen Symbolen beschäftigt, die die Freude über Jesu Auferstehung ausdrücken. Wir haben auch ein Halleluja freudig gesungen. Etwas fehlt noch, das zu Ostern für mich auf alle Fälle gehört…*

Schülerinnen und Schüler vermuten, z.B. Osterfrühstück

Ich habe euch ein Bild von einem Osterkorb mitgebracht. Darauf seht ihr alle Speisen des Osterfrühstücks. Solch ein Frühstück wollen wir in der nächsten Stunde miteinander feiern. Es wäre schön, wenn jede/r etwas dazu mitbringt!

Material auf der CD-Rom:

- Arbeitsblatt: „Ostern mit allen Sinnen“, Arbeitstexte für die Gruppenarbeit

- Lied „Halleluja“, Arbeitsblatt: „Was wir Ostern feiern", Bildkarte „Osterfrühstück"

2. Stunde: „Osterfrühstück"

In der letzten Stunde haben die Schülerinnen und Schüler sich die Bedeutung verschiedener Symbole und Osterbräuche erarbeitet, u.a. auch „Osterlamm" und „Osterei". In der Weiterführung bereiten sie sich gegenseitig ein Osterfrühstück aus den mitgebrachten Speisen, greifen so ein weiteres Brauchtum auf und setzen es praktisch um.

Die Schülerinnen und Schüler	Didaktik - Methoden	Medien
stimmen ein in das österliche Halleluja	Gemeinsames Singen	Lied: Halleluja
genießen versammelt um einen großen Tisch ihr gemeinsames Osterfrühstück	Frühstücken Mahlhalten	versch, mitgebrachte Speisen: Kuchen, Osterlamm, Osterfladen, Ostereier, Schinken ... (Fotos)
vertiefen diese Mahlerfahrung im gemeinsamen Singen		Lied: „Wer Mahl hält"
halten die Erfahrung in einem Foto für den Hefteintrag **fest**	Gruppenfoto	Foto

Einstimmen in das österliche Halleluja
Versammelt im Stuhlkreis – am besten gleich um einen Tisch – stimmen die Schülerinnen und Schüler in Rückgriff auf die letzte Stunde nochmals das österliche Halleluja als Ausdruck der Freude an.

Material AUF CD-ROM

Den Liedtext und die Noten des Halleluja finden Sie auf der CD- Rom
Alle Lieder gibt es auch auf der Musik-CD mit booklet „Du bist da" von didactus

Das gemeinsame Osterfrühstück genießen
Die Lehrkraft kann das gemeinsame Osterfrühstück wie folgt einleiten, z.B. *In der letzten Stunde habt ihr erzählt und erarbeitet, was zu Ostern gehört, welche Feiertraditionen und Bräuche wir haben. Das Osterfrühstück ist eine solche Tradition. Ich lade euch ein, die mitgebrachten Speisen für alle auf dem Tisch auszubreiten. Nach einem gemeinsamen Gebet beginnen wir dann unser Frühstück…*

Schülerinnen und Schüler breiten die Speisen aus, beten gemeinsam das Vaterunser und beginnen zu frühstücken…

Die Mahlerfahrung im gemeinsamen Singen vertiefen
Die Lehrkraft führt weiter: *Wenn wir so zusammen sitzen, miteinander reden, beten, singen und*

sprechen, dann können wir uns gut die Mahlfeiern vorstellen, die Jesus mit seinen Jüngern gehalten hat und später auch die Jünger in Erinnerung an Jesus. Ihr kennt aus der 3. Klasse dazu das Mahllied, das ich gerne mit euch singen möchte.

Den Liedtext und die Noten des Kommunionliedes „Wer Mahl hält“ finden Sie auf der CD- Rom Alle Lieder gibt es auch auf der Musik-CD mit booklet „Du bist da“ von didactus

Die Erfahrung in einem Foto festhalten
Abschließend wird ein Bild von der Religionsgruppe gemacht, das an diese Mahlgemeinschaft beim Osterfrühstück erinnern soll und in der kommenden Stunde ins Heft geklebt wird.

Material auf der CD-Rom:

- Lied „Halleluja“, Bilder Osterfrühstück – Osterspeisen, Lied: „Wer Mahl hält“

3. Stunde: „Wie haben die Jünger angefangen, Ostern zu feiern?“

Im Stuhlkreis versammelt vergegenwärtigen sich die Schülerinnen und Schüler nochmals die Erfahrungen des gemeinsamen Osterfrühstücks bevor sie der Frage nach dem Beginn der Osterfeiern nachgehen. Dazu stellen sie in zwei arbeitsgleichen Gruppen ihre eigenen Vermutungen an, vergleichen diese mit Schritten der Entwicklung auf vorgegebenen Wortkarten und bringen sie in eine für sie selbst sinnvolle Reihenfolge, aus der heraus sich ihrer Meinung nach die Feier des Osterfestes entwickelt haben könnte. Im Austausch mit der anderen Gruppe stellen sie Gemeinsamkeiten, aber auch Unterschiede fest und bleiben der Frage auf der Spur, der sie in den nächsten Stunden schrittweise nachgehen werden.

Die Schülerinnen und Schüler	Didaktik - Methoden	Medien
vergegenwärtigen sich die Erfahrungen ihres gemeinsames Osterfrühstücks der letzten Stunde	Gruppenfoto, Erzählrunde	Foto: Osterfrühstück

erörtern die Frage nach dem Beginn des Osterfestes für die Jünger Jesu	Diskussion	
entwickeln eigene Antwortversuche in arbeitsgleichen Gruppen	Arbeitsgleiche Gruppenarbeit	Wortkarten mit „Schritten“
vergleichen und **ergänzen** die eigenen Antworten mit vorgefertigten Schritten der Entwicklung	Plenumsdiskussion	
präsentieren und **diskutieren** die Arbeiten der beiden Gruppen		
stimmen ein in das österliche Halleluja	gemeinsames Singen	Lied: „Halleluja“

Sich die Erfahrungen des gemeinsamen Osterfrühstücks vergegenwärtigen
Versammelt im Morgenkreis legt die Lehrkraft nach dem eingeführten Ritual das Bild der letzten Stunde in die Mitte: Unser Osterfrühstück. Sie lädt die Schülerinnen und Schüler ein, dazu zu erzählen, z.B. *Ihr erinnert euch an unser Osterfrühstück? Erzählt nochmals davon!*

Die Schülerinnen und Schüler erzählen, z.B. wir haben miteinander gegessen .... Jeder hat etwas mitgebracht ... wir waren eine schöne Gemeinschaft ... wir haben auch zusammen gebetet und gesungen ... und wir haben einander einiges erzählt ....

Die Frage nach dem Beginn des Osterfestes für die Jünger Jesu erörtern
Mit folgendem Impuls kann die Lehrkraft weiterführen und zum Nach-denken einladen: *So wie wir Ostern feiern mit den verschiedenen Bräuchen und auch dem Osterfrühstück, so wurde Ostern nicht von Anfang an gefeiert!*

Die Schülerinnen und Schüler vermuten, z.B. wahrscheinlich gab es noch kein Osterfest ... oder die Jünger wussten nicht, wie sie es feiern sollten .... Eigentlich waren sie doch eher traurig, dass Jesus tot war – wie sollten sie dann feiern? ...

Eigene Antwortversuche auf die Fragestellung entwickeln
Die Lehrkraft kann so oder ähnlich zur Arbeit in zwei Gruppen einladen: *Ihr habt euch schon erste Gedanken zur Entstehung des Osterfestes gemacht und überlegt, ob und wie die Jünger wohl damals Ostern gefeiert haben. Ihr sollt nun in Gruppen weiter überlegen!*

Material AUF CD-ROM

Die Arbeitsaufträge für die Gruppen finden Sie auf der CD- Rom

Die eigenen Antworten mit vorgefertigten Schritten der Entwicklung vergleichen und ergänzen

Wenn die Schülerinnen und Schüler zusätzliche Ideen und Anregungen bekommen wollen, können sie sich Wortkarten am Pult abholen, die bereits beschriftet sind, und die sie zu weiteren eigenen Überlegungen anregen sollen:

Die verschiedenen Wortkarten „Schritte zum Osterfest“ finden Sie auf der CD- Rom

Präsentation und Diskussion über die Gruppenarbeiten

Im Anschluss an die Gruppenarbeit stellen die beiden Gruppen ihre vermuteten „Wege“ zur Entstehung des Osterfestes gegenseitig vor und diskutieren ihre Entscheidungen. Dabei kommt es nicht auf ein „richtig“ oder „falsch“ der verschiedenen Versionen an. Vielmehr sollte die Lehrkraft die Denkprozesse der Schülerinnen und Schüler wertschätzen und unterstützen, um weiter auf diesem Weg des Suchens und Entdeckens zu bleiben. Wichtig ist in diesem Zusammenhang, dass deutlich wird, dass eine Erfahrung besonders zentral und unumkehrbar wird: Jesus lebt!

Einstimmen in das österliche Halleluja

Abschließend lädt sie zum gemeinsamen Singen des Hallelujas ein.

Den Liedtext und die Noten des Halleluja finden Sie auf der CD- Rom
Alle Lieder gibt es auch auf der Musik-CD mit booklet „Du bist da“ von didactus

Material auf der CD-Rom:

- Arbeitsaufträge für die Gruppen; Wortkarten: Schritte zum Osterfest; Lied „Halleluja“

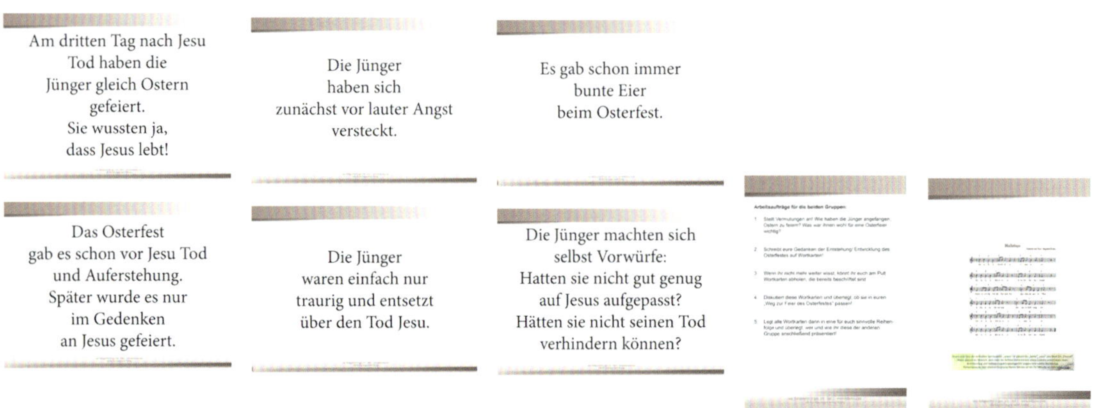

4. Stunde: „Die Freunde Jesu begegnen ihrer Furcht und Verzweiflung – Lk 24,1-12"

Im Rückgriff auf die letzte Stunde skizzieren die Schülerinnen und Schüler nochmals ihre Gedanken, wie die Jünger Jesu dazu kamen, Ostern zu feiern. Die anschließende Lehrererzählung führt sie zurück in die Tage nach Jesu Tod, die von Furcht und Verzweiflung geprägt waren, lässt aber auch gleichzeitig Hoffnung aufkeimen durch die Botschaft vom leeren Grab. Den Gefühlen der Freunde Jesu (Frauen und Männer) spüren sie in der Auswahl und Gestaltung von Psalmworten nach.

Die Schülerinnen und Schüler	Didaktik - Methoden	Medien
skizzieren die Gedanken der letzten Stunde nach, wie die Jünger anfingen, Ostern zu feiern	Erzählrunde	Wortkarten der letzten Stunde
begegnen der Erzählung von den Frauen am Grab aus dem Lukasevangelium	Lehrervortrag	Lehrererzählung nach Lk 24,1-12 Wortkarten, Fußabdrücke
spüren den unterschiedlichen Gefühlen der Jünger und Jüngerinnen nach Jesu Tod **nach**	Empathieübung	Psalmworte der Klage und der Hoffnung
wählen passende Psalmworte der Klage und der Hoffnung **aus** und **gestalten** diese nach Vorgaben **kreativ weiter**	Kreatives Gestalten	Farb- Formkarte AB. „Mein Psalmwort"

Die Gedanken der letzten Stunde skizzieren: wie die Jünger anfingen, Ostern zu feiern
Versammelt im Stuhlkreis verweist die Lehrkraft nochmals auf den Weg hin zum „Ostern feiern", wie ihn die Schülerinnen und Schüler in der letzten Stunden vermutet und mit Wortkarten gelegt haben. Weiterführend kann sie so oder ähnlich zu biblischen Erzählung überleiten: *Wir wissen nicht allzu viel von den Jüngern und ersten Christen. Einiges können wir in der Bibel, im Neuen Testament, nachlesen. Das möchte ich mit euch tun und dabei Schritt für Schritt zurückgehen an das Ende des Leben Jesu, das gleichzeitig ein neuer Anfang war …*

Der Erzählung von den Frauen am Grab begegnen
Die Lehrkraft beginnt: *Im Lukasevangelium haben Menschen aufgeschrieben, welche Erfahrungen sie mit Jesus gemacht haben als er schon gestorben und begraben war. Hör gut zu!*

Die Lehrkraft liest den folgenden Bibeltext möglichst aus der Einheitsübersetzung der Bibel vor:

Den Bibeltext finden Sie auf der CD- Rom

Nach dem Vorlesen des Bibeltextes lädt die Lehrkraft ein, eigene Fragen zu stellen und die Erzählung in eigenen Worten wieder zugeben. Anschließend halten die Schülerinnen und Schüler unterschiedliche Abschnitte auf Wortkarten fest. So kann die Lehrkraft dazu einladen, z.B. *Ihr habt nochmals nacherzählt, was im Lukasevangelium an Glaubenserfahrung aufgeschrieben ist. Überlegt gemeinsam, in welche Abschnitte wir die Erzählung aufteilen können.*

Die Schülerinnen und Schüler vermuten: unterwegs zum Grab – am Grab – auf dem Nachhauseweg/ zurück in Jerusalem – alle Schritte werden auf Wortkarten festgehalten.

Den unterschiedlichen Gefühlen der Jünger und Jüngerinnen nach Jesu Tod nachspüren
Weiterführend lädt die Lehrkraft dazu ein, den Abschnitten der Erzählung passende Gefühle zuzuordnen, z.B. *Als die Frauen unterwegs zum Grab sind, fühlen sie sich anders als auf dem Rückweg! Petrus ergeht es ebenso! Versuche, den Abschnitten der Erzählung passende Gefühle zuzuordnen und schreibe jeweils drei davon auf eine Wortkarte!*

Jeweils drei Schülerinnen und Schüler beschriften zusammen in Absprache je 3 Wortkarten für jeden Abschnitt und legen sie zu den unterschiedlichen Phasen der Erzählung.

Die Lehrkraft fasst zusammen: *Ihr habt viele Gefühle beschrieben, die die Jüngerinnen und Jünger Jesu haben als sie zum Grab gehen, das leere Grab entdecken und die Frohbotschaft hören und als sie auf dem Rückweg sind. Ich lade dich ein, aus diesen Gefühlen Sätze zu formulieren. Stell dich dazu in die Fußabdrücke, die ich zu den verschiedenen Abschnitten lege. Beginne mit: Ich…*

Die Vorlage für Fußabdrücke finden Sie auf der CD- Rom

Die Schülerinnen und Schüler fühlen sich empathisch in die verschiedenen Situationen und Gefühle ein und formulieren: Ich bin so verzweifelt .... Mir fehlt aller Mut und alle Hoffnung ... Ich bin so traurig, weil Jesus tot ist .... Ich bin erschrocken! ... Ich habe Angst vor diesen „Boten"! .... Ich kann es kaum glauben: Jesus ist nicht tot? ... Ich freue mich ... Ich muss unbedingt erzählen, was ich erlebt habe ... Ich schöpfe neue Hoffnung ... Ich kann es kaum glauben und bin total verwundert ... Ich zweifle und frage mich: Sollten die Frauen doch Recht haben?

Passende Psalmworte der Klage und der Hoffnung auswählen und diese kreativ gestalten
Die Lehrkraft führt hin zur Auswahl der Psalmworte, z.B. *Solche Sätze, wie ihr sie gerade formuliert habt, finden wir in der Bibel im Buch der Psalmen. Ich habe dir eine Auswahl mitgebracht. Du findest Klagepsalmen, also Psalmworte der Trauer und auch Psalmworte der Hoffnung. Wähle dir ein Psalmwort aus und nimm es mit an deinen Platz.*

Die einzelnen Psalmworte als Kopiervorlage finden Sie auf der CD- Rom

Nach der Auswahl der Worte sind die Schülerinnen und Schüler eingeladen, diese meditativ vorzutragen. Die Lehrkraft lädt dazu ein, z.B. *Du hast dir ein Psalmwort gewählt, das zu einem Abschnitt unserer biblischen Erzählung passt. Ich schlage die Klangschale an und alle, die zum ersten Teil der Erzählung ein passendes Psalmwort ausgewählt haben, lesen es vor. Nach einer kurzen Stille schlage ich wieder die Klangschale an und wir hören die Psalmworte zum zweiten Abschnitt der Erzählung, ebenso machen wir es bei dem dritten und vierten …*

Die Schülerinnen und Schüler lesen nach dem Ton der Klangschale jeweils ihr ausgewähltes Psalmwort vor.

Danach leitet die Lehrkraft zum kreativen Gestalten über: *Bleib nochmals bei deinem Psalmwort. Sprich es leise vor dir hin … Welche Gefühle löst es in dir aus? … Wie fühlt es sich für dich an? … Erinnere dich an unser kreatives Gestalten mit den Kunstbildern zum Seesturm! … Überlege für dich: Welche Form passt zu den Gefühlen deines Psalmwortes? … Welche Farbe passt dazu? … Wenn du eine Idee hast, hol dir ein AB und geh mit deinem Psalmwort auf deinen Platz. Male dann ein Bild zu deinem Psalmwort!*

Die Kopiervorlage der Farb-Formkarte finden Sie auf der CD- Rom

Material auf der CD-Rom:

- Text der biblischen Erzählung zu Lk 24,1-12, Kopiervorlage „Psalmworte“

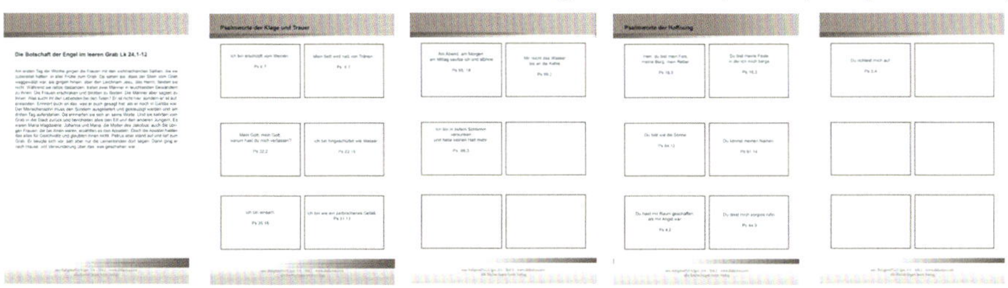

- Kopiervorlage Fußabdruck, Farb-Formkarte, Arbeitsblatt: „Mein Psalmwort“

5. Stunde: „Die Jünger und Jüngerinnen erfahren: Jesus lebt! Gott hat ihn auferweckt!"

Die Schülerinnen und Schüler haben sich in der letzten Stunde intensiv mit den Gefühlen der Jünger und Jüngerinnen Jesu beschäftigt, sich in diese eingefühlt und sie verbal und kreativ zum Ausdruck gebracht. Dabei haben sie erahnt, dass sich am Ostertag bereits eine Wende im Leben und Erleben der Jünger und Jüngerinnen andeutet: „Jesus lebt! Gott hat ihn auferweckt!" ist eine Hoffnungsbotschaft, die sie wieder aufleben lässt und Jesu Worte und Taten bestätigt. Aus der Sicht Maria Magdalenas tauchen sie in die Hoffnungsperspektive der Jünger und Jüngerinnen ein und bringen diese kreativ zum Ausdruck.

Die Schülerinnen und Schüler	Didaktik - Methoden	Medien
fühlen sich in Maria Magdalena **ein** und lassen diese von der Frohbotschaft am Grab erzählen	Erzählrunde	Egli- Figur Wortkarten der letzten Stunde
erfahren in einer perspektivischen Erzählung von der Situation der Jünger und Jüngerinnen Jesu	Lehrererzählung	Text der Lehrererzählung
tauchen in die Perspektive der Jüngerinnen und Jünger **ein** und erzählen erinnernd von den Erlebnissen mit Jesus	Empathieübung, Gesprächsrunde	
verfassen einen Tagebucheintrag aus der Sicht Maria Magdalenas und **bringen** deren Hoffnung, aber auch Zweifel und Ängste **zum Ausdruck**	Kreatives Gestalten	AB: „Was Maria Magdalena...."
stimmen in das Gebet **ein,** das Jesus seine Jüngern zu beten gelehrt hat: das Vaterunser	Gemeinsames Beten	Vaterunser mit Gesten

Sich in Maria Magdalena einfühlen und von der Frohbotschaft am Grab erzählen

Die Schülerinnen und Schüler versammeln sich wie gewohnt im Morgenkreis und beginnen den Unterricht mit dem eingeführten Ritual. Als visuellen Impuls legt die Lehrkraft die Wortkarten der letzten Stunde in die Mitte – so wie die Schülerinnen und Schüler selbst diese beschriftet haben, z.B. unterwegs zum Grab – am Grab: die Frohbotschaft – zurück auf dem Weg nach Jerusalem…

Die Schülerinnen und Schüler erzählen nochmals von der Perikope der Frauen am Grab, was sie sich merken konnten.

Mit der Egli- Figur „Maria Magdalena" lädt die Lehrkraft ein, sich in die konkrete Situation der Frauen/ Jüngerinnen Jesu einzufühlen: *Maria Magdalena kehrt zurück nach Jerusalem. Sie hat viel zu erzählen, von dem, was sie erlebt hat. Leih du ihr deine Worte! Beginne mit: Ich bin Maria Magdalena…*

Die Schülerinnen und Schüler erzählen, z.B. Unterwegs zum Grab war ich voller Trauer und Verzweiflung … alle unsere Hoffnung auf Jesus als den Messias waren am Kreuz mit ihm gestorben … ich war so unendlich traurig … am Grab jedoch spürte ich: Es ist nicht vorbei … Er lebt! …. Erfüllt von dieser Zuversicht konnte ich, ja musste ich zurück zu den anderen und ihnen erzählen: Jesus ist nicht tot! Er lebt! …

Von der Situation der Jünger und Jüngerinnen Jesu erfahren
Die Lehrkraft führt weiter: *Wir wissen nicht genau, was die Jünger damals nach Jesu Tod erlebt haben. Aber sie müssen sich sicher gewesen sein, dass Jesus lebt. Sie spürten: ER ist mitten unter uns, wenn wir zusammen kommen. Lassen wir Maria Magdalena erzählen, wie sie diese Zeit nach Jesu Tod erlebt hat …*

Die Lehrererzählung zu Maria Magdalena finden Sie auf der CD- Rom

Nach der Möglichkeit, Fragen zu stellen und die Erzählung in eigenen Worten wiederzugeben, führt die Lehrkraft zum nächsten Schritt weiter.

In die Perspektive der Jüngerinnen und Jünger eintauchen und erinnernd von den Erlebnissen mit Jesus erzählen
Am Beispiel von Maria Magdalena habt ihr von den verschiedenen Gedanken, den Hoffnungen, aber auch den Ängsten der Jünger und Jüngerinnen erfahren. Für sie sind die Treffen wichtig, in denen sie sich an ihre Zeit mit Jesus erinnern und sich gegenseitig immer wieder erzählen, was er gesagt und getan hat, um (ihn) nicht(s) zu vergessen. Dazu lade ich dich jetzt auch ein. Beginne deinen Satz mit: „Weißt du noch…?"

Die Schülerinnen und Schüler erzählen, z.B. Weißt du noch, als Jesus wie ein König in Jerusalem eingezogen ist und ihm alle zugejubelt haben …. Weißt du noch, wie Jesus dem blinden Bartimäus begegnet ist … Weißt du noch, wie wir ihn zum ersten Mal gesehen haben… ?

Einen Tagebucheintrag aus der Sicht Maria Magdalenas verfassen und deren Hoffnung, aber auch Zweifel und Ängste zum Ausdruck bringen
Die Lehrkraft lädt zum kreativen Schreiben ein, z.B. *Die Gedanken der Jüngerinnen und Jünger drehen sich immer wieder um Jesus: Was sie mit ihm erlebt haben, woran sie sich erinnern, was sie hoffen und was sie fürchten. Du darfst nun einen Tagebucheintrag verfassen, in dem Maria Magdalena alles aufschreibt, worüber sie sich Gedanken macht. Wenn du fertig bist, kommst du mit deinem Arbeitsblatt in den Stuhlkreis.*

Die Schülerinnen und Schüler schreiben in Einzelarbeit einen Tagebucheintrag Maria Magdalenas und haben im anschließenden Stuhlkreis die Möglichkeit, diesen vorzulesen.

Einstimmen in das Gebet, das Jesus seine Jüngern zu beten gelehrt hat: das Vaterunser
Nachdem die Schülerinnen und Schüler ihre verschiedenen fiktiven Tagebucheinträge vorgelesen haben, werden sie eingeladen, die Stunde mit einem Gebet abzuschließen, das den Jüngerinnen und Jüngern sicherlich immer wieder geholfen und Mut gemacht hat: *Ihr kennt ein Gebet, das die Jüngerinnen und Jünger zusammen mit Jesus gebetet haben und das sie nicht nur an ihn erinnert, sondern auch an Gott, der alle Menschen liebt…*

Gemeinsam wird das Vaterunser evtl. auch mit Gesten – gebetet.

Material AUF CD-ROM

Das Vaterunser mit Gesten finden Sie auf der CD- Rom

Material AUF CD-ROM

Material auf der CD-Rom:

- Text der Lehrererzählung. AB: „Was Maria Magdalena...“, Vaterunser mit Gesten

6. Stunde: „So lebten die ersten Christen"

Anknüpfend an die Erzählung aus der letzten Stunde legen die Schülerinnen und Schüler mithilfe der Struktur-Legetechnik aus verschiedenen Wortkarten ein Symbol und erzählen dazu von den Erfahrungen und Gefühlen Maria Magdalenas. In der Weiterführung erarbeiten sie in einem Stationenlauf verschiedene Aspekte, die für die Treffen der ersten Christen wichtig waren und tragen diese im Plenum zusammen. Das gemeinsame Singen und Beten schließt die Stunde ab und greift nochmals wichtige Aspekte der Erarbeitung praktisch auf.

setzen sich anhand von Wortkarten mit Begriffen mit dem Inhalt der letzten Stunde **auseinander** und **stellen** diesen **grafisch dar**	Kleingruppenarbeit Lege-Struktur-Technik	Wortkarten mit Begriffen
erarbeiten an verschiedenen Stationen **wesentliche Aspekte** zum Leben der ersten Christen	Stationenlauf	Texte für den Stationenlauf
tauschen sich über die Ergebnisse **aus** und versuchen, diese in Symbolen **darzustellen**	Plenumsdiskussion	AB: Laufpass
vertrauen sich in Lied und Gebet dem Gott an, von dem Jesus als „Abba“ erzählt hat	Gemeinsames Singen und Beten	Vaterunser mit Gesten

Sich mit Inhalten der letzten Stunde auseinandersetzen und diese grafisch darstellen
Nach dem Ankommritual werden die Schülerinnen und Schüler eingeladen, sich in Kleingruppen zu jeweils 4 Personen zusammen zu finden. Jede Gruppe erhält mehrere verschiedene Wortkarten mit Arbeitsauftrag.

Die Arbeitsaufträge und die Wortkarten mit den Begriffen finden Sie auf der CD- Rom

Anmerkung zur Struktur-Lege-Technik:
Die zentralen Begriffe eines Themas werden auf Kärtchen geschrieben und den Schülern ausgeteilt. Zunächst erläutern die SchülerInnen die einzelnen Begriffe. Anschließend sollen die Begriffe in einer sinnvollen Struktur gelegt werden, so dass inhaltliche Zusammenhänge deutlich werden. Diese Struktur wird erläutert und begründet.

Zitiert nach „Leistungsbewertung im kompetenzorientierten Unterricht. Beispiele und Denkanstöße“ von Cordula Blüml und Manuel Stinglhammer, Schulreferat Passau nach einem Modell von Hepting, Roland, Zeitgemäße Methodenkompetenz im Unterricht. Eine praxisnahe Einführung in neue Formen des Lehrens und Lernens, Bad Heilbrunn ²2008, 141-144

Die einzelnen Gruppen stellen ihre ausgewählten Wortkarten und die Bilder, die sie damit gelegt haben, vor, z.B. in Form eines Hauses, in dem sich die ersten Christen zum Gebet etc. treffen vor …

An verschiedenen Stationen wesentliche Aspekte zum Leben der ersten Christen erarbeiten

Die Lehrkraft führt weiter, z.B. *Ihr habt mit euren Bildern/ Symbolen aus den Wortkarten nochmals zusammengefasst, womit ihr euch in der letzten Stunde beschäftigt habt. Heute werdet ihr an verschiedenen Stationen noch mehr Informationen zu den ersten Christen erarbeiten. Dazu erhält jede/r von euch einen Laufpass. Ihr lauft die verschiedenen Stationen ab und versucht, die Fragen zu beantworten, nachdem ihr die Infotexte gelesen habt. Wer fertig ist, kommt in den Stuhlkreis.*

Die Infotexte und den Laufpass für die Stationenarbeit finden Sie auf der CD- Rom

Sich über die Ergebnisse austauschen und diese in Symbolen darstellen

Wenn die Schülerinnen und Schüler die vier Stationen durchlaufen haben, versammeln sie sich wieder im Stuhlkreis und tauschen ihre Ergebnisse aus. Die Lehrkraft führt weiter: *Ihr habt in der linken Spalte unter den Zahlen der jeweiligen Station noch Platz. Überlegt euch zusammen mit eurem Partner ein Symbol für jede dieser vier Stationen!*

Die Schülerinnen und Schüler überlegen, z.B. Station 1: Blitz für Angst oder schwarzer Fleck/ Stein; Station 2: Haus; Station 3: Sprechblase; Station 4: Brot, Notenzeile …und übertragen diese Symbole in ihren Laufpass.

Sich in Lied und Gebet dem Gott Jesu anvertrauen

So wie die Jünger und Jüngerinnen Jesu immer wieder Trost im Gebet gespürt und Gemeinschaft erfahren haben, wollen auch wir die Stunde abschließen mit dem Gebet, das Jesus auch uns gelehrt hat: dem Vaterunser.

Das Vaterunser mit Gesten finden Sie auf der CD- Rom

Material auf der CD-Rom:

- Wortkarten, Infotexte und Laufpass für die Stationenarbeit, Vaterunser mit Gesten

7. Stunde: „Die ersten Christen benutzen Geheimzeichen: ICHTHYS"

In der letzten Stunde haben sich die Schülerinnen und Schüler mit der Situation der ersten Christen beschäftigt und erahnt, dass es für diese nicht leicht war, an ihrem Glauben festzuhalten. In der Weiterführung der perspektivischen Erzählung von Maria Magdalena hören sie von dem Versuch, ein Geheimzeichen zu entwickeln, das gleichzeitig ein Bekenntnis für Jesus Christus darstellt und verstehen, was die ersten Christen mit dem Fisch als Zeichen an den Häusern verbunden haben: Das Bekenntnis zu Jesus Christus, Gottes Sohn, Erlöser.

Die Schülerinnen und Schüler	Didaktik - Methoden	Medien
rekapitulieren anhand der Symbole der letzten Stunde, dass Inhalte einfach und grafisch auf den Punkt gebracht werden können	Gesprächsrunde	Laufpass der letzten Stunde: Symbole
begegnen in der perspektivischen Erzählung der Frage, wie der Glaube an Jesus symbolisch ausgedrückt werden kann	Lehrervortrag	Text zur perspektivischen Lehrererzählung Teil 1 + 2
entwickeln eigene **Ideen** für Geheimzeichen der ersten Christen	Kleingruppenarbeit	ICHTHYS
erfahren von der Bedeutung des Symboles Fisch/ ICHTHYS für die ersten Christen	Lehrervortrag	
gestalten ihr eigenes Geheimzeichen mit Wachsmalkreiden als Zeichen des Glaubens und der Hoffnung	Kreatives Gestalten	AB: „Ein Geheimzeichen…", Wachsmalkreiden, Anleitung Kratztechnik

Rekapitulieren, dass Inhalte einfach und grafisch auf den Punkt gebracht werden können
Nach dem einführenden Ankommritual malt die Lehrkraft nochmals die Symbole der letzten Stunde an die Tafel, die die Schülerinnen und Schüler selbst gefunden haben, z.B. Blitz – Haus – Sprechblase – Brot

Die Schülerinnen und Schüler äußern sich dazu, z.B. die Symbole erinnern mich an die letzte Stunde … die ersten Christen hatten Angst … sie trafen sich in Privathäusern … sie erzählten von Jesus … sie hielten miteinander Mahl.

Du merkst: Mit nur einem kleinen Symbol kannst du eine Menge aussagen! Darum soll es heute auch gehen – Geheimzeichen, die die ersten Christen entwickelt haben!

Der Frage begegnen, wie der Glaube an Jesus symbolisch ausgedrückt werden kann

Die perspektivische Lehrererzählung finden Sie auf der CD- Rom

ICHTHYS – aus erzähltechnischen Gründen wird die Entwicklung dieses Geheimzeichens vorverlegt in die Zeit Maria Magdalenas, auch im Blick auf den Hoheitstitel „Christus".

Eigene Ideen für Geheimzeichen der ersten Christen entwickeln
Nachdem die Schülerinnen und Schüler nochmals nacherzählt haben, warum ein Geheimzeichen für die ersten Christen plötzlich wichtig wurde, setzen sie sich in kleinen Gruppen zusammen und überlegen selbst, welches Geheimzeichen ihnen für Jesus einfallen würde... im Anschluss an die Gruppenarbeit stellen sie sich diese gegenseitig vor und überlegen gemeinsam, ob sie als Geheimzeichen sinnvoll sind, z.B. Kreuz, Herz, JC ...

Von der Bedeutung des Symboles Fisch/ ICHTHYS für die ersten Christen erfahren
Nach dem Austausch über die eigenen Ideen, erzählt die Lehrkraft weiter:

Die perspektivische Lehrererzählung finden Sie auf der CD- Rom

Ein eigenes Geheimzeichen mit Wachsmalkreiden als Zeichen des Glaubens und der Hoffnung gestalten
Die Lehrkraft führt weiter: *Nun seid ihr eingeladen, ein eigenes Geheimzeichen der Hoffnung zu gestalten. Nehmt dazu das Arbeitsblatt und bemalt es zunächst in bunten Farben mit Wachsmalstiften. Danach überdeckt ihr alles mit schwarzer Wachsmalkreide. Überlegt euch anschließend gut, wie euer Geheimzeichen aussehen soll und ritzt es aus der schwarzen Decke wieder heraus. Zum Vorschein kommt das Geheimzeichen in bunter Farbe auf schwarzem Hintergrund.*

Material auf der CD-Rom:

- Text der Lehrererzählung, Teil 1 und Teil 2, Kopiervorlage ICHTHYS - Fisch

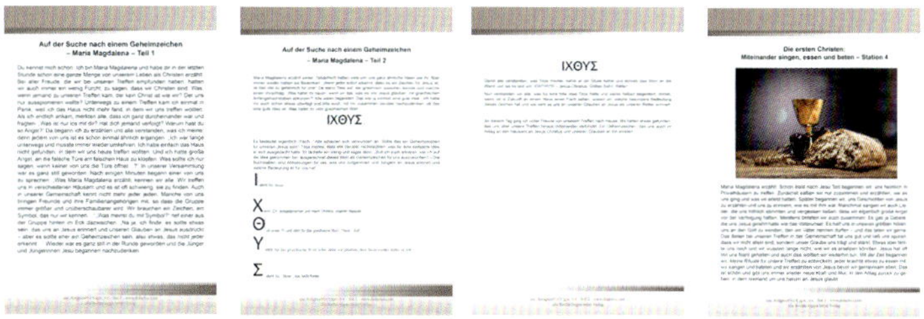

8. Stunde: „Die ersten Bilder und Darstellungen von Jesus: Der gute Hirte"

Die Schülerinnen und Schüler wissen um die bedrohliche Situation der ersten Christen und kennen den Fisch als Geheimzeichen für ihren Glauben an Jesus Christus. Ein Blick in die Gemeinschaft der ersten Christen kann ihr Verständnis dafür wecken, dass sie Jesus auch bildhaft vor sich haben wollten. Sie verstehen, dass in den Geschichten, in denen von Jesus als dem guten Hirten gesprochen wird, etwas zum Ausdruck kommt, was sie als Bild für Jesu Tun und Botschaft darstellen können. Hier finden sie in Erinnerung an Jesus und als Hoffnung über den Tod hinaus wieder, was für sie das Wichtigste in seiner Nachfolge wird: Jesus sorgt für uns. Jesus ist bei uns. Jesus gibt uns Hoffnung und Zukunft.

Die Schülerinnen und Schüler	Didaktik - Methoden	Medien
setzen spielerisch Buchstaben **zusammen** und **vergegenwärtigen sich** die Bedeutung von ICHTHYS	Spielerisches Rätseln	Wortpuzzle zu ICHTHYS
erfahren in der Weiterführung der perspektivischen Erzählung von der Sehnsucht der Christen nach einem Bild für Jesus	Lehrervortrag	Text zur perspektivischen Lehrererzählung
rekapitulieren ihr **Vorwissen** zum guten Hirten und übertragen es auf Jesus Christus	Kleingruppenarbeit	Placemat
stimmen ein in das vertrauensvolle Gebet zu Jesus, dem guten Hirten	Gemeinsames Beten und Singen	Psalm 23, Liedvers AB: „Ein Bild für Jesus…"

Spielerisches Zusammensetzen und Vergegenwärtigen der Bedeutung von ICHTHYS
Nach dem Anfangsritual im Stuhlkreis legt die Lehrkraft einzelne Wortteile in die Mitte und lädt zum Zusammenpuzzlen ein.

Das Wortpuzzle finden Sie auf der CD- Rom

Die Schülerinnen und Schüler erzählen dazu ihr Vorwissen aus der letzten Stunde, z.B. es war eine Art Glaubensbekenntnis, das Geheimzeichen der ersten Christen ...

Die Lehrkraft führt so oder ähnlich weiter, z.B. *Die ersten Christen haben dieses Glaubensbekenntnis noch knapper und eindrücklicher zusammengefasst!*

Die Schülerinnen und Schüler ergänzen: ICHTHYS, das Zeichen des Fisches ... und drehen die Wortkarten um, so dass das griechische Wort ICHTHYS zum Vorschein kommt.

Von der Sehnsucht der Christen nach einem Bild für Jesus erfahren
Die Lehrkraft leitet zur perspektivischen Erzählung über, z.B. *„Ich möchte euch heute weiter vom Leben der ersten Christen erzählen, wieder aus der Sicht von Maria Magdalena...“*

Die perspektivische Lehrererzählung finden Sie auf der CD- Rom

Vorwissen zum guten Hirten rekapitulieren und auf Jesus Christus übertragen
Nachdem die Schülerinnen und Schüler die Möglichkeit hatten, Fragen zur Erzählung zu stellen und sie in eigenen Worten wiedergegeben haben, kommen sie in Kleingruppen zusammen. Die Lehrkraft kann so zur Gruppenarbeit anleiten: *Als Jakob vom guten Hirten erzählt, kommen den ersten Christen viele Gedanken. Auch dir fällt einiges zum guten Hirten ein! Schreibe es zusammen mit drei anderen auf euren Placemat und überlegt in einem zweiten Schritt, was es bedeutet, wenn von Jesus als dem guten Hirten gesprochen wird!*

Die Vorlage für das Placemat finden Sie auf der CD- Rom

Die Schülerinnen schreiben ihre Gedanken zum guten Hirten und zu Jesus als dem guten Hirten auf die Vorlage des Placemat und kommen damit in den Stuhlkreis.

Einstimmen in das vertrauensvolle Gebet zu Jesus dem guten Hirten
Die Lehrkraft leitet zur letzten Phase über: *Ihr habt eure Gedanken gesammelt zum guten Hirten und auf Jesus, den guten Hirten übertragen: Wir singen gemeinsam zunächst unseren Liedvers vom guten Hirten und dann darf immer eine Gruppe ihre Ergebnisse vorlesen, danach singen wir wieder den Liedvers bis alle Gruppen ihre Ideen vorgelesen haben.*

Die Schülerinnen und Schüler lesen in Gruppen ihre Ideen vom Placemat vor und singen dazwischen den Liedruf vom guten Hirten.

Die Lehrkraft fasst zusammen und lädt zum gemeinsamem Beten des Psalm 23 ein: *So ähnlich wie ihr jetzt auch haben die ersten Christen viele Erinnerungen, Worte und Bilder Jesu gesammelt, die ihnen Hoffnung gemacht haben. Im Bild des guten Hirten für Jesus haben sie alles gebündelt und konnten deshalb wieder zuversichtlich und in der Sicherheit, dass Jesus sie nicht alleine lässt, beten:*

Du, Herr, bist mein Hirte,...

Den Liedvers und den Text des Psalm 23 finden Sie auf der CD- Rom
Der Liedvers ist auch auf der Musik-CD mit booklet „Du bist da“ von didactus Verlag

Abschließend halten die Schülerinnen und Schüler ihre Gedanken um ein Bild des guten Hirten im Heft fest.

Das Bild vom guten Hirten finden Sie auf der CD- Rom

Material auf der CD-Rom:

- Wortpuzzle, Lehrererzählung, Vorlage Placemat, Bild „Der gute Hirte“, AB „Ein Bild für Jesus: Der gute Hirte“; Text Psalm 23 und Liedvers

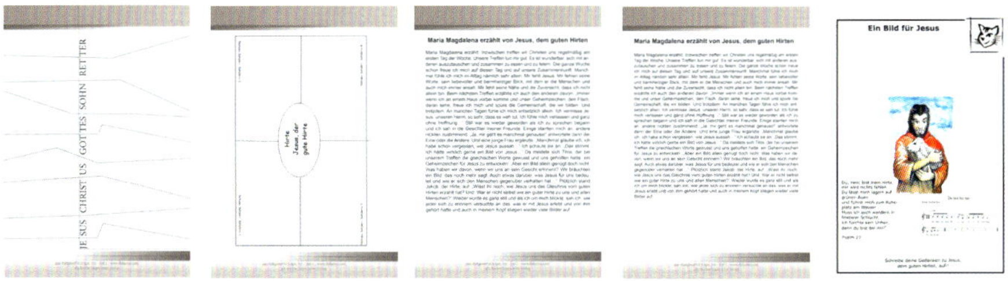

9. Stunde: „Was für die ersten Christen wichtig ist: Glaube – Hoffnung - Liebe“

Betend erinnern sich die Schülerinnen und Schüler an ein frühes Jesusbild – Jesus als der gute Hirte. In diesem Psalm verbinden sich drei wesentliche Elemente der frühen Christengemeinden: Der Glaube an Jesus, der mit ihnen durchs Leben geht, die Hoffnung auch inmitten von Angst und Hoffnungslosigkeit und die Erfahrung der liebevollen Sorge des Hirten für die Seinen. Diesen drei Begriffen kommen die Schülerinnen und Schüler anschließend auf die Spur. Dazu arbeiten sie in Kleingruppen und assoziieren ihr Vorwissen zu den drei Begriffen, um sie für sich selbst mit Bildern und Vorstellungen zu füllen.

Die Schülerinnen und Schüler	Didaktik - Methoden	Medien
beten gemeinsam den Psalm 23 und **vergegenwärtigen sich** damit ein frühes Jesusbild	Gemeinsames Beten	Psalm 23
benennen Gefühle, die sich im Psalm 23 finden und **halten** diese **fest**	Gesprächsrunde	Wortkarten
erarbeiten in Kleingruppen drei wesentliche Aspekte der ersten Christengemeinschaften	arbeitsteilige Kleingruppenarbeit	Buchstabenpuzzle Glaube – Hoffnung – Liebe Placemat
halten ihre persönlichen **Assoziationen** zu den Begriffen Glaube – Hoffnung und Liebe in einer Wortwolke **fest**	Kreatives Schreiben	Bibel AB: „Glaube – Hoffnung - Liebe“

Gemeinsam den Psalm 23 beten und ein frühes Jesusbild vergegenwärtigen
Versammelt im Stuhlkreis beten die Schülerinnen und Schüler gemeinsam nochmals den Psalm 23 aus der letzten Stunde.

Material AUF CD-ROM M

Den Psalm 23 finden Sie auf der CD- Rom

Gefühle des Psalm 23 benennen und festhalten
Die Lehrkraft greift diesen auf und führt weiter: *Wenn du nochmals an den Psalm 23 denkst, fallen dir sicher viele Gefühle ein, die darin zum Ausdruck kommen.*

Die Schülerinnen und Schüler vermuten, z.B. Zuversicht und Vertrauen, Glaube an Gott/ Jesus …

Drei wesentliche Aspekte der ersten Christengemeinschaften erarbeiten
So oder ähnlich kann die Lehrkraft weiterführen: *Ihr habt einige Gefühle benannt, die den Psalm ganz gut charakterisieren. Sie stehen für das, was Christen – damals wie heute – besonders wichtig ist. Dies sollt ihr nun in drei arbeitsteiligen Kleingruppen erarbeiten.*

Material AUF CD-ROM M

Das Buchstabenpuzzle. die Arbeitsaufträge und die Vorlage für ein Placemat finden Sie auf der CD- Rom

In der anschließenden Runde stellen die verschiedenen Gruppen ihre Arbeitsergebnisse (erträtselter Begriff – eigene Assoziationen – Symbol) vor. Die Lehrkraft kann zusammenfassend auf die drei klassischen Symbole von Glaube, Hoffnung und Liebe hinweisen: *Sicherlich kannst du die drei Symbole Kreuz, Anker und Herz den Begriffen zuordnen!*

Die Schülerinnen und Schüler vermuten: Glaube – Kreuz; Hoffnung – Anker; Liebe - Herz

Persönliche Assoziationen zu den Begriffen Glaube, Hoffnung und Liebe in einer Wortwolke festhalten

Zum kreativen Gestalten kann die Lehrkraft wie folgt einladen: *Ihr habt euch in den Gruppen Gedanken zu je einem dieser drei Begriffe gemacht, die schon für die ersten Christen sehr wichtig sind. Du darfst nun mit diesen Begriffen weiter arbeiten. Dazu bekommst du die Symbole des jeweiligen Begriffes als Umriss auf deinem Arbeitsblatt. Deine Aufgabe ist es, diese Umrisse mit Gedanken so zu füllen, dass eine Wortwolke zu jedem Begriff innerhalb des Symboles entsteht, d.h. der Rahmen auf deinem Arbeitsblatt ist zu füllen mit allem, was dir zu diesen Begriffen einfällt.*

Als mögliches Zeichen kann die Lehrkraft für alle Schülerinnen und Schüler diese Schlüsselanhänger mit den klassischen Symbolen bestellen. Es könnte aber auch gut am Ende des Schuljahres in einer Klassenabschiedsfeier darauf Bezug genommen werden!

Schlüsselanhänger – bestellbar beim Amt für Gemeindedienst der evangelischen Landeskirche Bayern unter: www.afg-elkb.de

Material auf der CD-Rom:

- Psalm 23, Buchstabenpuzzle, Vorlage Placemat, AB: „Glaube – Hoffnung – Liebe“

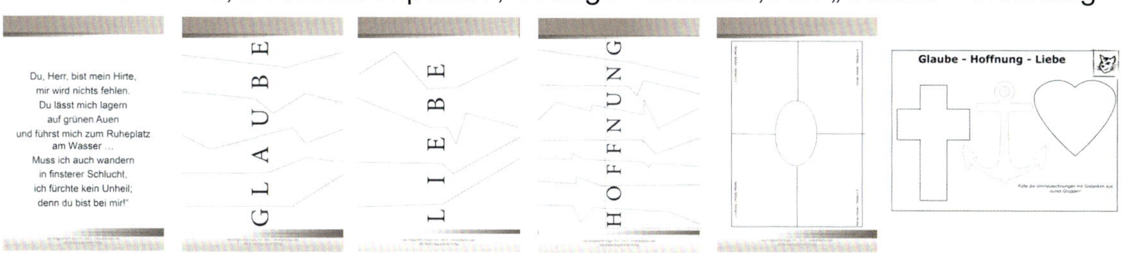

10. Stunde: „Die ersten Christen werden mutig und zeigen ihren Glauben"

Im Rückgriff auf die letzte Stunde tauschen sich die Schülerinnen und Schüler zunächst über die Symbole Kreuz, Anker und Herz aus bevor sie deren Bedeutung für die ersten Christen anhand von Satzanfängen fantasieren. Dabei wird deutlich, dass die ersten Christen nicht von Anfang an und nicht immer so mutig und hoffnungsvoll aufgetreten sind. In einer perspektivischen Erzählung des Pfingstereignisses begegnen sie zunächst nur den veränderten Gefühlen der Jüngerinnen und Jünger bevor sie sich mit den Symbolen der biblischen Erzählung beschäftigen. Die wesentliche Veränderung „von der Furcht zum Mut" halten sie im kreativen Schreiben fest.

Die Schülerinnen und Schüler	Didaktik - Methoden	Medien
assoziieren zu den drei Symbolen Kreuz, Anker und Herz ihre Gedanken der letzten Stunde	Gesprächsrunde	Symbole: Kreuz, Anker, Herz
erspüren in einer perspektivischen Erzählung die Zuversicht und Kraft, die die Jünger und Jüngerinnen erfüllt	Lehrererzählung	schwarze Tücher, Kerze Text der perspektivischen Lehrererzählung
fühlen sich in die Jüngerinnen und Jünger **ein** und **gestalten** deren Veränderung im Bodenbild weiter	Empathie, Austausch und Bodenbildgestaltung	Tücher: orange, gelb, rot
geben im kreativen Schreiben **ihren Eindrücken** von der Veränderung der Jünger **Ausdruck**	Kreatives Schreiben	AB: „Was Maria Magdalena … "

Zu den Symbolen von Kreuz, Anker und Herz Gedanken assoziieren
Versammelt im Stuhlkreis legt die Lehrkraft die Symbole für Glaube, Hoffnung und Liebe in die Mitte und lädt die Schülerinnen und Schüler ein, ihre Assoziationen dazu zu äußern.

Die Schülerinnen und Schüler erzählen, z.B. für die ersten Christen war das unheimlich wichtig … Glaube – Kreuz …. Hoffnung – Anker … Liebe – Herz …. Am wichtigsten war die Liebe …

Weitere Ideen kann die Lehrkraft durch folgende Satzanfänge provozieren

Wenn ich das glauben kann…

Wenn ich hoffen darf ….

Wenn ich die Liebe spüre …

Die Schülerinnen und Schüler führen die Satzanfänge weiter, z.B.: Wenn ich das glauben kann … dass Jesus immer bei uns ist, brauche ich mich nicht zu fürchten! … Wenn ich hoffen darf … dass mit seinem Tod nicht alles vorbei ist, kann ich neu an ihn glauben! …Wenn ich die Liebe spüre … mit der Jesus uns begegnet ist, kann ich diese Liebe auch an andere weitergeben! …

Die Bilder Kreuz, Anker und Herz und die Satzanfänge auf Wortkarten
finden Sie auf der CD- Rom

Die Lehrkraft regt die Schülerinnen und Schüler zum Nachdenken an, z.B. *Wenn ihr an die Erzählung von Maria Magdalena denkt, hat sich nicht immer alles so freudig und hoffnungsvoll angehört und angefühlt!*

Die Schülerinnen und Schüler rekapitulieren, z.B. Die ersten Christen – auch Maria Magdalena – hatten immer wieder Angst, verfolgt zu werden … sie versteckten sich … sie benutzten Geheimsymbole und Bilder von Jesus …

Die Zuversicht und Kraft erspüren, die die Jünger und Jüngerinnen erfüllt
Die Lehrkraft führt weiter: *Wenn nicht irgendetwas passiert wäre, wüssten wir heute nichts von Jesus; denn dann wären die Jünger und Jüngerinnen nie so mutig gewesen, anderen von ihrem Glauben an Jesus zu erzählen. Was passiert ist, möchte ich euch aus der Perspektive von Maria Magdalena erzählen.*

Den Text der Lehrererzählung finden Sie auf der CD- Rom

Nach der Erzählung haben die Schülerinnen und Schüler die Möglichkeit, (Nach)Fragen zu stellen bevor sie diese mit eigenen Worten nacherzählen.

Sich in die Jüngerinnen und Jünger einfühlen und deren Veränderung im Bodenbild weitergestalten
Die Lehrkraft führt weiter: *Wenn ihr in unsere Mitte schaut, könnt ihr einiges über die Gefühle der Jünger zu Beginn der Erzählung sagen!*

Die Schülerinnen und Schüler wiederholen, z.B. Sie hatten Angst … sie haben sich eingeschlossen … sie haben niemandem von ihrem Glauben erzählt …

Die Lehrkraft regt zum Weiterdenken an: *Doch irgendwann haben sie sich verändert!*

Die Schülerinnen und Schüler vermuten, z.B. Sie spüren auf einmal Jesu Nähe ganz neu und anders … sie fassen Mut … sie spüren die Begeisterung von Jesus wieder …

Die Lehrkraft leitet zum Bibeltext der Apostelgeschichte über: *Später haben die Freunde Jesu überlegt, wie alles begonnen hat und wie es wohl gewesen sein muss, dass die ersten Jüngerinnen und Jünger mutiger wurden und auch anderen Menschen erzählten, was sie von Jesus glauben und wie sie seine Botschaft weitertragen könnten. Diese Geschichte kennen wir auch heute noch, weil sie der Evangelist Lukas mithilfe aussagekräftiger Symbole aufgeschrieben hat.*

Die Lehrkraft liest den Ausschnitt aus der Pfingsterzählung aus der Bibel (Einheitsübersetzung) vor:

Den Text der Einheitsübersetzung finden Sie auf der CD- Rom

Die Lehrkraft lädt zur Auseinandersetzung mit der Symbolik der Pfingsterzählung ein: *Vielleicht hast du gemerkt, dass in dieser Erzählung Symbole eine wichtige Rolle spielen? Was die Menschen, die diese Geschichte weitererzählt haben, wohl damit sagen wollten?*

Die Schülerinnen und Schüler vermuten, z.B. die Feuerzungen vom Himmel – wie kann ich mir das vorstellen??? … Der Sturm, der das Haus erfüllt – soll das wirklich passiert sein? …

Die Lehrkraft führt weiter: *Du hast verschiedene Symbole in der Pfingsterzählung entdeckt, vor allem Feuer und Sturm. Bestimmt fallen dir auch andere biblische Erzählungen dazu ein, mit denen du diese Symbole deuten kannst …*

Die Schülerinnen und Schüler vermuten, z.B. Mose am Dornbusch …Elija in der Höhle … alles hat was mit Gott zu tun …

Die erarbeiteten Aspekte sollen nun auch ins Bodenbild integriert werden. Die Lehrkraft kann dazu einladen: *Versucht, die Veränderung der Jünger mit den Symbolen im Bodenbild auszudrücken!*

Die Schülerinnen und Schüler gestalten das Bodenbild weiter, z.B. durch bewegte und feurige Tücher in gelb, orange und rot, die die schwarzen Konturen des Hauses durchbrechen…

Die Lehrkraft fasst zusammen: *Ihr seid ja längst Bibelexperten und wisst, dass in der Bibel keine Berichte stehen, WIE etwas passiert ist. Wichtig war den ersten Christen, DASS sie neu Mut und Kraft geschöpft haben und voller Elan und Begeisterung von Jesus und davon erzählen konnten,*

DASS ihr neuer Mut von Gott kommt. Das fiel auch den Menschen um sie herum auf und deshalb wurde es aufgeschrieben. Dabei haben die einzelnen Autoren auf Symbole des Alten Testamentes zurückgegriffen, weil den Menschen damals klar war: bei Feuer und Sturm ist Gott im Spiel!

Im kreativen Schreiben ihren Eindrücken von der Veränderung der Jünger Ausdruck geben
Folgendermaßen kann zum kreativen Schreiben übergeleitet werden: *Die Menschen haben gemerkt, wie begeistert die ersten Christen von Jesus erzählt haben und wie ihre Angst sich in Mut verändert hat. Stell dir vor, Josua, ein Freund Maria Magdalenas hört, wie Christen sich diese Geschichte gegenseitig erzählen und fragt sich, was sie wohl zu bedeuten hat. Was wird Maria Magdalena Josua wohl antworten, wenn er wissen möchte, warum vielen Jüngerinnen und Jüngern gerade diese Geschichte so besonders wichtig ist?*

Die Schülerinnen und Schüler erhalten ein AB und schreiben auf, was Maria Magdalena ihrem Freund Josua erzählen könnte. Abschließend lesen sie ihre Ideen der Klasse vor, z.B. zuerst war da die Angst … später die Erfahrung der Gemeinschaft … Glaube, Liebe und Hoffnung haben uns gestärkt … das Gefühl/ die Gewissheit: Jesus ist bei uns … der Mut, die Angst zu überwinden … der Wunsch, anderen von Jesus zu erzählen … das Gefühl, dass mit uns etwas Besonderes passiert, das mit Gott zu tun hat …

Material auf der CD-Rom:

- Symbole für GLAUBE – HOFFNUNG – LIEBE: Kreuz, Anker, Herz, Wortkarten Satzanfänge

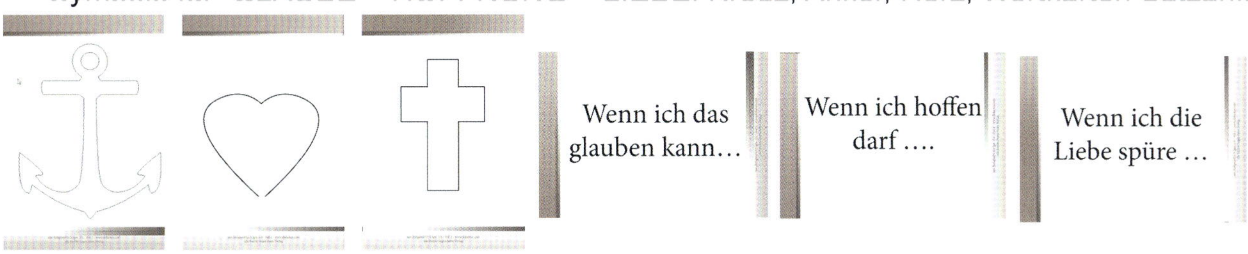

- Text der Lehrererzählung, Text der Einheitsübersetzung, AB: „Was Maria Magdalena..."

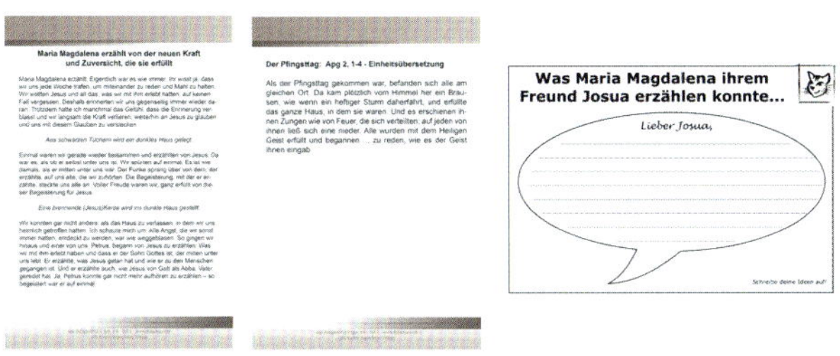

11. Stunde: „Erste Gemeinden entstehen - welche WERTE den ersten Christen wichtig waren"

Anknüpfend an ihre selbst geschriebenen Texte vergegenwärtigen sich die Schülerinnen und Schüler nochmals das veränderte Selbstbewusstsein und Auftreten der ersten Christen nach dem so genannten Pfingstereignis. Sie gehen mit Josua auf die Suche nach dem, was diesen ersten Christen wichtig ist und entdecken, dass sie ganz anders leben als die Menschen in ihrer Umwelt und dass sie ganz andere Werte in ihrem gemeinschaftlichen Leben verwirklichen. Diese neuen Entdeckungen halten sie in einem Text fest, der in den nächsten Stunden ergänzt wird und später die Grundlage für die Vergleiche mit den heutigen Christen darstellt.

Die Schülerinnen und Schüler	Didaktik - Methoden	Medien
lesen versammelt im Stuhlkreis **ihre Texte** über das so genannte Pfingstereignis **vor**	Gesprächsrunde	AB der letzten Stunde
formulieren mögliche **Fragestellungen**, die Josua im Blick auf diese ersten Christen bewegen		Sprechblasen
erfahren in einer perspektivischen Erzählung **von der besonderen Lebensweise und den Werten der ersten Christen**	Lehrererzählung	Text der perspektivischen Lehrererzählung nach Apg 4,32-37
halten die für sie wichtigsten **Eindrücke und Informationen** im kreativen Schreiben **fest**	Kreatives Schreiben	AB: „Josua überlegt..."

Vorlesen der fiktiven Texte über das sogenannte Pfingstereignis

Versammelt im Stuhlkreis lädt die Lehrkraft nach dem Anfangsritual die Schülerinnen und Schüler ein, ihre Texte zum so genannten Pfingstereignis der letzten Stunde vorzulesen. Im Anschluss daran können noch mögliche Nachfragen geklärt werden.

Fragestellungen formulieren, die Josua im Blick auf die ersten Christen bewegen

Weiterführend kann die Lehrkraft auf Josua zurückgreifen und den Blick auf die Christen legen: *Ihr habt euch gut in das eingefühlt, was Maria Magdalena Josua erzählt haben könnte und beschrieben, wie sich die ersten Christen im Laufe der Zeit verändert haben. Josua ist neugierig geworden. Ihn interessiert noch eine ganze Menge im Blick auf die ersten Christen…*

Die Schülerinnen und Schüler vermuten, z.B. Ob diese Christen immer so begeistert bleiben? ... Machen sie noch etwas anderes als von Jesus zu erzählen? ... Wie leben sie im Alltag? ... Reden die nur von Jesus oder handeln sie auch wie Jesus? ...

Die Ideen der Schülerinnen und Schüler werden auf Sprechblasen festgehalten und möglichst im Zimmer aufgehängt.

Die Kopiervorlage einer Sprechblase finden Sie auf der CD- Rom

Von der besonderen Lebensweise und den Werten der ersten Christen erfahren
Die Lehrkraft leitet zur perspektivischen Erzählung über, z.B. *Tatsächlich hat sich Josua bemüht, noch mehr von den ersten Christen zu erfahren. Maria Magdalena erzählt davon.*

Den Text der Lehrererzählung finden Sie auf der CD- Rom

Nach der Erzählung haben die Schülerinnen und Schüler wie immer die Möglichkeit, eigene Nach/An-Fragen zum Text zu stellen und ihn in eigenen Worten zusammen zufassen.

Die wichtigsten Eindrücke und Informationen im kreativen Schreiben festhalten
Die Lehrkraft leitet zum kreativen Schreiben über: *Als Josua nach Hause geht, ist er nachdenklich geworden. Diese Christen leben tatsächlich ganz anders als alle Menschen in ihrer Umgebung! Josua überlegt, ob er auch zu dieser Gemeinschaft der ersten Christen gehören möchte, von der er schon einiges erfahren hat.*
Du kannst Josua bei der Entscheidung helfen, indem du überlegst, was dafür oder vielleicht auch dagegen spricht, sich der damaligen Christengemeinschaft anzuschließen.

Die AB Vorlage „Josua überlegt...“ finden Sie auf der CD- Rom

Zum Abschluss der Stunde sind die Schülerinnen und Schüler eingeladen, ihre Ideen als „Schlagabtausch“ vorzutragen, d.h. im Wechsel Pro- und Contra- Argumente vorzulesen.

Material auf der CD-Rom:

- Lehrererzählung; Kopiervorlage Sprechblase; AB mit Vorlage für eine Tabelle: „Josua..."

12. Stunde: „Erste Gemeinden entstehen - welche PERSPEKTIVEN die ersten Christen hatten"

Die Schülerinnen und Schüler knüpfen an ihre Überlegungen der letzten Stunde an und vergegenwärtigen sich dabei das Leben der ersten Christen, die alles miteinander teilten. Im Unterrichtsgespräch gehen sie der Frage nach, ob ein solches Leben tragfähig ist und suchen eigene Begründungen für die Lebensweise und Werte der ersten Christen. In der Fortsetzung der perspektivischen Erzählung erfahren sie aus der Sicht Maria Magdalenas, dass sie in der Nachfolge Jesu so handeln und zusammenleben, um seine Botschaft umzusetzen. Auch diese neuen Entdeckungen halten die Schülerinnen und Schüler wieder schriftlich fest.

Die Schülerinnen und Schüler	Didaktik - Methoden	Medien
lesen versammelt im Stuhlkreis ihre Pro- und Contra-Argumente über das Leben der ersten Christen und deren Werte vor	Gesprächsrunde	AB der letzten Stunde
überlegen, warum die ersten Christen so leben und handeln	Hypothesenbildung	Text der perspektivischen Lehrererzählung nach Apg 4,32-37
erfahren in einer Erzählung von den Perspektiven der ersten Christen	Lehrererzählung	
halten die für sie wichtigsten **Eindrücke und Informationen schriftlich fest**	Kreatives Schreiben	AB: „Josua erzählt zu Hause..."

Vorlesen der Pro- und Contra-Argumente über das Leben und die Werte der ersten Christen

Versammelt im Stuhlkreis lädt die Lehrkraft nach dem Anfangsritual die Schülerinnen und Schüler ein, ihre Pro- und Contra-Argumente zum Leben und den Werten der ersten Christen aus der letzten Stunde vorzulesen. Im Anschluss daran können noch mögliche Nachfragen geklärt werden.

Überlegungen anstellen, warum die ersten Christen so leben und handeln

Weiterführend fordert die Lehrkraft die Schülerinnen und Schüler zum kritischen Nachdenken und zur Hypothesenbildung auf: *Die ersten Christen haben aber ganz schön ungewöhnlich gehandelt – einfach alles geteilt, den Besitz verkauft! Wie sollte das nur weitergehen? Wie kommen sie auf die Idee, dass sie immer so weiterleben können? Worauf berufen sie sich? Warum handeln sie so?*

Die Schülerinnen und Schüler stellen Vermutungen an und Hypothesen auf: Vielleicht haben sie gar nicht nachgedacht ... oder ihr Besitz war ihnen nicht mehr wichtig, weil die Gemeinschaft so schön war ... sie wussten ja: Wenn sie selbst arm werden, sind die anderen auch für sie da ... sie haben einfach aus Liebe zu den anderen so gehandelt ... vielleicht nach der Goldenen Regel Jesu: Was ihr von anderen erwartet, das tut auch ihnen? .....

Von den Perspektiven der ersten Christen erfahren

Die Lehrkraft leitet zur perspektivischen Erzählung über, z.B. *Wieder hat sich Josua aufgemacht, um von Maria Magdalena noch mehr von den ersten Christen zu erfahren.*

Material AUF CD-ROM M

Den Text der Lehrererzählung finden Sie auf der CD- Rom

Nach der Erzählung haben die Schülerinnen und Schüler wie immer die Möglichkeit, eigene Nach/An-Fragen zum Text zu stellen und ihn in eigenen Worten zusammen zufassen.

Die wichtigsten Eindrücke und Informationen im kreativen Schreiben festhalten

Die Lehrkraft leitet zum kreativen Schreiben über: *Als Josua an diesem Tag nach Hause geht, muss er sich wieder sehr wundern. Diese Christen leben tatsächlich ganz anders als alle Menschen in ihrer Umgebung! Zu Hause erzählt er seiner Familie, was er heute Interessantes über die Christen erfahren hat und ihm noch immer durch den Kopf geht…*

Material AUF CD-ROM M

Die AB Vorlage: „Josua erzählt zu Hause vom Leben der Christen"
finden Sie auf der CD- Rom

Material auf der CD-Rom:

- Text der perspektivischen Lehrererzählung , AB: „Josua erzählt zu Hause..."

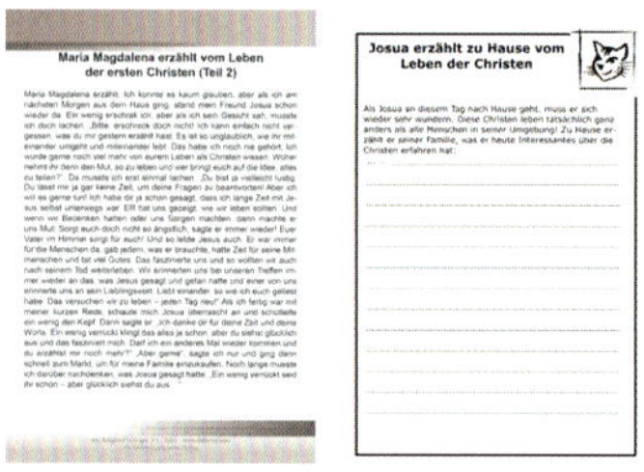

13. Stunde: „Erste Gemeinden entstehen - welche HOFFNUNG über den Tod hinaus die ersten Christen hatten"

In den letzten Stunden haben die Schülerinnen und Schüler sich zusammen mit Josua, dem Freund Maria Magdalenas, auf die Spur der ersten Christen gemacht und ihre Eindrücke und Informationen festgehalten. Diese lesen sie zu Beginn der Stunde vor, um an die letzte Stunde anzuknüpfen, bevor sie der Frage nachgehen, welche Hoffnung die Christen erfüllt. Auch dazu hören sie die Fortsetzung der perspektivischen Erzählung von Maria Magdalena und erfahren, dass gerade der Tod und die Auferstehung Jesu eine große Hoffnungsquelle für die ersten Christen sind, die sich in ihrem Leben auch dadurch bestärkt fühlen, dass sie überzeugt sind, dass Jesus auch diese Welt bald retten und verändern wird. Diese neuen Entdeckungen halten die Schülerinnen und Schüler in einem weiteren Text fest.

Die Schülerinnen und Schüler	Didaktik - Methoden	Medien
lesen versammelt im Stuhlkreis ihre Texte über die Perspektive der ersten Christen und deren Motivation zum Handeln aus Nächstenliebe **vor**	Gesprächsrunde	AB: „Josua erzählt zu Hause…"
überlegen, woher die ersten Christen ihre Hoffnung nehmen	Hypothesenbildung	
erfahren in einer perspektivischen Erzählung von der Hoffnung der ersten Christen	Lehrererzählung	Text der perspektivischen Lehrererzählung
halten die für sie wichtigsten Eindrücke und **Informationen** schriftlich **fest**	Kreatives Schreiben	AB: „Josua erzählt vom Treffen der Christen"

Vorlesen der eigenen Texte über die Perspektive und Handlungsmotivation der ersten Christen
Versammelt im Stuhlkreis lädt die Lehrkraft nach dem Anfangsritual die Schülerinnen und Schüler ein, ihre Texte zum Handeln der ersten Christen aus der letzten Stunde vorzulesen. Im Anschluss daran können noch mögliche Nachfragen geklärt werden.

Überlegungen anstellen, warum die ersten Christen so leben und handeln
Die Lehrkraft motiviert danach die Schülerinnen und Schüler zum kritischen Nachdenken und lädt sie zur Hypothesenbildung ein: *Die ersten Christen waren überzeugend in Wort und Tat! Sie hielten sich an das Wort und den Auftrag Jesu und wollten sein Werk weiterführen, an seinem Reich mit bauen. – Aber Jesus war doch gestorben? War nicht alles verloren und mit seinem Tod zum Scheitern verurteilt? Ich frage mich, woher nehmen die ersten Christen nur ihre Hoffnung auf ein neues, besseres Leben?*

Die Schülerinnen und Schüler stellen Vermutungen an und Hypothesen auf: Die Jüngerinnen und Jünger waren wahrscheinlich so begeistert von Jesus, dass sie einfach weitermachen mussten ... wahrscheinlich haben sie nach seinem Tod schon gezweifelt .... Ob sie wussten, dass Jesus sterben muss ... hatte Jesus sie vielleicht schon vorbereitet auf die Zeit nach seinem Tod ... ?

Von der Hoffnung der ersten Christen erfahren
Die Lehrkraft leitet zur perspektivischen Erzählung über, z.B. *Ein letztes Mal hat sich Josua mit Maria Magdalena getroffen, um etwas von der Hoffnung zu erfahren, aus der sie und alle*

Den Text der Lehrererzählung finden Sie auf der CD- Rom

Nach der Erzählung haben die Schülerinnen und Schüler wie immer die Möglichkeit, eigene Nach/An-Fragen zum Text zu stellen und ihn in eigenen Worten zusammen zufassen.

Die wichtigsten Eindrücke und Informationen schriftlich festhalten
Die Lehrkraft leitet zum kreativen Schreiben über: *Als Josua nach der Versammlung der Christen versucht, seiner Familie zu erzählen, was er gehört und erlebt hat, weiß er gar nicht, wo er anfangen soll – so viele Eindrücke hat er gesammelt. Du kannst ihm sicher noch einmal dabei helfen!*

Die AB Vorlage: „Josua erzählt zvom Treffen der Christen“
finden Sie auf der CD- Rom

Material auf der CD-Rom:

- Text der perspektivischen Erzählung; AB: „Josua erzählt vom Treffen der Christen“

14. Stunde: „Christen kommen auch heute noch zusammen!“

In den letzten Stunden haben sich die Schülerinnen und Schüler intensiv mit dem Leben, den Werten, Perspektiven und auch der Hoffnung der ersten Christen auseinander gesetzt und versucht, diese in ihren eigenen Worten wiederzugeben. Daran anknüpfend vergegenwärtigen sie sich nochmals die Inhalte der letzten drei Stunden und nehmen diese als Basis für den Vergleich mit Christen, die sich heute treffen, um ihren Glauben zu feiern und zu leben. Dabei soll der erste Zugriff über den gottesdienstlichen Raum und die Grundfunktionen von Kirche versucht werden, so dass die Schülerinnen und Schüler grundlegende Parallelen zwischen den ersten Christen damals und dem Christentum heute feststellen können.

Die Schülerinnen und Schüler	Didaktik - Methoden	Medien
lesen versammelt im Stuhlkreis nochmals alle ihre Texte über die ersten Christen **vor**	Gesprächsrunde	AB der letzten Stunden Wortkarten, Wortkarte „Und heute?“
sammeln grundlegende **Aspekte,** die Leben und Glauben der ersten Christen charakterisieren	Diskussion	
vergleichen die Versammlung der Christen damals am ersten Tag mit der Versammlung heutiger Christen am Sonntag	Kirchenerkundung	Bilder des Kirchenraums oder Kirchenraum
halten Unterschiede und Gemeinsamkeiten **fest**	Kleingruppenarbeit	AB: Tabelle „Die ersten Christen – Christen heute“

Eigene Texte über die ersten Christen vorlesen

Nach dem Ankommritual lädt die Lehrkraft ein, nochmals aus jeder Stunde verschiedene Texte des kreativen Schreibens vorzulesen: *Wir hören uns nochmals einige eurer Texte an. Achtet beim Vorlesen und beim Zuhören auf besonders wichtige Aspekte für die ersten Christen. Diese sammeln wir anschließend auf Wortkarten!*

Grundlegende Aspekte sammeln, die Leben und Glauben der ersten Christen charakterisieren

Die Schülerinnen und Schüler lesen vor und sammeln anschließend Stichworte zu den ersten Christen, z.B. Miteinander teilen .... Miteinander singen ... gemeinsam beten (z.B. Vaterunser) ... miteinander essen ... von Jesus erzählen ... tun, was Jesus getan hat ... die Armen und Notleidenden unterstützen ... den eigenen Besitz verkaufen und spenden ... alles gemeinsam haben ... von der Hoffnung erzählen auf ein Leben nach dem Tod ... sich am ersten Tag der Woche versammeln ...sich in Privathäusern treffen ...

(Anmerkung: Es wäre gut, wenn jede Schülerin/ jeder Schüler – oder zumindest immer zwei zusammen – eine Wortkarte hätte!)

Die Versammlung der ersten Christen mit der Versammlung heutiger Christen vergleichen

Die Lehrkraft legt eine weitere Wortkarte als Impuls in die Mitte:

Material AUF CD-ROM M

Die Wortkarte „Und heute?“ finden Sie auf der CD- Rom

Die Schülerinnen und Schüler steigen in die Diskussion ein, z.B. niemand verkauft heute mehr sein Haus und spendet das Geld für die Armen .... Wir beten auch, z.B. immer noch das Vaterunser ...

Falls an dieser Stelle eine praktische Kirchenerkundung vor Ort nicht sinnvoll realisiert werden kann, bietet es sich an, mittels Fotos und/oder einem Grundriss einer Kirche, die folgende Einheit abzuschließen.

Die Lehrkraft leitet zur Kirchenerkundung über, z.B. *Ich möchte mich heute mit euch auf Spurensuche begeben und herausfinden, was wir Christen heute noch mit den ersten Christen von damals gemeinsam haben. Dazu gehen wir an den Ort, an dem wir uns am ersten Tag der Woche versammeln. Die Wortkarten nehmen wir mit.*

Arbeitsauftrag in der Kirche:

1. *Wähle dir aus den Wortkarten, die wir beschriftet haben, eine aus!*
2. *Setze dich eine Minute still in eine Bank, lies deine Wortkarte und denke nach!*
3. *Suche dann einen Ort, der gut zu deiner Wortkarte passt und zeigt, dass für Christen heute dies auch noch wichtig ist! Überlege dir eine Begründung für die Wahl des Ortes!*
4. *Lege die Karte an diesem Ort ab und komme wieder hierher!*

Nachdem die Schülerinnen und Schüler sich alleine auf die Kirchenerkundung gemacht und Orte gefunden haben, an denen sie ihre Wortkarten ablegen konnten, geht die Gruppe gemeinsam die Orte ab und hört sich die einzelnen Begründungen an, z.B. Miteinander teilen – Opferstock .... Miteinander singen- Gotteslob ... gemeinsam beten (z.B. Vaterunser) – Kirchenbänke ... miteinander essen - Altar... von Jesus erzählen - Ambo ...treffen sich in Privathäusern ... - Kirchenraum ...

Unterschiede und Gemeinsamkeiten festhalten

Zurück im Klassenzimmer werden die Schülerinnen und Schüler eingeladen, in Einzelarbeit die Tabelle mit den Unterschieden und Gemeinsamkeiten der ersten Christen und der Christen heute auszufüllen. Das Vergleichen der Ergebnisse im Plenum schließt die Stunde ab.

Das AB mit der Tabelle „Unterschiede und Gemeinsamkeiten der ersten Christen und der Christen heute“ finden Sie auf der CD- Rom

Material auf der CD-Rom:

- Wortkarte: „Und heute?“, AB mit Tabelle

15.-17. Stunde: „Wie leben, feiern Christen heute?“ (Lernaufgabe)

In den letzten Stunden haben sich die Schülerinnen und Schüler intensiv mit dem Leben und Glauben der ersten Christen beschäftigt und bei einer Kirchenerkundung anhand verschiedener Orte in der Kirche Unterschiede und Gemeinsamkeiten zwischen Christen damals und heute festgestellt. In der Weiterführung setzen sie sich in dieser Lernaufgabe mit konkreten christlichen Gemeinden heute auseinander und recherchieren Fragestellungen, die sie persönlich interessieren. Dabei ist es wichtig, möglichst konkrete Gemeinden in den Blick zu nehmen, zu denen die Schülerinnen und Schüler entweder selbst gehören oder die in der Nähe der Schule liegen.

Die Schülerinnen und Schüler	Didaktik - Methoden	Medien
erarbeiten möglichst **selbstständig** Informationen zum Thema „So leben und feiern Christen heute!“ **tauschen sich** zu zweit oder in der Gruppe über ihre Gedanken **aus**	Informationsbeschaffung, - bewertung und Darstellung in selbsttätiger Arbeit	Arbeitsblätter, Bücher, Internetrecherche, NT, Gotteslob …

stellen die wichtigsten Aspekte der Einzel- oder Gruppenarbeit anschaulich **dar** und **präsentieren** diese	Präsentation	Tafel, OH-Folie, Flipchart...
positionieren sich mit ihren eigenen Arbeitsergebnissen und zu den Ergebnissen der anderen Gruppen	Positionierung	

A. Vorbereitung der Lernaufgabe

Lehrkraft:

- Vorüberlegungen zur Verortung der Lernaufgabe innerhalb der Sequenzplanung: Die Lernaufgabe ist an der Schnittstelle zwischen dem Rückblick auf das Leben der ersten Christen und dem Blick in die konkrete Gegenwart christlichen Lebens in unterschiedlichen Konfessionen angesiedelt.
- Blick auf die wesentliche Kompetenzerwartung der Sequenz; Schwerpunktsetzung: Welche Prozessbezogenen Kompetenzen werden besonders gefördert? Es geht zunächst um einen möglichst praktischen Zugang zu gelebtem Christsein heute. Dabei können die Schülerinnen und Schüler bei der eigenen Konfession bleiben, aber auch den Blick auf andere Konfessionen (evangelisch – orthodox) richten.

Lernbereich 9. In der Gemeinde leben – zur katholischen Kirche gehören
Kompetenzerwartungen:

Die Schülerinnen und Schüler

- vergleichen das Glaubensleben und die Aktivitäten der frühen Christengemeinden mit den Grunddiensten und Aufgaben der Kirche heute (V, U, K)
- vergleichen das Gemeindeleben in verschiedenen Konfessionen und stellen Gemeinsamkeiten und Unterschiede dar (V, U, G, K)

Lernbereich 11. Christ sein – im Austausch mit anderen
Kompetenzerwartungen:

Die Schülerinnen und Schüler

- beschreiben unterschiedliche Ausdrucksformen evangelischen und katholischen Glaubens und diskutieren darüber, was allen Christen wichtig ist (K, V)

B. Konstitution der Lernaufgabe

Lehrkraft:

Vorüberlegungen:
- Mit welchem Impuls kann ich SuS zum Fragen anregen? Welche Fragen haben SuS? Plakat: „Seit über 2000 Jahren gibt es das Christentum. Was ist von den Anfängen der ersten Christen geblieben? Wie leben Christen heute ihren Glauben?" oder verschiedene Bilder: Die ersten Christen – Christen heute…
- Welche Unterstützung brauchen sie? Viele verschiedene Materialien zur Recherche (Bibeln, Gotteslob, Religionsbücher, Internet…)

SchülerInnen:
1. Auseinandersetzung z.B. mit verschiedenen Bildern: die ersten Christen – Christen heute (z.B. einfache Versammlungsräume – Petersdom…)
2. Vorwissen einbringen, Assoziationen, Ideen und Vorstellungen sammeln und ordnen (z.B wir haben ja schon entdeckt, dass manches gleich ist … wir haben auch Unterschiede entdeckt …)
3. Fragestellungen, Problemanzeigen, Themen (Ich frage mich, warum Christen heute nicht mehr alles verkaufen und alles gemeinsam haben – so wie damals? Warum sind Christen früher in der Gesellschaft viel mehr aufgefallen, haben ganz anders gelebt als die anderen Menschen? Und wie ist es heute? … Hier kann auch auf die fiktiven Fragen Josuas zurückgegriffen werden, die auf Sprechblasen festgehalten wurden!) usw. herausarbeiten
4. Entwicklung verschiedener Themenfelder bzw. Bearbeitungsbereiche unter Berücksichtigung möglichst vieler Prozessbezogener Kompetenzen (Wahrnehmen: Wie präsentieren sich Christen in ihren Gemeinden heute? Verstehen: Was ist das Wesentliche im christlichen Leben? Welche Grunddienste verbinden alle Christen? Urteilen: Wie nah sind die Gemeinden an den Menschen? Gibt es in den Gemeinden – wie früher – auch niemanden, der Not leiden muss? Wird in den Gemeinden liebevoll miteinander umgegangen? Gestalten: Wie kann Gemeinde sein, dass auch Kinder sich darin wohlfühlen? Welche Träume von Gemeinschaft haben wir? Teilhabe: Was kannst du in deiner Gemeinde erleben und mitfeiern? Was würdest du gerne als Angebot annehmen?)

C. Durchführung der Lernaufgabe

Lehrkraft:

Vorüberlegungen:
- Welche Themen können bearbeitet werden? Es sollten vor allem die Themen und Fragestellungen der Schülerinnen und Schüler im Mittelpunkt stehen.
- Welche Lernwege werden beschritten? Welche Sozialformen werden gewählt? Die Schülerinnen und Schüler wählen sich selbst die Sozialform und den Lernweg.
- Welche Materialien müssen zur Verfügung gestellt werden? Welche Unterstützung/ Anleitung brauchen die SuS? (z.B. Gotteslob, Schülerbücher, Internetrecherche, Pfarrbriefe verschiedener Gemeinden, evtl. Zeitungsartikel …)

- Soll es Pflichtaufgaben geben, die alle SuS bearbeiten müssen? Der Schwerpunkt liegt hier auf der individuellen Fragestellung, die den einzelnen Schüler beschäftigt!

Schülerinnen und Schüler:

5. Einzel-, Partner- oder Gruppenarbeit an einer ausgewählten Fragestellung/ einem Thema
6. Dokumentation der Arbeitsergebnisse
7. Entwicklung einer Präsentation, z.B. als Plakat/ Folie mit einem vorgegebenen Raster

D. Präsentation und Lernzuwachs

Lehrkraft:
Vorüberlegungen:

- Was wird als Ergebnis präsentiert? Alle Schülerinnen und Schüler präsentieren ihre Frage(n) und die Antwort(en), die sie gefunden haben.
- Wie werden die Ergebnisse präsentiert? Welche Ergebnissicherung wird den anderen SuS ermöglicht? Die Schülerinnen und Schüler könnten den Pfarreien eine Rückmeldung geben, was ihnen aufgefallen ist, was sie gut finden oder vielleicht auch fehlt.

Schülerinnen und Schüler:

8. Präsentation der Arbeitsergebnisse, Diskussion und Auswertung in der Religionsgruppe
9. Bewusstmachen des neu Erlernten bzw. des Lernzuwachses – welches Ergebnis meiner EA oder PA oder anderer Gruppen hat mich am meisten beeindruckt bzw. ist eine wertvolle Ergänzung für meine Ergebnisse? (Prinzip: Eindruck – Ausdruck – Austausch)
10. Verknüpfung der neuen Lernergebnisse mit Anwendungsmöglichkeiten und alltagstauglichen realistischen Umsetzungsideen – Beim nächsten Kirchenbesuch/ Schulgottesdienst/ Begegnung mit Hauptamtlichen in der Schule …

E. Reflexion des Lernprozesses

Lehrkraft:

- Vorüberlegungen zur Reflexion des Lernprozesses: Welcher Lernzuwachs in der Religionsgruppe/ bei einzelnen SuS ist mir aufgefallen? Wie war die Zusammenarbeit in den Gruppen? Wie haben die einzelnen SuS gearbeitet? Welche inhaltlichen/ methodischen Schwierigkeiten gab es? Wie kann die Sequenz andocken?

Schülerinnen und Schüler:

11. Bewusst machen des neu Erlernten bzw. des Lernzuwachses – welches Ergebnis meiner Arbeit hat mich am meisten beeindruckt?
12. Reflexion des Lernprozesses (Lerndesign, Gruppenprozesse, Lernwege, Methoden, Qualität der Arbeitsergebnisse…) Was hat mir gut gefallen? Wie möchte ich nochmals arbeiten? Wo habe ich viel gelernt? …
13. Wertschätzung des eigenen Lernweges („Lernen lernen“) Was habe ich neu gelernt?
14. Ggf. Anwendung auf weitere Beispiele
15. Ggf. Sammeln und Beachten offen gebliebener Fragestellungen für eigenständiges Weiterarbeiten

Wahrscheinlich ist es nicht möglich, in der ersten Stunde über Schritt 5 hinaus zu kommen, das schafft aber auch Zeit für die Lehrkraft, auf die Fragen und Themen der Schülerinnen und Schüler einzugehen und entsprechende Materialien zu suchen bzw. zu erarbeiten.
Zur Ideensammlung und besseren Strukturierung der Planung einer Lernaufgabe kann der Kompetenzstern bzw. das Planungsschema für eine Lernaufgabe (s. Vorwort) hilfreich sein.

Generell sollten die Themengebiete so weit gefasst sein, dass die Schülerinnen und Schüler wirklich selbststeuernd lernen können. Die Lehrkraft behält dabei die unterschiedlichen Prozessbezogenen Kompetenzen im Blick und unterstützt die Lernwege der Schülerinnen und Schüler. Nachdem diese wahrscheinlich unterschiedlich selbstständig arbeiten können, ist es sinnvoll, konkrete Arbeitsaufträge bereitzustellen. Diese sind aber nur als Hilfestellung und Ergänzung zu verstehen und sollen die Fragestellungen der Schülerinnen und Schüler nicht einengen.

Die Schülerinnen und Schüler sollen aufgefordert werden, sich aus den Aufgabenstellungen zwei oder drei auszuwählen, die sie bearbeiten wollen.

Material AUF CD-ROM

Mögliche Aufgabenstellungen finden Sie auf der CD- Rom

Material AUF CD-ROM

Material auf der CD-Rom:

- Mögliche Aufgabenstellungen zur Lernaufgabe „Wie leben, feiern Christen heute?“

Die folgenden Stunden können gut in konfessioneller Kooperation durchgeführt werden. Angedacht ist, dass die Religionsgruppen sich zunächst mit ihrem eigenen Kirchenraum beschäftigen und diesen dann den Mitschülerinnen und Mitschülern der anderen Konfession vorstellen. Im Blick sind dabei zunächst katholische und evangelische Christen, wenn orthodoxe Schülerinnen und Schüler am Unterricht teilnehmen und die Möglichkeit besteht, deren Kirche zu besuchen, sollten diese unbedingt mit einbezogen werden!

18.+19. Stunde: „Wir entdecken unsere Kirche – besondere Orte, besondere Figuren"

Nachdem die Schülerinnen und Schüler vor der Lernaufgabe schon einmal in der Kirche auf der Suche nach Spuren gelebten Christentums waren, sollen sie in den kommenden Stunden dazu nochmals explizit Zeit bekommen. In einem ersten Schritt erkunden sie den Kirchenraum in Ruhe und Stille für sich selbst und suchen sich einen Ort oder Gegenstand aus, zu dem sie sich weitere Informationen wünschen oder zu dem sie bereits etwas sagen können. Zurück im Klassenzimmer bereiten sie eine kleine Präsentation vor. Sie soll später Teil eines Kirchenrundganges bzw. einer Kirchenführung für die Mitschülerinnen und Mitschüler der katholischen, aber auch der evangelischen Religionsgruppe sein.

Die Schülerinnen und Schüler	Didaktik - Methoden	Medien
nehmen den Kirchenraum als einen Besonderen **wahr**	Kirchenraum-Pädagogik	Kirchenraum mit verschiedenen Gegenständen und Heiligenfiguren, Bilder, Edelsteine
vollziehen die Ruhe und Atmosphäre des Raumes **nach und bringen** diese in einem Gebet **zur Sprache**	Erkunden mit allen Sinnen	
erkunden den Kirchenraum **mit allen Sinnen und entdecken** für sie interessante Gegenstände		
erarbeiten in Einzelarbeit weitere Informationen zu ihrem Gegenstand **und präsentieren** diese als Kurzreferat		Infokarten

Den Kirchenraum als einen Besonderen wahrnehmen („Atmosphärische Eröffnung")
Die Schülerinnen und Schüler machen sich zusammen mit der Lehrkraft auf den Weg zu einer nahe gelegenen Kirche. Vor dem Betreten der Kirche versammeln sie sich an der Kirchentür. Auf den Impuls der Lehrkraft hin: *Du erinnerst dich bestimmt an unseren letzten Kirchenbesuch…* sammeln die Schülerinnen und Schüler nochmals, was beim Betreten des Kirchenraumes wichtig ist: … die Kirche ist das Haus Gottes … es ist ein besonderer Raum … Raum der Stille und des Gebetes … wir betreten die Kirche langsam … sind leise … nehmen Weihwasser am Eingangsbecken und bekreuzigen uns … gehen leise in die Bank … setzen uns …

Nachdem die Schülerinnen und Schüler die Kirche betreten und einen Sitzplatz in einer Bank gefunden haben, werden sie eingeladen, die Atmosphäre des Raumes bewusst wahrzunehmen: *Du bist in der Kirche. Es ist ein besonderer Raum. Der Lärm der Straße ist hier nicht zu hören. Versuche einmal, ganz still zu sein und die Ruhe aufzunehmen… Vielleicht ist es leichter, wenn du deine Augen dabei schließt …*

Jetzt, wo es ganz still ist, kannst du den leisen Geräuschen nachhorchen: Vogelgezwitscher von außen, das Atmen deines Nachbarn, deinen eigenen Herzschlag ... vielleicht riechst du hier auch einen anderen, unbekannten Duft ... den Duft der Kerzen oder auch von Weihrauch ... nun darfst du deine Augen wieder öffnen und dich umsehen, ohne aufzustehen – bewege nur die Augen und schau... manches kennst du schon in diesem Raum ... manches ist dir vielleicht noch unbekannt...

Die Ruhe und Atmosphäre nachvollziehen und zur Sprache bringen
Die Lehrkraft schließt diese Ankommübung mit einer Einleitung zum Gebet ab, das die Schülerinnen und Schüler frei weiter formulieren können, z.B. *Guter Gott, ich bin hier in der Kirche, einem besonderen Ort. Ich möchte mir Zeit nehmen für dich und diesen Ort. Ich möchte hören, was es an leisen Tönen und Geräuschen zu hören gibt. Ich möchte sehen, was nicht jeder gleich sieht. Ich möchte fühlen, was es Interessantes zu entdecken gibt. Guter Gott, wo zwei oder drei in deinem Namen versammelt sind, da bist du mitten unter ihnen. Wir danken dir, dass du bei uns bist, wenn wir hier in deinem Haus versammelt sind. Amen.*

Den Kirchenraum mit allen Sinnen erkunden („Erkundung des Kirchenraumes“ und „Spiritueller Ausklang“)
Die Lehrkraft kann so oder ähnlich zum Erkunden des Kirchenraumes einladen, z.B. *Ich lade dich nun ein - nachdem du mit den Augen den Kirchenraum erkundet hast - ihn auch mit allen Sinnen zu erkunden. Dazu bewegst du dich langsam im Raum. Schau dir alles an! Wenn du willst, kannst du vorsichtig auch manche Gegenstände anfassen. Entscheide dich dann für EINEN Gegenstand, der dich am meisten interessiert. Lege dort den Edelstein ab, den ich dir jetzt gebe und komme dann wieder in diese Bank zurück.*

Wenn alle Schülerinnen und Schüler wieder in der Bank versammelt sind, werden die einzelnen Stationen, an denen die Edelsteine liegen, abgegangen und die Schülerinnen und Schüler erzählen, was sie entdeckt haben und was sie zu diesem Gegenstand/ Bild/ oder einer Figur gerne wissen möchten. Ein gemeinsames Gebet wie das Vaterunser kann die Kirchenraumerkundung abschließen.

Informationen zum Kirchenraum erarbeiten und präsentieren („Nach- und Weiterarbeit“)
Nachdem die Schülerinnen und Schüler wieder im Klassenzimmer sind, erhalten sie von der Lehrkraft Informationen zu ihrem ausgewählten Gegenstand der Kirche. In Einzelarbeit bearbeiten sie folgende Arbeitsaufträge:

1. Lies dir den Text langsam und leise durch!
2. Unterstreiche, was dir wichtig im Text erscheint!
3. Schreibe auf deinen Block ganze Sätze als Zusammenfassung und bereite dich darauf vor, sie vorzulesen!

Material AUF CD-ROM

Mögliche Informationskarten für die Kirchenraumerkundung
finden Sie auf der CD- Rom

Wenn alle Schülerinnen und Schüler die Informationen zusammengestellt haben, kommen sie im Stuhlkreis zusammen und einzelne präsentieren exemplarisch ihre Ergebnisse. Die Lehrkraft kann diese zu einem kleinen Geheft zusammenfügen und evtl. zu jeder Ausarbeitung auch Bilder ergänzen. Im Projekt „Komm, ich zeige dir meine Kirche“ in einer der darauf folgenden Stunden kann diese Zusammenstellung dazu dienen, dass die katholischen Schülerinnen und Schülern ihren evangelischen Mitschülerinnen und Mitschülern ihre Kirche nochmals vor Ort vorstellen und die einzelnen Stationen abgehen.

Material AUF CD-ROM

Die Vorlage für ein Arbeitsblatt finden Sie auf der CD- Rom

Material AUF CD-ROM

Material auf der CD-Rom:

- Infokarten für die Kirchenraumerschließung (Modell), Bildkarten und Arbeitsblatt: „Wir entdecken unsere Kirche – besondere Orte, besondere Figuren“

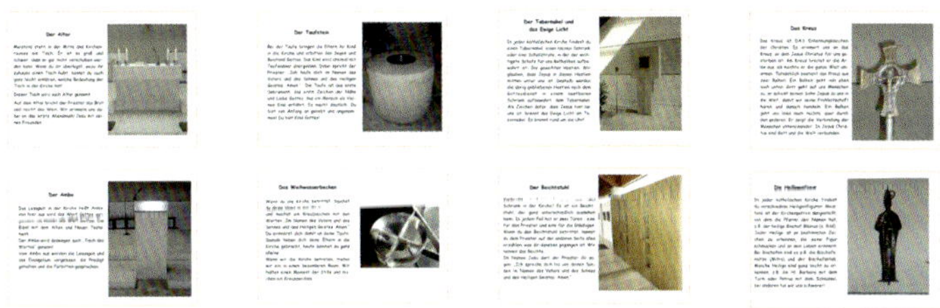

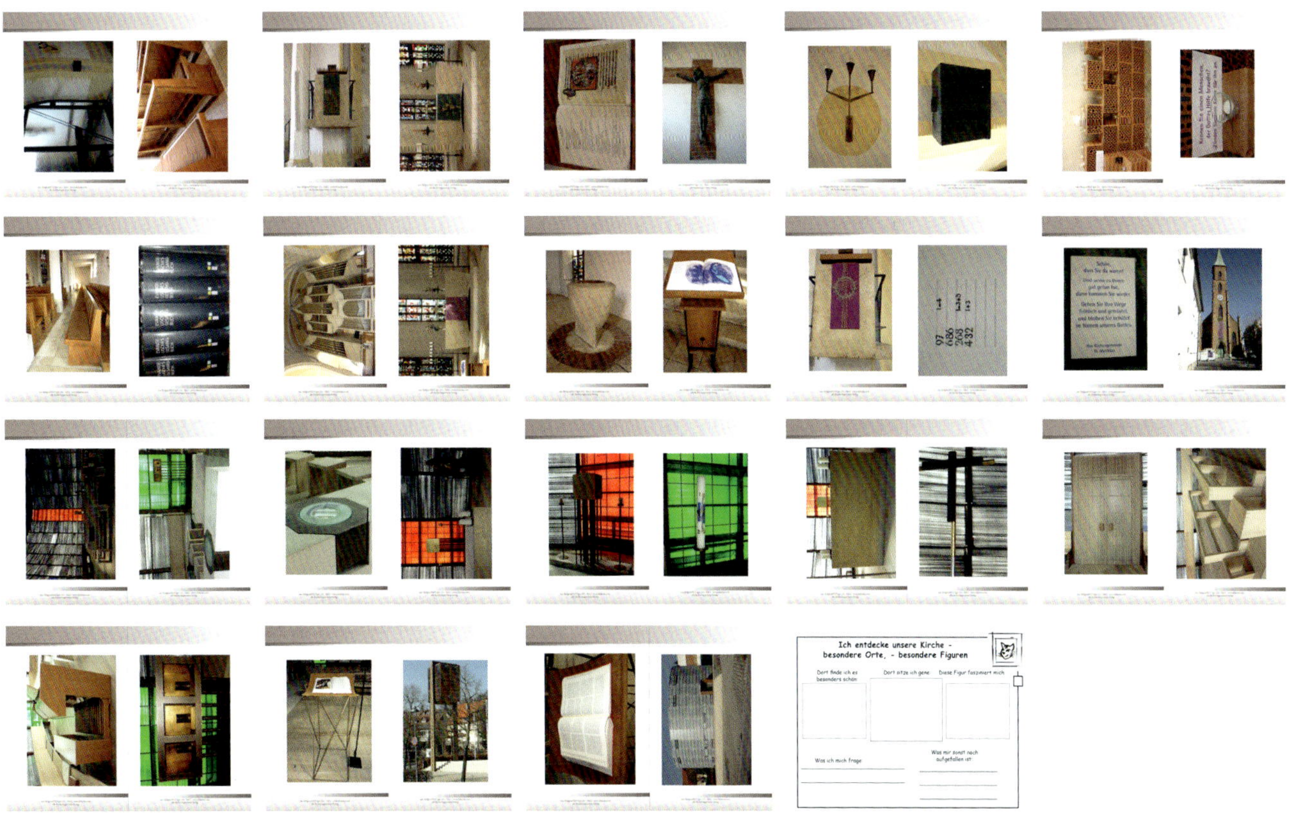

20.+21. Stunde: „Komm, ich zeig dir meine Kirche!" (Kirchenerkundung evangelische und katholische Kirche)

Die Schülerinnen und Schüler der katholischen und evangelischen Religionsgruppe haben sich bereits unabhängig voneinander mit ihrer jeweiligen Pfarrkirche auseinander gesetzt und Informationen zu einzelnen Gegenständen und Orten erarbeitet, die sie jetzt präsentieren. Auf Einladung der Schülerinnen und Schüler der evangelischen Religionsgruppe lassen sie sich zunächst durch deren Kirche führen und zeigen ihnen in einer weiteren Stunde die katholische Kirche. Dadurch können sie feststellen, dass es Unterschiede und Gemeinsamkeiten zwischen evangelischen und katholischen Kirchenräumen gibt.

Die Schülerinnen und Schüler	Didaktik - Methoden	Medien
erkunden die evangelische Kirche, durch die sie von ihren Mitschülerinnen und Mitschülern der evangelischen Religionsgruppe geführt werden	Kirchenraumerkundung	Nahe gelegene evangelische und katholische Kirchen, Stift und Zettel
gestalten eine Kirchenführung für die evangelischen Mitschülerinnen und Mitschülern in der katholischen Kirche	Präsentation Kurzvorträge	
nehmen Unterschiede und Gemeinsamkeiten im Kirchenraum **wahr und benennen** diese		
erfahren die christliche Gebetsgemeinschaft im Beten des Vater unsers	Gemeinsames Gebet	

Die evangelische Kirche erkunden – durch die katholische Kirche führen

Zunächst gehen die katholischen Schülerinnen und Schüler mit den evangelischen Mitschülerinnen und Mitschülern in deren Kirche und lassen sie sich zeigen/ erklären. Dabei ist es sinnvoll, Unterschiede und Gemeinsamkeiten, die ihnen auffallen, zu benennen und aufzuschreiben, z.B. … das Weihwasserbecken am Eingang fehlt … auch in der evangelischen Kirche gibt es einen Altar … es gibt keine Kniebänke und keinen Beichtstuhl … es gibt eine Kanzel …. Messgewänder … Ministrantengewänder …

Dabei kann besonderer Wert auf die Gegenstände gelegt werden, die die katholischen Schülerinnen und Schüler in der eigenen Kirche entdeckt haben.

In der folgenden Stunde sind die evangelischen Mitschülerinnen und Mitschüler eingeladen, mit in die katholische Kirche zu kommen. Die katholischen Schülerinnen und Schüler gestalten dort eine kleine Kirchenführung unter Rückgriff auf ihre bereits erarbeiteten Elemente der Kirchenerkundung (18./ 19. Stunde des Lernarrangements).

Unterschiede und Gemeinsamkeiten wahrnehmen und benennen (beide Stunden)
Die Schülerinnen und Schüler schreiben alles, was sie an Unterschieden und Gemeinsamkeiten in der evangelischen Kirche entdeckt haben, auf einen kleinen Notizblock. Die Notizen bilden die Grundlage für die Frage, die sie als Hausaufgabe formulieren sollen.

Die christliche Gebetsgemeinschaft erfahren
Das gemeinsame Vaterunser als Abschluss beider Kirchenführungen kann den Focus nochmals mehr auf die Gemeinsamkeit – Ökumene - richten.

HA: Überlege dir eine Frage, die du einem evangelischen Mitschüler oder einer Mitschülerin stellen kannst!

22. Stunde: „Ich erzähl dir von meinem Glauben!" (Gespräch mit den evangelischen Mitschülerinnen und Mitschülern)

Die Schülerinnen und Schüler sowohl der evangelischen, als auch der katholischen Religionsgruppe haben bei den Kirchenführungen der Mitschülerinnen und Mitschüler Unterschiede und Gemeinsamkeiten im Kirchenraum festgestellt. Das kann Fragen nach deren Bedeutung aufwerfen. Hinweise auf mögliche Unterschiede zwischen den Konfessionen können angesprochen werden.

Die Schülerinnen und Schüler	Didaktik - Methoden	Medien
nehmen Jesus Christus als Mitte des christlichen Glaubens **wahr**	Unterrichtsgespräch	gelbes rundes Tuch, Jesuskerze, Christusikone,
werden aufmerksam auf Unterschiede und Gemeinsamkeiten zwischen katholischen und evangelischen Christen	Diskussion mit evangelischen Mitschülerinnen und Mitschülern	Wortkarten: „Ich bin katholisch!" „Ich bin evangelisch!"
benennen ihre Fragen zur jeweils anderen Konfession		
tauschen sich über ihre Glaubenspraxis **aus**		

Jesus Christus als Mitte des christlichen Glaubens wahrnehmen
Die Schülerinnen und Schüler der beiden Religionsgruppen versammeln sich im Stuhlkreis um ein gelbes rundes Tuch mit Christusikone und Jesuskerze. Gemeinsam sprechen sie – evtl. in Handfassung – das Gebet, das Jesus uns gelehrt hat, das Vaterunser.

Aufmerksam werden auf Unterschiede und Gemeinsamkeiten zwischen katholischen und evangelischen Christen
In der Weiterführung werden die Schülerinnen und Schüler durch Sprechblasen angeregt, ihre

Beobachtungen zu Gemeinsamkeiten und Unterschieden in den beiden Kirchen zur Sprache zu bringen. Dabei können sie jeweils im Wechsel der Konfessionen benennen, was ihnen aufgefallen ist.

Die Sprechblasen finden Sie auf der CD- Rom

Fragen zur jeweils anderen Konfession benennen
Im Anschluss an das Warming up des gemeinsamen Gespräches können die einzelnen Schülerinnen und Schüler ihre Fragen, die sie als Hausaufgabe formuliert haben, den anderen stellen bzw. auf deren Fragen Antwortversuche wagen. Dabei helfen die beiden Lehrkräfte!

Sich übr die eigene/ ökumenische Glaubenspraxis austauschen
Weiterführend kann die Lehrkraft den Blick auf die gemeinsame Glaubenspraxis lenken: *Auch wenn wir in unseren Kirchen Unterschiede festgestellt haben, so gibt es doch Vieles, was gemeinsam ist und was wir gemeinsam tun können, z.B. miteinander beten und singen.*

Material auf der CD-Rom:

- Wortkarten „Ich bin katholisch!“, „Ich bin evangelisch!“

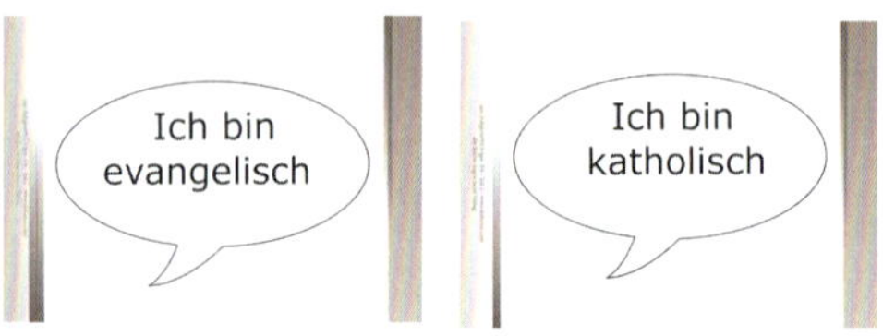

23. Stunde: „Wer war Martin Luther?“

In den letzten Stunden haben sich die Schülerinnen und Schüler mit den Mitschülerinnen und Mitschülern aus der evangelischen Religionsgruppe ausgetauscht, die beiden Kirchenräume besucht, sich gegenseitig erklärt und eigene Fragen gestellt und nach Möglichkeit beantwortet. Sicherlich ist dabei von evangelischer Seite der Name „Martin Luther“ im Gespräch gefallen und hat die Schülerinnen und Schüler neugierig gemacht auf die Person, die für die evangelische Kirche wesentlich ist. In einem Stationenlauf haben sie die Gelegenheit, sich mit wichtigen Daten aus dem Lebenslauf Martin Luthers zu beschäftigen und diese für sich festzuhalten. Dadurch wird für sie die Fragestellung der nächsten Stunde verständlicher.

Die Schülerinnen und Schüler	Didaktik - Methoden	Medien
werden spielerisch auf den Namen und die Person Martin Luthers **aufmerksam**	Spiel	Buchstabenpuzzle Martin Luther
erarbeiten sich selbstständig an verschiedenen Stationen wichtige Lebensdaten Martin Luthers	Stationenlauf	Infotexte und Laufpass für den Stationenlauf
nehmen spielerisch Begriffe der evangelischen Konfession **wahr**	Rätseln	Buchstabensuppe

Auf den Namen und die Person Martin Luthers aufmerksam werden
Versammelt im Stuhlkreis legt die Lehrkraft nach dem eingeführten Anfangsritual verschiedene Buchstaben als Puzzleteile in die Mitte und lädt die Schülerinnen und Schüler zum Rätseln ein: *Wenn ihr zusammenhelft, findet ihr sicherlich den Namen der Person heraus, um die es heute geht!*

Das Buchstabenpuzzle zum Rätseln finden Sie auf der CD- Rom

Die Schülerinnen und Schüler legen den Namen zusammen und erzählen, was sie in den letzten Stunden von den evangelischen Mitschülerinnen und Mitschüler gehört haben, z.B. er ist wichtig für die evangelische Kirche … er war Mönch …

Selbstständig an verschiedenen Stationen wichtige Lebensdaten Martin Luthers erarbeiten
Die Lehrkraft lädt zur Stationenarbeit ein: *Ihr kennt euch schon aus mit der Stationenarbeit. Heute habe ich euch wieder einen Stationenlauf zum Leben Martin Luthers mitgebracht. Geht von Station zu Station, lest die kurzen Texte durch und beantwortet die Fragen auf eurem Laufpass!*

Die Infotexte und den Laufpass für die Stationenarbeit finden Sie auf der CD- Rom

Im Anschluss an den Stationenlauf werden die Ergebnisse verglichen und evtl. entstandene Fragen geklärt.

Begriffe der evangelischen Konfession wahrnehmen
Die Lehrkraft schließt die Stunde ab: *Zum Abschluss der Stunde habe ich euch noch eine Buchstabensuppe mitgebracht. Darin findet ihr viele verschiedene Begriffe, die euch in den letzten Stunden sicher schon begegnet sind.*

Die Buchstabensuppe finden Sie auf der CD- Rom

Material auf der CD-Rom:

- Wortpuzzle „Martin Luther“, Buchstabensuppe und Lösung

- Infotexte und Laufpass für die Stationenarbeit „Martin Luther"

24. Stunde: „Eine drängende Frage: Wie finde ich einen gnädigen Gott?“

Durch die Stationenarbeit zum Leben Martin Luthers haben die Schülerinnen und Schüler einen ersten Einblick gewonnen in dessen Lebensumfeld und eine erste Ahnung bekommen, welche Frage Martin Luther sein Leben lang bedrängt hat: Wie finde ich einen gnädigen Gott? Dieser Frage gehen sie nun nach, um zu verstehen, dass Martin Luther dadurch in der Kirchengeschichte viel ins Rollen gebracht hat.

Die Schülerinnen und Schüler	Didaktik - Methoden	Medien
rekapitulieren ihr **Vorwissen** zur Person Martin Luthers	„Dalli Klick“	Bild von Martin Luther
setzen sich mit dessen drängender Frage nach einem gnädigen Gott **auseinander**	Sprechstück in verschiedenen Rollen Textarbeit	Lesetext „Eine drängende Frage“

verinnerlichen die Entdeckung Luthers aus dem Paulusbrief in Schönschrift	Kalligraphisches Gestalten	AB: „Martin Luthers Frage…“ Meditative Musik Satzanfänge
bringen ihr Vertrauen auf Gott kreativ **zum Ausdruck**	Kreatives Weiterdenken und Schreiben	AB: „Mein Glaubens-bekenntnis“

Vorwissen zur Person Martin Luthers rekapitulieren
Zu Beginn der Stunde wird den Schülerinnen und Schülern ein Bild von Martin Luther präsentiert, das nur langsam Schritt für Schritt aufgedeckt wird.

Material AUF CD-ROM

Das Bild von Martin Luther finden Sie auf der CD- Rom

Die Schülerinnen und Schüler erkennen darauf Martin Luther und rekapitulieren, was sie sich aus der letzten Stunde merken konnten, z.B. Luther war in der Lateinschule … er studierte verschiedene Fächer ... später ging er ins Kloster … er wurde Mönch und Professor …

Sich mit Luthers drängender Frage nach einem gnädigen Gott auseinandersetzen
Die Lehrkraft legt eine Sprechblase mit Fragezeichen in die Mitte: *Vielleicht erinnerst du dich noch an die Frage, die Martin Luther sehr beschäftigt hat?*

Material AUF CD-ROM

Die Sprechblase mit Fragezeichen finden Sie auf der CD- Rom

Angeregt durch die Sprechblase formulieren die Schülerinnen und Schüler evtl. mit eigenen Worten die drängende Frage Martin Luthers, z.B. Ist Gott mir gnädig? … mache ich alles richtig ? … was kann ich tun, damit mein Leben gut ist ? …

Im Anschluss an den Austausch der eigenen Vermutungen gehen sie der Frage im Lesen und Bearbeiten des Sprechtextes „Eine drängende Frage“ nach.

Material AUF CD-ROM

Den Sprechtext mit Arbeitsauftrag finden Sie auf der CD- Rom

Die Entdeckung Luthers aus dem Paulusbrief verinnerlichen
Nach der kurzen Phase der Einzelarbeit wiederholen und vergleichen alle gemeinsam die Lösungen auf dem Arbeitsblatt. Ihr seid nun eingeladen, den Satz, der für Martin Luther eine so große Bedeutung hatte und für ihn zur Befreiung wurde, in Schönschrift zu gestalten. Ich mache euch dazu Musik an!

Das Vertrauen auf Gott im kreativen Schreiben zum Ausdruck bringen
Abschließend lädt die Lehrkraft noch zum Weiterdenken und Weiterschreiben ein, z.B. *Martin Luther hat sich viele Gedanken über Gott gemacht. Er hat gemerkt, dass er schon einiges über Gott weiß, aber auch über Vieles noch nachdenken muss. Auch du darfst über Gott nachdenken! Versuche, die Satzanfänge für dich weiter zu schreiben!*

Die Lehrkraft legt dazu Satzanfänge in die Stuhlkreismitte oder heftet sie an die Tafel:

Material AUF CD-ROM

Die Satzanfänge finden Sie auf der CD- Rom

Material AUF CD-ROM

Material auf der CD-Rom:

- Bild „Martin Luther"; Lesetext; Arbeitsblätter; Satzanfänge

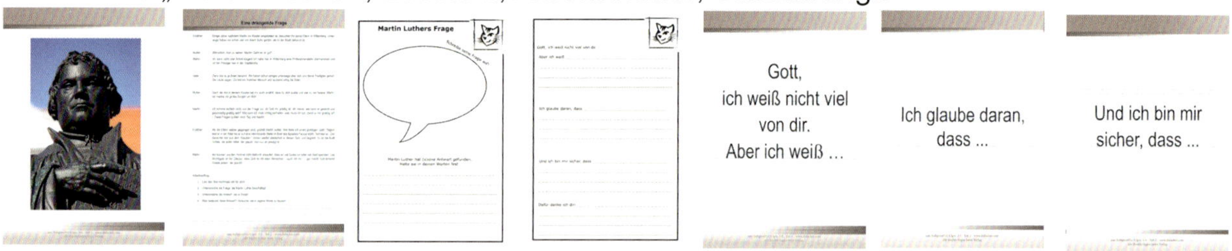

25. Stunde: „Verschiedene Konfessionen – EIN Glaube?"

Im Rückgriff auf die letzte Stunde lesen die Schülerinnen und Schüler nochmals ihre Glaubenssätze im Blick auf Gott als „Glaubensbekenntnis" vor. Weiterführend setzen sie sich mit dem Begriff Konfession auseinander und erkennen, dass damit nichts anderes als ein spezifisches Bekenntnis gemeint ist. Die kreative Auseinandersetzung mit Etappen und Jahreszahlen der Kirchengeschichte hilft ihnen, ein grundlegendes Verständnis dafür zu entwickeln, dass es drei christliche Konfessionen gibt, die zu unterschiedlichen Zeiten entstanden sind. Der Blick auf das Gemeinsame aller drei christlichen Konfessionen schließt die Stunde ab.

Die Schülerinnen und Schüler	Didaktik - Methoden	Medien
lesen ihre „Glaubensbekenntnisse“ der letzten Stunde **vor**	Gesprächsrunde	AB der letzten Stunde
assoziieren frei zum Begriff „Bekenntnis“ ihr Vorwissen	Hypothesenbildung	Wortkarte „Bekenntnis“, „Konfessio“
ordnen spielerisch Daten und Ereignisse der Kirchengeschichte **in einen sinnvollen Zusammenhang**	Diskussion	+ versch. Wortkarten, Tücher
erkennen den Weg der christlichen Kirche in verschiedenen Konfessionen	Bodenbildgestaltung	Jesusikone
spüren nach, dass uns mehr verbindet als uns trennt	Reflexionsrunde	

Eigene „Glaubensbekenntnisse“ der letzten Stunde vorlesen
Die Schülerinnen und Schüler versammeln sich im Stuhlkreis und sind nach dem gemeinsamen Anfangsritual eingeladen, ihre Texte der letzten Stunde vorzulesen, z.B. *In der letzten Stunde habt ihr selbst kleine Glaubens-Bekenntnisse geschrieben. Wenn du möchtest, darfst du deines vorlesen.*

Die Schülerinnen und Schüler lesen ihre Texte vor, z.B.Gott, ich weiß nicht viel von dir. Aber ich weiß, dass du die Menschen liebst. Ich glaube, dass du auch mich liebst und ich etwas ganz Besonderes für dich bin! Und ich bin mir sicher, dass du mir immer wieder eine Chance gibst – auch wenn ich Fehler mache. Dafür danke ich dir!

Frei zum Begriff „Bekenntnis“ Vorwissen assoziieren
Die Lehrkraft führt so oder ähnlich weiter, z.B. Ihr habt eure Glaubens-Bekenntnisse vorgelesen. Was fällt euch zu diesem Begriff „Bekenntnis“ denn noch ein?

Die Lehrkraft legt die Wortkarte „Bekenntnis“ in die Mitte.

Die Wortkarte finden Sie auf der CD- Rom

Die Schülerinnen und Schüler vermuten, z.B. Sünden-Bekenntnis oder Bekennerbrief ....

Ihr habt in die richtige Richtung gedacht. Ein Bekenntnis ist etwas, das klarstellt, sich positioniert, eben: Sich bekennt. Auf Lateinisch heißt Bekenntnis „Confessio“ – hast du dieses Wort schon einmal gehört und weißt vielleicht sogar zu welcher Konfession DU gehörst?

Die Lehrkraft legt die Wortkarte „Konfession“ in die Mitte.

Die Wortkarte finden Sie auf der CD- Rom

Die Schülerinnen und Schüler vermuten, erahnen vielleicht sogar „katholisch“ – falls nicht, legt die Lehrkraft weitere Wortkarten in die Mitte:

Auch die weiteren Wortkarten finden Sie auf der CD- Rom

Die Schülerinnen und Schüler vermuten, ob und welchen Zusammenhang es zwischen den verschiedenen Karten gibt...

Spielerisch Daten und Ereignisse der Kirchengeschichte in einen sinnvollen Zusammenhang ordnen

Die Lehrkraft leitet zur Erarbeitung verschiedener Stationen und Ereignisse über: *Christen gibt es schon sehr lange – damit habt ihr euch in den letzten Wochen und Stunden intensiv beschäftigt. Christen leben und glauben heute in verschiedenen Konfessionen, die sich im Laufe der Jahrhunderte entwickelt haben. Ich bin gespannt, ob ihr aus den vielen verschiedenen Wortkarten einen Weg der Christen von damals zurzeit Jesu bis heute legen könnt. Ich habe euch dazu Tücher und die Wortkarten mitgebracht.*

Die Schülerinnen und Schüler legen zunächst einen Weg und beginnen mit den noch einfachen Karten am Anfang der Geschichte des Christentums. Wichtig sind die Diskussionen, die entstehen, wenn weitere Karten am Weg abgelegt werden. Hier sollte die Lehrkraft nach Möglichkeit nicht eingreifen, sondern die Schülerinnen und Schüler selbst überlegen lassen...

Die Wortkarten und eine Vorlage zur Reihenfolge, in der sie platziert werden sollten, finden Sie auf der CD- Rom

Den Weg der christlichen Kirche in verschiedenen Konfessionen erkennen

Die Lehrkraft regt zum Nachdenken und Reflektieren des Weges der Christen an, z.B. *Schau noch einmal auf den Weg, den wir im Bodenbild gelegt haben! Sicher fällt dir einiges auf!*

Die Schülerinnen und Schüler tragen zusammen z.B. Mehr als 1000 Jahre gab es nur eine Kirche ... alle Christen haben den gleichen „Stamm“ ... zweimal hat es eine Kirchenspaltung gegeben ...

Nachspüren, dass uns mehr verbindet als uns trennt

Als visuellen Impuls legt die Lehrkraft eine Jesusikone in die Mitte des Weges und lädt die Schülerinnen und Schüler ein, dazu ihre Gedanken zu äußern: *Uns verbindet ganz viel! – Mehr als uns trennt!*

Die Schülerinnen und Schüler erzählen, z.B. wir glauben alle an Jesus … wer an Jesus glaubt, glaubt auch an Gott … wir treffen uns alle zum Gebet … wir beten zusammen das Vaterunser … wir feiern alle Ostern und Weihnachten … wir versuchen alle, gut miteinander zu leben … wir feiern alle Gottesdienst …

Zum Abschluss der Stunde beten alle gemeinsam noch das Vaterunser als Grundgebet der Christen.

Material AUF CD-ROM

Material auf der CD-Rom:

- Wortkarten, Etappen und Jahreszahlen der christlichen Kirche

26.+27. Stunde: „Wir feiern den Abschluss von der Grundschule" - Vorbereitung und Durchführung einer ökumenischen Feier

Nach mehreren Stunden der konfessionellen Kooperation soll am Ende des Schuljahres die Möglichkeit zu einer klasseninternen Abschlussfeier bestehen. Dabei ist es schön, wenn alle konfessionellen Gruppen zusammen zurückblicken auf vier Grundschuljahre und zuversichtlich vorausblicken auf das, was in der Zukunft sein wird.

Die Schülerinnen und Schüler	Didaktik - Methoden	Medien
benennen und üben Lieder, die sie in der Feier singen möchten **wählen** eine **aus** dem Unterricht bereits bekannte Bibelstelle aus und **gestalten** diese **formulieren** gemeinsam Dankrufe im Rückblick auf vier Grundschuljahre	Gruppenarbeit	Lieder und Gebete Bibel Heft des Schuljahres

„Glaube – Hoffnung – Liebe " (Vorschlag – Module)

Ökumenische Feier der katholischen und evangelischen Religionsgruppen

Einen Vorschlag zu einer Ökumenischen Feier finden Sie auf der CD-Rom

Material auf der CD-Rom:

- Verlaufs-Vorschlag für eine ökumenische Feier in Modulen

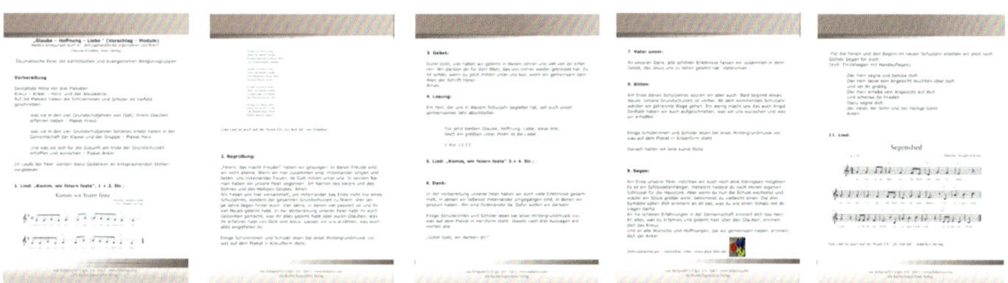

Abkürzungsverzeichnis

Begrifflichkeiten rund um den neuen Lehrplan*Plus*

BT	Gegenstandsbereich Bibel und Tradition
FG	Gegenstandsbereich Die Frage nach Gott
FÜZ	Fächerübergreifende Bildungs- und Erziehungsziele
G	Prozessbezogene Kompetenz Gestalten
GB	Gegenstandsbereich
GK	Grundlegende Kompetenzen
JC	Gegenstandsbereich Jesus Christus
K	Prozessbezogene Kompetenz Kommunizieren
KE	Kompetenzerwartungen
KG	Gegenstandsbereich Kirche und Gemeinde
LB	Lernbereich
LIS	Lehrplan-Informations-System: Internetplattform mit Materialien zum Lehrplan
MW	Gegenstandsbereich Mensch und Welt
RW	Gegenstandsbereich Religionen und Weltanschauungen
T	Prozessbezogene Kompetenz Teilhaben
U	Prozessbezogene Kompetenz Urteilen
V	Prozessbezogene Kompetenz Verstehen
W	Prozessbezogene Kompetenz Wahrnehmen

Weitere Abkürzungen und Begriffe

AB	Arbeitsblatt
EA	Einzelarbeit
GA	Gruppenarbeit
GS	Grundschule
Jes	Jesaja (Prophetenbuch im Alten Testament)
Ex	Exodus (Buch im Alten Testament)
KR	Katholische Religionslehre
Lk	Lukasevangelium (Neues Testament)
Mt	Matthäusevangelium (Neues Testament)
PA	Partnerarbeit
Ps	Psalm (Buch der Psalmen im Alten Testament)
RL	ReligionslehrerIn
RU	Religionsunterricht
SuS	Schüler und Schülerinnen
UE	Unterrichtseinheit (Einzel- oder Doppelstunde)

Geschwister im Klartext - Seelenlandschaften der Trauer

Ein Projekt des Kinderhospizes St. Nikolaus in Bad Grönenbach

Die Geschwistergruppe für jugendliche Erwachsene im Alter von 14 bis 18 Jahren des Kinderhospizes St. Nikolaus setzte sich im Rahmen einer freien Schreibwerkstatt mit ihrem Schicksal auseinander. In mehreren Wochenend-Workshops sind Texte entstanden, in denen die Betroffenen ihr Leben als Bruder oder Schwester eines erkrankten oder verstorbenen Geschwisters in Worten beschreiben.

Der Legestern zum kreativen, biblischen Arbeiten - mit Handreichungen

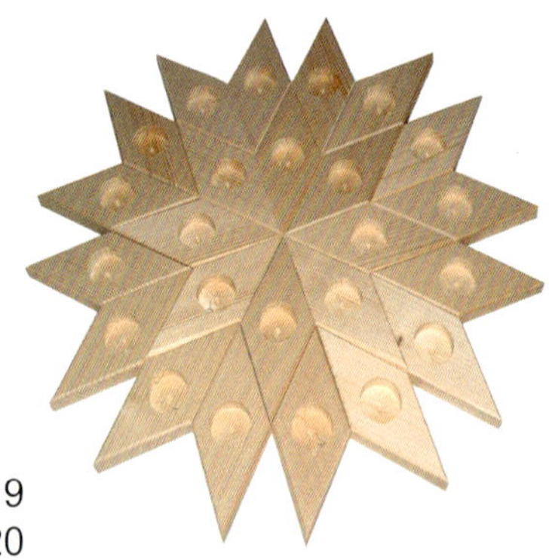

Legestern

8-teilig Best.Nr. DI-019
24-teilig Best.Nr. DI-020
80-teilig Best.Nr. DI-021

- jede beliebige 8er-Einheit bestellbar.
Staffelpreise ab 24-teilig bzw. ab 80-teilig

Band 1:
Inhalt:
* Turmbau zu Babel
* Petrus/ Ein Schiff, das sich Gemeinde nennt
* Für uns Menschen und zu unserem Heil
* Gleichnis vom Senfkorn

Band 2:
Inhalt:
* zu verschiedenen Festzeiten wie Advent und Ostern
sowie zu weiteren biblischen Themen

Band 3:
Inhalt:
* Unter Gottes Schirm (Psalm 91)
* Abraham
* Wie ein Baum, der am Wasser gepflanzt ist (Jer 17,7-8)

Weitere interessante Bücher, Lernspiele und pädagogische Materialien finden Sie unter

www.didactus.com

didactus
der pädagogisch kreative Verlag
Beim Thingerstobel 16
87439 Kempten
didactus@web.de

Fortbildungsangebote, Vorträge und Seminare:
didactus Akademie
Fordern Sie unser aktuelles Veranstaltungsprogramm an